Information Analysis

経営財務の情報分析

Managerial Finance

FKK財務スタディ・グループ
宮本 順二朗・太田 三郎・市村 誠
【編著】

学文社

執 筆 者

*市村　誠	中央大学	（第1章）
鵜崎　清貴	大分大学	（第2章）
*宮本順二朗	帝塚山大学	（第3章，第11章）
久保　俊郎	亜細亜大学	（第4章，第4章補遺）
白銀　良三	国士舘大学	（第5章）
辻　聖二	関東学院大学	（第6章，第7章）
境　睦	桜美林大学	（第8章）
安田　義郎	兵庫県立大学	（第9章）
*太田　三郎	千葉商科大学	（第10章，第10章補遺）
中島　真澄	千葉商科大学	（第10章）

（＊は編者，執筆順）

序　文

　第2次世界大戦が終結してから70年が過ぎ，わが国経済は廃墟のなかから再建，復興に続き，高度成長に次ぐ高度成長を遂げ，"Japan as Nummber One"とまで褒めはやされた時もあったが，バブル崩壊に続く長い期間にわたる不況の荒波を凌いで，ようやく新しい発展の兆しが見え始めた昨今である。しかし，グローバルな政治・経済環境の変化の下で，わが国企業は，新たな構造的課題を抱えながら，持続的な成長体質を模索している。

　経営財務の分野においても，学問の世界のみならず，企業経営における実践の現場においても解決が迫られる多くの問題に直面している。われらの故古川栄一一橋大学名誉教授は，戦後の早い時期に，経営財務の研究は「資本の調達と資本の運用との相互関係の統一的把握」が重要であると主張され，その理論的・実践的研究を精力的に展開された。その理論の明晰さとともに，豊饒な理論展開の可能性と実践的適用の有効性が注目されて，多くの弟子たちが先生の指導を仰ぐために集まった。先生の指導は厳しく，ゼミの報告で行き詰まって泣きだす者が出るほどであった。しかし先生は，他面で実にきめ細やかに，学生たちの面倒をみられ，多くの研究者たちを育てられた。

　その一つが，今も続いているFKK（古川経営学研究会）である。それは，編著者「はしがき」にも述べているように，先生が，ゼミナール教室での指導の外に，学外のしかるべきところで，たびたび行われた研究会の名称である。先生は，東京商科大学（現在の一橋大学）をはじめ青山学院大学，亜細亜大学，早稲田大学，駒澤大学でも教鞭をとられ，多くの研究者を育ててこられた。FKKは，先生が各大学で育てられた学者や学者の卵たちも加わり，新しい研究成果や，目下取り組んでいる問題などを発表したりして，盛んに議論が交わされるのが常であった。また，先輩たちからは，先生以上に厳しい質問や疑問を投げかけられることがたびたびであった。しかし，その後で，酒やビールを飲み交わしながら歓談に花が咲く。そんな歓談のなかで，その後の研究のヒン

トや示唆が与えられることが多かった。

　もちろん，先生亡き後は，研究会の形はなくなったが，学会の全国大会の機会に，FKKのメンバーはみんな一堂に会して，近況報告と情報交換を中心にした懇親会を開催している。それでも，互いに大いに励みになり，新たな意欲を醸し出す場となっている。すでに先生が亡くなってから30年にもなる現在，なお，先生の学問的余光を受けて，本書が，FKKの場で提案され，2年がかりで構想が練られ，執筆者を糾合して公刊にいたったことは，FKKのメンバーの一人として大いに喜びたい。特に全体の構想を練り，しっかりした編集の基本方針のもとに，財務情報の重要性とその分析に意を注いで，全体を纏め上げた編集者の創意と努力に敬意を表したい。

　それは，古川栄一先生の財務管理論の構想が，経営分析，予算統制，経営統計，経営計理論などの経営財務（会計）情報の研究とその管理論的評価を背景として展開されたことと重なる。そのことが，財務経営研究の実践的適用可能性を高め，社会貢献への道を切り拓く。ここにも，先生の学問的伝統の余光がみられる。

　実は，初心者向けの入門書を書くことは大変むずかしい作業である。しかし本書の執筆者たちは老練な編集者をはじめ，新進気鋭の2代目，3代目の真摯な学者，教育者たちである。
　本書を通して，執筆者たちが，互いに励まし合い，刺激し合って，多様な側面をもつ斯学をさらに深化，発展させ，経営財務教育と経営実務の場で，それらが生かされることを期待したい。
「新しい酒には新しい革袋」が必要である。
　2015年4月1日

　　　　　　　　　　　　　　　　　　　　　　　　　　市村　昭三

編著者はしがき

　FKK（古川経営研究会）は，一橋大学名誉教授 故古川栄一先生（1904年4月29日〜1985年4月30日）の下で指導を受けた，研究者（ほとんどが大学教員）の集まりである。古川栄一大先生（ゼミで薫陶を受けた者たちの間では，そう呼ばせてもらっている）は，山口高等商業（現在の山口大学）を皮切りに，東京商科大学（現在の一橋大学），青山学院大学，亜細亜大学の専任教員として，また早稲田大学，駒澤大学においても非常勤教員として，それぞれ多くの研究者を指導され，とりわけ大学教員を育てられた。大先生のご健在中から，如水会館や（国立駅近くの）"国立会館"や亜細亜大学（武蔵境）を会場とし，年2〜3回および日本経営学会開催中（会員総会後）にも毎年必ず"FKK懇親会"が開かれてきた。大先生が逝去された後，研究会は途絶えてしまったが，現在でもFKK懇親会は継続して開かれている。当時の研究会での指導・鞭撻は誠に厳しいものであった。大先生や諸先輩からの叱咤・批判に対し，悔しさ・恥ずかしさ・情けなさを隠すためにトイレに逃げ込んだ者や，その場で泣き崩れた者もいたというエピソードも，未だに語り継がれている。

　最近2年前（関西学院大学にて開催の日本経営学会第87回全国大会期間中）FKK懇親会の折，大先生からご覧になれば"孫世代に当たる"一先生から，編者の耳元に"一緒に何か仕事をしませんか"との声が掛かった。思い起こせば，FKKに属するメンバー2名以上が加わって，テーマによっては個別に，他者と共同して研究発表されたものは多くあった。けれども，FKK所属メンバーだけによる共同研究は，大先生のご逝去後はこれまでなかったことに気が付いた。大先生は，"財務管理組織"についての研究でもって学位を得られ，主に財務管理を専門分野とされていたものの，経営学全般にわたって，ご造詣は深かった。したがって，ゼミナールやFKK研究会で指導を仰ぐ教え子たちの研究発表テーマは，経営管理論，マーケティング，人事・労務管理論，経営組織論，経営戦略論，経営史にまで及び，その多彩さは目を見張るほどだった。

　その大先生が亡くなられて，すでに30年が経過し，末弟の一人であった編

者も古稀の年代に差し掛かろうとした今，多くの実をひとまず搔き集めたのがこのモノグラフである。大先生から直接に指導を賜ったのは，この内では編者一人だけで，他は皆"孫"世代の方々である。古川大先生の一家は子沢山・孫沢山であったために，世代は違うように見えても，末弟と初孫世代が近接している人たちもいる。末弟には"叔父"弟子といえる資格ももはやないほどまで，孫たちの方が，むしろ逞しく育っていること，本書の執筆陣と内容をご覧いただければ十分にわかるだろう。

以上のように，古川大先生の薫陶を受けた諸先輩・同輩・後輩は，研究・教育の両面にわたってはもちろん，その他にも貴重な（どう表現すべきか未だに不明）無形資産を多く受け継いできたように思う。第2次世界大戦前・後の大変な時代に，経営学・財務管理を研究し・教育されてきた大先生から，決して十分にとはいえないが，受け継いだその無形の資産（あるいは"純資産"）を，今後も大切にしていかなければならないだろう。

本書の出版に先立ち，趣旨に賛同を頂いた執筆予定者には，以下をモットーとして共有してもらうように知らせておいた。

(1) 現代的な経営財務を，平易な表現で読者に伝える。
(2) 経営財務に関する基礎から実践的応用力を涵養させるに至るまで読者を導く。
(3) 経営・商学部はもちろん関連学部生・（他学部出身）大学院生を中心に，さらには社会人等，幅広い読者層を対象と考える。

とくに，類書にはみられない構成（章立て）を試みている。まず，企業主体すなわち経営者（トップマネジメント）の立場から目標とすべき（株主価値でも労働価値でもなく）企業価値についての記述を冒頭に置いてある。第2～5章は，伝統的な経営財務の（資金の調達・運用決定という）流れにほぼ従っている。続く第6～8章前半は，間接的な経営財務の用具としての経営（会計情報）分析についての流れで述べている。世紀の節目に当たる"失われた"10～20年の間に，経営財務（ファイナンス）実務家やアナリストからの誤解もしくは無理解から経営財務（ファイナンス）理論に対する不評も生じている節がみら

れる。そういった事態に陥らないように、常に"現代的な"経営財務を、企業主体すなわち経営者の観点から「経営財務実体をよく見て、よく考える必要性」を訴えるというのが、本書の狙いでもある。第8章後半～11章は、世紀の曲がり角に生じたいろいろな制度改革・環境変化を踏まえ、それらを反映した内容について言及している。したがって、経営財務の諸問題解決にあたって、本書の内容を単にアート（技法）として理解・利用するに留まらないでもらいたい。現実に、経営者はどんな時代的・社会的等さまざまな環境の下で、財務についての意思決定・行動をすればよいのか、その際に支援たり得るものを、本書は提供できると信ずる。

　FKK での大先輩弟子であられ、学会・懇親会を通じて今も変らずご慈愛を賜っている市村昭三博士（九州大学名誉教授）に、本書刊行にあたって、序文を寄稿していただくことができた。われわれ編集者・執筆者一同にとって、まさに望外の喜びである。身内事ながら、編著者を代表して、改めてここで感謝の意を表したい。

　本書は、数人の著者による共同作業である。執筆陣内での"内部統制"の稚拙さもあり、仕上がった細工として、その見栄えは（ゼミ旅行でもよく行った）箱根の名物"寄木細工"のようには良くないかもしれない。たとえば"投資収益率"といった経営財務においては非常に重要な概念であるが、第4章・第5章における表示形式のように、あえて統一をしなかった部分も残してある。その訳は、どちらの表記も良く用いられるもので、いずれかが間違いというわけではない。同一の物を指す場合でも、参考文献・資料によって、文脈（コンテキスト）によって、それぞれの表現が違っていることも現実にはあることも（とくに初学者には）学んでもらいたい。けれども、本書の随所に、宝石が隠されているのではないかと思われるほどの"見どころ"も多く見出されるだろう。その仕上がりの良し悪しについての判定は、あくまで根気よく、通読して頂く読者諸賢に委ねられている。

2015 年 4 月

編著者代表　宮本　順二朗　記

目　次

第1章　企業評価と資本構成
　　　　―キャッシュ・フローと資本コストを基礎として― ―――― 1
1. 企業価値とは　　　　　1
2. バリュエーション―企業資産の評価と資本の評価―　　3
3. 資本コスト　　　　5
4. 企業価値評価の計算　　　15
5. 資本構成と企業価値　　　19
6. レバレッジド・リキャピタリゼーションと最適資本構成の
　 可能性　　　26

第2章　経営資金の調達決定 ―――――――――――――― 29
1. 資金調達の意義　　　29
2. 資金調達の推移　　　29
3. エクイティ・ファイナンス　　　34
4. デット・ファイナンス　　　35
5. メザニン・ファイナンス　　　41
6. ベンチャー企業による資金調達方法　　　42

第3章　経営資金の運用決定 ―――――――――――――― 49
1. 経営資金の運用対象とその区分　　　49
2. 資金の運用決定にあたっての基礎概念：現在価値・将来価値　　50
3. 投資決定の諸規準　　　52
4. NPV（正味現在価値）法とIRR（内部収益率）法の比較　　56
5. 相互排他的投資案の評価　　　59
6. 資金割り当てのケース　　　61

    7. 不確実性下での意思決定　　　　　63
    8. 資金運用のリスクとリターンの計測　　　　　65

第4章　経営資産のポートフォリオ選択決定 ──────── 69
    1. 投資収益率あるいは（投資）利回りという概念について　　　69
    2. 不確実な投資利回りの表し方　　　　　69
    3. ポートフォリオの利回り　　　　　72
    4. ポートフォリオ理論の実際的適用　　　　　78
    5. CAPMあるいは証券市場線　　　　　80
    6. CAPMあるいは証券市場線の利用の仕方　　　　　84
  補遺　金融派生商品の評価とその応用　　　　　86
    1. 金融派生商品とは　　　　　86
    2. オプション　　　　　86
    3. 先物取引　　　　　99

第5章　M＆Aと経営財務 ──────────────── 105
    1. M＆Aの目的　　　　　105
    2. M＆Aの手法　　　　　106
    3. デュー・デリジェンス　　　　　110
    4. 企業価値評価の方法　　　　　110

第6章　経営財務流動性の情報分析 ─────────── 125
    1. 流動性とは　　　　　125
    2. 流動性を分析するための重要な財務諸表　　　　　125
    3. 流動性の分析　　　　　130

第7章　経営財務成果（収益率・回転率）の情報分析 ───── 139
    1. 資本利益率　　　　　139

2. 財務レバレッジがROEに及ぼす効果　142
3. 売上高利益率　145
4. 売上高と費用の関係　147
5. 資本回転率と回転期間　148

第8章　経営財務分配性の情報分析―ステークホルダーとしての経営者への成果分配の観点から― ─── 155

1. 経営成果の分配性　155
2. 経営成果分配としての経営者報酬の重要性　156
3. 経営者報酬への規制強化　160
4. 最適な株式を用いた長期インセンティブ　166
5. 経営者報酬情報の内容の高度化　175

第9章　経営資金運用・調達決定のための会計情報分析；その可能性と限界 ─── 181

1. 日本企業の株主実態　181
2. 経営者の意思決定とFSの構成　182
3. グローバリゼーションとFSの展開　190
4. パラダイム・シフトとFSの限界　193

第10章　危機における経営財務の分析手法―CSR情報のモデル展開― ─── 209

1. 危機におけるCSR情報分析　209
2. 復興・再生とCSR　210
3. 企業の社会的責任と危機　212
4. Kanji-Chopra CSRモデル　215
5. 太田再生条件モデル（2013）　220
6. Ota-Nakashima CSRモデル　222

7. 総括と展望　　　　226
 補遺　経営財務情報分析対象の企業環境　　　230

第11章　純粋持株会社の経営分析 ─────────── 237
 1. 持株会社の規制と意義　　　237
 2. 持株会社の設立；その背景・状況　　　238
 3. 純粋持株会社の特性──そのメリット・デメリット　　　245
 4. 純粋持株会社の経営分析──収益性管理を主として──　　　246
 5. 若干のケース・スタディ──飲料製造業界における純粋持株会社の経営比較の試み──　　　248

索　引 ─────────────────────────── 255

第1章　企業評価と資本構成
―キャッシュ・フローと資本コストを基礎として―

1. 企業価値とは

　現在，経営財務論あるいは財務管理論では，企業の目的は企業価値（enterprise value）を最大化することにあるとされる。古典的には企業の目的は企業利潤の最大化あるいは企業利益の最大化であるとされてきたが，企業の意思決定の基礎として企業の目的をとらえる場合，企業価値の最大化の方がより適切であると考えられる。すなわちこの文脈でいうと，企業はあるいは経営者は企業価値を最大化すべく経営を行うことを企業の目標とし，それが使命であるということになる。

　さまざまな文献を参照してみると，企業価値は「企業が全体としてもっている資本の価値」，「企業総資本の市場価値」，「企業に資本を提供している株主，債権者など投資家全体にとっての価値」，「株主価値に債権者に帰属する価値を加えたもの」，「継続企業価値（going concern value）」などと定義されている。定義された企業価値は，いずれも企業への資金提供者である株主と債権者にとっての企業の価値であり，「資本の価値」を意味する。資本の価値はそれぞれ時価あるいは市場価格で評価されるが，そこには現在だけではなく将来の収益：収益に関する将来の予測，将来の不確実性，時間の価値などが織り込まれる。株主が提供した資本の市場価値は，しばしば株式の時価総額（株価×発行済み株式数）で測定され，負債の市場価値と合計し企業価値とされるがそれにも将来の価値が織り込まれている。

　ところで，図表1-1は時価ベース（市場価値ベース）の貸借対照表を図示したものである。簿価の貸借対照表と同様に時価ベースでも貸方の総和である

図表1−1　企業の貸借対照表からみる企業価値

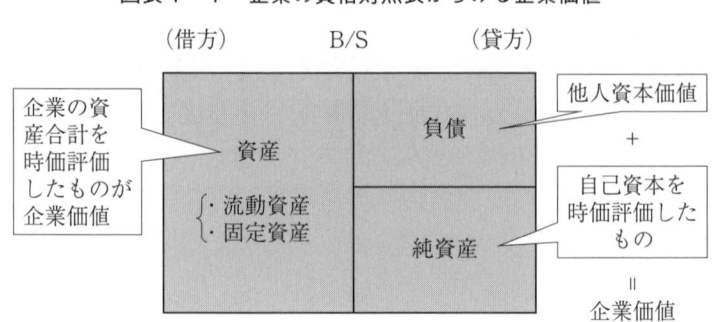

　自己資本の価値（株式価値）＋他人資本の価値（負債の価値）が借方の総資産価値と等しくなるという関係が常に成り立つとするならば，時価ベースにおいても企業価値は他人資本価値と自己資本価値の合計によっても，所有する総資産の価値の合計によっても測定でき，同じ評価をうけることになる。

　この関係によれば，企業の所有する資産の価値の上昇は負債および株式の価値の上昇をもたらし，負債および株式の価値の上昇により所有する資産の価値も上昇することになる。これは，企業が戦略的に企業の所有する資産の価値を高めることができれば企業の出資者（資金提供者）である株主や銀行・債権者の価値を高めることができ，負債や株式の市場価値を高めることができれば，企業の総資産価値（すなわち企業価値）を高めることができることを示唆する。ここに，価値の創造への企業と企業への資金提供者である株主・債権者に共通する動機がある。

　ところで，企業の自己資本の価値と他人資本の価値の比率を資本構成というが，資本構成を変えることによって負債と株式の価値の合計は変化するだろうか。もし変化するならば，両者の合計が大きくなるような組合せをつくることで，企業価値を創造することができることになる。企業価値を最大にするような自己資本と他人資本の組み合わせは最適資本構成とよばれ，その存在の有無やその水準がいかなるものかについては経営財務やトップマネジメントの重要な課題として古くから続く議論である。

2．バリュエーション　－企業資産の評価と資本の評価－

　企業資産あるいは企業価値を評価することをバリュエーション（valuation）という。前述のように，企業価値は株式の時価総額と負債総額の和によって評価されるが，企業は資産としての側面からも価値が測定される。DCF（Discounted Cash Flow：割引キャッシュ・フロー）法による評価がそれである。

　資産の価値は，その資産が将来にわたって生み出すものの価値に他ならない。すなわち資産が将来にわたって生み出すキャッシュ・フローを特定の割引率で資本化し合計したものが資産の価値とされる。このような評価方法は割引キャッシュ・フロー法（以下DCF法）といわれ，その資産により創出されるキャッシュ・フローの現在価値を合計したものを当該資産の価値とする考えである。DCF法による資産の評価モデルは，以下の通りである。

DCF法による資産の評価モデル

$$V_0 = \frac{CF_1}{(1+k)} + \frac{CF_2}{(1+k)^2} + \frac{CF_3}{(1+k)^3} + \cdots + \frac{CF_t}{(1+k)^t} = \sum_{t=1}^{\infty} \frac{CF_t}{(1+k)^t} \quad \cdots(1)$$

　　V_0　：現在の資産の価値
　　CF_t　：当該資産から t 期に生み出されるキャッシュ・フロー
　　k　：価値を求めるための割引率（資本化率）

　DCF法によれば，資本の価値はそれが将来生み出す価値によって決まる。資本から得られる将来のキャッシュ・フローが予測できるとき，それを現在価値に割り引き，合計することによって，その資本の価値を導くことができるとする。自己資本の価値は，株主に帰属するキャッシュ・フローを自己資本の割引率（資本化率）で，負債の価値は債権者に帰属するキャッシュ・フローを負債の割引率で割り引くことによって求められる。式(1)はDCF法による評価式である。将来の各時点で生み出されるキャッシュ・フローを各年度について $1/(1+k)^t$ で割り引いたうえで合計することで企業価値が求められる。この評価方法では，創出されるキャッシュ・フローの現在価値が大きいほど，また割引率が小さいほど資産の価値は大きく評価されるため，キャッシュ・フローの

図表1−2　企業評価の方法

分類	方法	特徴
インカム・アプローチ	DCF法	将来にわたって生み出すキャッシュ・フローを特定の割引率で割引いて資本還元したもの（現在価値合計したもの）を企業資産の価値とする評価方法である。
	純資産法	企業の貸借対照表の純資産（資産合計−負債合計）を，（発行済株式数−自己株式数）で割った値を株価とする評価方法である。簿価方式と時価方式がある。
	収益還元法	今後の純利益を推定し，適切な割引率で資本還元することによって企業価値を算定する方法。その企業価値を（発行済株式数−自己株式数）で割った値を株価とする評価方法である。赤字企業には適用できない。
	配当還元法	評価会社の最近の平均配当額を適切な割引率で資本還元して企業価値を算定する方法であるが，無配企業には利用できない。
マーケット・アプローチ	比準法	税法に規定される方法によって評価対象会社に類似する業種や会社の平均純資産・平均純利益・平均配当金を評価対象会社のそれぞれと比較し，関係比較により評価対象会社の株価を算出する方法。類似業種比較と類似会社比較がある。
	倍率法	PER, PBR, Qレシオ, EBITDAなどについて同業他社や同一業種の会社のそれぞれの指標と株価の倍率を計算し，その関係によって評価対象会社の株価を算定する方法。

予測と割引率の推定の正確性が重要となる。評価される資産は，土地，建物などの有形固定資産，のれんなど無形資産，株式，債券などの流動資産のような個々の資産から特定の事業（事業部門）や企業全体（総資産や営業資産）に至るまで，さまざまなレベルで評価可能である。

　このようにしてDCF法によって評価された価値は，本源的価値（intrinsic value）ともいわれる。バリュエーションには，DCF法以外にも，図表1−2に示すような方法が存在し利用される。本節では，DCF法による評価を中心に据え，それ以外の方法については簡単に特徴を述べるにとどめる。

3．資本コスト

(1) キャッシュ・フローと利益

　先に述べたように，企業資産の生み出す将来のキャッシュ・フローを予測し，それによって企業の価値を評価するのが DCF 法である。したがって実際に企業価値評価を行う際には，将来のキャッシュ・フローの予測と資本コストの推定が重要である。

　企業価値を評価する際には，キャッシュ・フローが用いられる。ここでいうキャッシュ・フローとは，現金流入量と流出量の差額であり，会計上の利益は現金主義ではなく発生主義によって算定されるため，キャッシュ・フローの額としてはとりわけ資本からキャッシュ・フローは純利益に減価償却費等の現金支出をともなわない非現金費用を加え戻したものが用いられる。

> **コラム：企業利潤または利益の最大化の問題点**
>
> 　古典的には，企業の目的は企業利潤または企業利益の最大化にあるとする議論があるが，企業の意思決定のための目的としては以下の点でふさわしくないとされる。
> ・利潤・利益には，さまざまな概念があり，指し示す内容が曖昧である。
> ・タイミングの異なる利益を生む複数の投資案がある場合，利益の最大化は選択基準として有益ではない。
> ・利益最大化の基準は，期待される利益の質を無視している。

(2) 資本コストの概念

　資本コスト (cost of capital) は経営財務では重要な概念である。資本コストは，「企業が経営活動を行うにあたり最低限達成しなければならない利益率 (minimum required rate of return) である」と定義され，企業の総資本コスト（加重平均資本コスト），自己資本コスト（株式の資本コスト），他人資本コスト（負債の資本コスト）に大別される。一般に，資本のコスト（資本費用）は，「資本調達に要するコスト＝資金を調達する際に社外に流出する費用（あるい

は現金)」を連想するが，それとは異なることに注意を要する。社外に流出する現金費用を伴わない内部金融（内部留保や減価償却費を調達手段とする資金調達）であっても資本コストはゼロではないのである。

　企業の資金調達の側面からすると，資本コストは投資家（資金提供者）が企業に期待するリターン（期待利益率）である。投資家からは他の投資機会を犠牲にして当該企業に投資するため，投資を見送る同一リスク水準の他の企業への投資以上のリターンが期待される。その意味で，資本コストは，機会費用（opportunity cost）であるといえる。他方，企業の資金運用（経営）の側面からすると，資本コストは企業の経営活動や投資活動で達成しなければならない利益率（ハードル・レート）と位置づけられる。企業が長期的にその利益率を達成できないと，投資家が期待するリターンを企業は維持できなくなる。以後，投資家は企業からの追加的な増資や社債発行の要請に応じなくなり，企業は市場からの資金調達の道が閉ざされる可能性がある。そうならないためには，企業は資本コスト以上の期待利益率を維持するために，資本コスト以上の期待収益率をもつ投資や事業を探索し採用し続ける必要がある。そのような経営を続けていく必要がある。その意味で資本コストは，企業の資金調達活動と資金運用活動を関連づける接点的な存在である。いうまでもないが，企業価値の最大化は，資本コスト以上の投資案をすべて採用することによって達成される。

(3)　自己資本コスト（株式の資本コスト：cost of equity）の計算

　自己資本コストは，普通株式（以下株式とする）の資本コストである。企業の持分所有者である株主は，企業利益の残余請求権を有している。企業の業績は不確実でリスクがあるため，株主はそのリスク水準に応じたリターン（たとえば国債のような無リスク資産の利子率にリスク・プレミアム（リスクに応じた超過収益率）を加えたもの）を要求する。株主が企業に要求するリターンこそが自己資本コスト（株式の資本コスト）である。

　自己資本コストは，CAPM（Capital Asset Pricing Model：資本資産評価モデル）や配当割引モデルのような株価モデルによって計算することができる。

① CAPM（資本資産評価モデル）による自己資本コストの計算

CAPMでは，株式の期待収益率（リターン）が式(2)のように示される。この式は証券市場線（SML）とも呼ばれるが，株式の期待収益率を自己資本の資本コスト（株式の資本コスト）としてとらえることができる。

式(2)では，自己資本コストは，無リスク資産の利子率（r_f）と企業に固有のβ（ベータ）値，市場ポートフォリオの期待収益率（r_M）の3つの指標によって構成される。無リスク資産の利子率（r_f）と市場ポートフォリオの期待収益率（r_M）は企業固有のものではなく，どの企業にも共通の指標を利用できるため，企業ごとに異なるデータベータ値のみである。そのためモデル自体が非常にシンプルで利用可能性が高い。

$$k_e = r_f + \beta(r_M - r_f) \quad \cdots\cdots(2)$$

k_e ：自己資本コスト
r_f ：無リスク資産の利子率
r_M ：市場ポートフォリオの期待収益率
β ：当該企業の株式のベータ値

この式によると，個々の企業の自己資本コストは，無リスク資産の利子率（r_f）に$\beta \times (r_M - r_f)$を加えたものであることが示される。右辺第2項のうち$(r_M - r_f)$は市場ポートフォリオ（市場にある証券をすべて組み入れたポートフォリオ）の収益率と無リスク資産の利子率の差であることから，市場ポートフォリオのリスク・プレミアムと解される。それにベータ値を乗じた$\beta \times (r_M - r_f)$が個々の企業の株式のリスク・プレミアムである。したがって，βの値が個々の企業の株式のリスクの測定尺度となり，その大きさの相違が企業の自己資本コストの相違を形成する。

βの値は市場ポートフォリオの期待収益率への感応度（感度）をあらわす。図表1-3は，市場ポートフォリオの期待収益率の変化とβ値の関係を示したものである。市場ポートフォリオの収益率が10%変化するとき，βの値が1である株式の期待収益率もおよそ10%変化する。βの値が1より大である株式の

図表1-3　市場ポートフォリオの収益率が10%上昇した
ときの株式の期待収益率の変化

β 値	株式の期待収益率（k_e）の変化
$\beta > 1$	k_e の変化率 > 10%
$\beta = 1$	k_e の変化率 ≒ 10%
$\beta < 1$	k_e の変化率 < 10%

場合は10%より大きく変化し，βの値が1より小である株式の場合は10%より小さく変化することを意味する。なお，$\beta=0$ではリスク・プレミアムはゼロ，期待収益率は変化せず，$\beta<0$では市場ポートフォリオの期待収益率の変化に対して逆向きに反応することになる。このようなβ値をもつ株式は，市場や多くの株式の価格が下落するときに上昇が期待されるため，重宝である。βの値は企業ごと，タイミング（時期）ごとに異なり，その違いが企業の資本コストの差異をもたらす要因である。

鳥居薬品の自己資本コストの計算例

　東京証券取引所一部上場の製薬会社である鳥居薬品株式会社を例に，CAPMを用いて自己資本コストを計算してみることにする。鳥居薬品は全額自己資本で経営を行う無借金経営の会社で「腎・透析領域」，「皮膚・アレルゲン領域」，「HIV領域」の3つの領域に重点を置いている資本金50億百万円，発行済み株式数2,880万株の医薬品メーカーである。

　先に示した式(2)に従うと，鳥居薬品の自己資本コスト（k_{eT}）は，以下のように示される。

$$k_{eT} = r_f + \beta_T(r_M - r_f)$$
$$= 0.72 + 0.45(9.23 - 0.72)$$
$$= 4.55\%$$

　　k_{eT}　：鳥居薬品の自己資本コスト

　　r_f　：2013年の10年もの国債の年平均利回り0.72%を使用

r_M ：市場ポートフォリオの期待収益率。TOPIX の 2009 年 4 月 - 2014 年 3 月の 60ヵ月の収益率 9.23％を使用。

β_T ：鳥居薬品の 2009 年 4 月 - 2014 年 3 月までの 60ヵ月のデータから推計された鳥居薬品のベータ値：0.45 を使用

　上記計算例からわかるように，無リスクの利子率には 10 年もの国債の 2013 年の平均利回り：0.72％を使用した。市場ポートフォリオの期待収益率には TOPIX の 2009 年 4 月 - 2014 年 3 月の 60ヵ月の平均収益率：9.23％を，鳥居薬品の β_T 値は同じく 2009 年 4 月 - 2014 年 3 月の 60ヵ月のデータで推計された値：0.45 を用い計算している。TOPIX 平均収益率と β 値は東京証券取引所『TOPIX β VALUE』によるデータである。

　鳥居薬品の自己資本コストは 4.55％となる。この時期の無リスク資産の利子率と市場ポートフォリオのギャップである市場リスク・プレミアム（マーケット・リスク・プレミアム）は，低金利の影響もあり 8.51％と大きなものとなっているが鳥居薬品の β 値が 0.45 と $\beta_T < 1$ であるため，市場ポートフォリオへの感応度が相対的に低く，それに応じて鳥居薬品のリスク・プレミアムも 3.83％と相対的に低めになっている。その意味で，鳥居薬品は，相対的にローリスク＝ローリターンであるといえよう。

　図表 1 - 4 では，さまざまな業種に分類される企業を取り上げ，鳥居薬品ベータと同時期の（2009 年 4 月 - 2014 年 3 月の 60ヵ月）データを用い推定した β 値とそれをもとに同一の手順で自己資本コストを推定している。これをみると，企業によりベータ値，自己資本コストともに相当異なる値をとることがわかる。ベータ値の低い企業は自己資本コストも低く，高い企業は資本コストも高い。表のなかでもっともベータ値が高いフルキャスト HD は，もっとも低いいなげやの 19.7 倍の感度である。したがって，フルキャストは，相対的に好不況の影響を受けやすく，いなげやは相対的に安定しているといえる。一概にはいえないが，食品，小売業，インフラのような内需関連の企業は，ベータ値が低く，自動車，エレクトロニクス，鉄鋼，金融のようなグローバルな活動を

図表1－4　企業のベータ値と自己資本コストの計算

企業名	ベータ値	自己資本コスト
山崎製パン	0.31	3.36
キリンHD	0.90	8.38
エディオン	1.71	15.27
セブン＆アイHD	0.77	7.27
東　レ	0.89	8.29
武田薬品	0.62	6.00
オリエンタルランド	0.21	2.51
フルキャストHD	2.17	19.19
富士フイルムHD	1.26	11.44
ブリヂストン	1.03	9.49
新日鐵住金	1.38	12.46
日立製作所	1.29	11.70
パナソニック	1.45	13.06
トヨタ自動車	1.24	11.27
三菱商事	0.96	8.89
いなげや	0.11	1.66
三菱UFJフィナンシャルG	1.32	11.95
三井不動産	1.54	13.83
JR東海	0.61	5.91
日本電信電話	0.43	4.38
ファーストリテイリング	0.95	8.80
ソフトバンク	0.92	8.55

（注）ベータ値とTOPIXの収益率は東証『TOPIX β VALUE』による2009年4月－2014年3月のベータ値を使用。無リスクの利子率は，2013年の10年もの長期国債の平均利回り。

している企業でベータ値は高い傾向があるようにみえる。また同じ業界にあっても，ビジネスモデルの違いによっては，ベータ値に差違があらわれることも想像できる。

　資本コストの推計にCAPMを利用するメリットは，シンプルなことである。無リスクの利子率，個別企業のベータ値，市場ポートフォリオの期待収益率の3つのパラメータのみによって自己資本コストが計算できる。しかも企業ごとに異なるのはベータ値のみである。CAPMを用いたベータ値の推計は必ずしも信頼性が高いというわけではないといわれるが，シンプルさと厳強性のために利用可能性が高いのである。なお，β値は，東京証券取引所をはじめいくつ

かの主体から提供があるほか，実際に計算によっても求めることができる。

② 配当割引モデルの利用＜定額配当モデルと一定成長モデル＞

配当割引モデルを用いて自己資本コストを計算することもできる。配当割引モデルは，現在の株価を P_0，t 期の期待配当を D_t，自己資本コストを k_e とすると，P_0 は式(3)のように表される。この式(3)を配当割引モデルという。これは最初に学んだ式(1)と同様に DCF 法による評価式である。キャッシュ・フローとしては一株あたりの配当金の期待値が，資本コストは株式の資本コストである自己資本コストが用いられる。

配当モデル

$$P_0 = \frac{D_1}{(1+k_e)} + \frac{D_2}{(1+k_e)^2} + \frac{D_3}{(1+k_e)^3} + \cdots + \frac{D_t}{(1+k_e)^t} = \sum_{t=1}^{\infty} \frac{D_t}{(1+k_e)^t} \quad (3)$$

P_0 ：現在の株価

D_t ：t 期の1株当たりの配当金の期待値

k_e ：株式の資本コスト（自己資本コスト）

企業の一株当たりの配当金の期待値が一定であるならば，

$$D_1 = D_2 = D_3 = D_4 = \cdots = D_t = D$$

定額配当モデル

$$P_0 = \frac{D}{k_e} \quad \cdots\cdots\cdots\cdots\cdots\cdots\cdots\cdots\cdots\cdots\cdots\cdots\cdots\cdots\cdots\cdots\cdots\cdots\cdots(4)$$

自己資本コストは： $k_e = \dfrac{D}{P_0}$ $\cdots\cdots\cdots\cdots\cdots\cdots\cdots\cdots\cdots\cdots\cdots\cdots\cdots\cdots\cdots\cdots(5)$

一定成長モデル

利益の一部を内部保留することによって，毎期 g の割合だけ成長していく場合，

$$P_0 = \frac{D}{(1+k_e)} + \frac{D(1+g)}{(1+k_e)^2} + \frac{D(1+g)^2}{(1+k_e)^3} + \frac{D(1+g)^3}{(1+k_e)^4} + \cdots + \frac{D(1+g)^{t-1}}{(1+k_e)^t} + \cdots = \sum_{t=1}^{\infty} \frac{D(1+g)^{t-1}}{(1+k_e)^t} = \frac{D}{k_e - g} \quad \cdots\cdots(6)$$

ただし，$k_e > g$

自己資本コスト（一定成長モデル）

$$k_e = \frac{D}{P_0} + g \quad \cdots\cdots\cdots\cdots\cdots\cdots\cdots\cdots\cdots\cdots\cdots\cdots\cdots\cdots\cdots\cdots(7)$$

もし毎期の期待配当が一定であるとすると，配当割引モデルは，式(4)のようにシンプルになる。この式を満たす k_e が当該企業の自己資本コストである。

たとえば，現在の株価が3,000円で一株あたりの配当金が今後40円で一定である会社の自己資本コスト k_e は，

$k_e = 40 \div 3,000 = 0.013$　　自己資本コストは1.3%となる。

③　一定成長モデルの利用

ところで，期待配当の金額が一定であるという仮定は，配当可能利益を全額配当しているというよりも利益の一部を内部留保に回している可能性を示唆している。もしそうであるならば，内部留保された配当可能利益は企業の研究開発や設備投資資金として投入され，将来の成長が期待されるかもしれない。将来の配当が毎期 g の割合だけ成長していくと仮定すると，式(6)の一定成長モデルを利用することができる。②で用いた例を再度利用する。現在の株価が3,000円で現在1株あたりの期待配当額が40円，成長率が1%であるとすると，自己資本コスト k_e は，式(7)に代入すると，$k_e = 40/3,000 + 0.01 = 0.023$　自己資本コストは2.3%となる。配当に1%の成長が期待できる方が自己資本コストが高くなっている。

ところで，式(3)，式(4)，式(6)からは，期待される一株あたり配当金の金額とその成長率，自己資本コストの水準がわかれば，それぞれの式にデータを代入することにより配当割引モデルからみた推定株価，いわゆる「理論株価」を算定することができる。

(4) 負債の資本コスト (cost of debt) の計算

負債の資本コストは，債権者が企業に求める期待リターンである。主に，金融機関からの借入金の資本コストと社債の資本コストからなる。借入金の場合は約定利子率，債券の場合は最終利回り（満期利回り）が資本コストととらえられるが，企業には発行時期，満期，最終利回りの異なる多数の社債，借入先，約定利子率，借入時期，返済期限の異なる多くの借入金が存在するため，便宜的に財務諸表上の支払利息を期中平均の有利子負債残高で割ったものが負債の資本コストとして使われることが多い。

$$負債の資本コスト = \frac{支払利息}{期中平均有利子負債残高}$$

$$借入金の資本コスト = \frac{支払利息}{負債価格}$$

$$債券の市場価格 = \sum_{t=1}^{T} \frac{C_t}{(1+k_d)^t} + \frac{F}{(1+k_d)}$$

C_t ：t 期のクーポン額　　T ：満期
F ：債券の額面価額　　k_d ：最終利回り（債券の資本コスト）

負債の資本コスト計算例

FKK 社では，2013 年度の期中平均の有利子負債残高が 420 億円，支払利息が 8 億 4,000 万円であった。便宜的な負債の資本コストは，

8 億 4,000 万円 ÷ 420 億円 = 0.02

この場合，負債の資本コストは 2% となる。

なお，負債の支払利息は法人税の課税所得から控除される（借入利息の損金

算入）ため，支払う法人税を節約することができる節税効果（タックス・シールド）が働く。したがって，節税効果を含めた負債の資本コストは，負債の資本コスト×（1−法人税率）を用いる。

(5) 加重平均資本コスト（WACC：Weighted Average Cost of Capital）の計算

　加重平均資本コストは企業全体の資本コストで，総資本コストとも呼ばれる。多くの企業はいわゆる『無借金経営』ではなく，経営活動に有利子負債を利用している。その場合の企業の評価には自己資本コストではなく，加重平均資本コストが用いられる。加重平均資本コストはWACC（ワック）とも呼ばれ，企業全体の要求利益率である。式(8)のように加重平均資本コストは，自己資本と他人資本とを調達した資本の源泉別に資本コストを計算し，それらを資本構成に対する構成比でウエイトをつけて加重平均することによって求められる。ただし，負債のうち買掛金や支払手形などの無利子負債は，構成要素から除くべきであろう。

　加重平均資本コストは，以下の計算式に従う。

加重平均資本コスト（WACC）の計算式

$$WACC = \frac{E}{E+D} \times k_e + \frac{D}{E+D} \times k_d \times (1-t) \quad \cdots\cdots(8)$$

　　k_e　：自己資本コスト
　　k_d　：負債の資本コスト
　　E　　：自己資本（純資産）
　　D　　：負債
　　$E+D$：企業の総資本
　　t　　：法人税率（実効税率）

加重平均資本コスト（WACC）計算例

　FKK社の現在の株価は3,000円，発行済株式数は1,400万株であるとする。またFKK社は現在2.0％の金利の社債420億円を調達している。自己資本コ

ストが 5％，法人税の実効税率が 40％であるとすると，WACC は，次のように計算される。

自己資本コスト：$k_e = 0.05$

負債コスト　　　：$k_d = 0.02$

自己資本（市価ベース）：$E = 3,000$ 円 × 1,400 万株 = 420 億円

負債　　　　　　　　　：$D = 420$ 億円

法人税率（実効税率）　：$t = 0.4$　　40％

WACC = 420億/(420億 + 420億) × 0.05 + 420億/(420億 + 420億) × 0.2 × (1 − 0.4)

　　　= 0.5 × 0.05 + 0.5 × 0.02 × 0.6

　　　= 0.025 + 0.006 = 0.031

　　　加重平均資本コスト = 3.1％

加重平均資本コストは，明快でわかりやすいが，以下の点に注意が必要である。

- 加重平均資本コストは，企業の既存の総資本コストである。限界資本コストではないため，今後の企業の変化（リスククラスや資本構成が従来と異なる場合）には適さない可能性がある（新規事業に利用できない可能性）。
- 同一産業でほぼ同じような規模，事業展開の企業であっても資本構成が違えば，資本コストは異なる可能性がある（類似企業に利用できない可能性）。
- 投資プロジェクトの意思決定に際し，同一の投資プロジェクトであっても企業の資本コストが変わることがあり判断が変わる可能性がある（資本構成の相違が投資やビジネスに変化をもたらす可能性）。

4．企業価値評価の計算

DCF 法による資産の評価モデル

$$V_0 = \frac{CF_1}{(1+k)} + \frac{CF_2}{(1+k)^2} + \frac{CF_3}{(1+k)^3} + \cdots + \frac{CF_t}{(1+k)^t} = \sum_{t=1}^{\infty} \frac{CF_t}{(1+k)^t} \quad \cdots\cdots(9)$$

V_0 ：現在の資産の価値
CF_t：当該資産から t 期に生み出されるキャッシュフロー
k ：価値を求めるための割引率（資本化率）

資産から生み出されるキャッシュ・フローの期待値が毎期 CF で一定の場合，

$CF_1 = CF_2 = CF_3 = \cdots = CF_t = CF$ により，

$V_0 = \dfrac{CF}{k}$ （定額キャッシュフロー・モデル）

資産から生み出されるキャッシュ・フローの期待値が毎期 g の割合で成長する場合

$$V_0 = \frac{CF}{(1+k)} + \frac{CF(1+g)}{(1+k)^2} + \frac{CF(1+g)^2}{(1+k)^3} + \frac{CF(1+g)^3}{(1+k)^4}$$
$$+ \cdots + \frac{CF(1+g)^{t-1}}{(1+k)^t} = \sum_{t=1}^{\infty} \frac{CF(1+g)^{t-1}}{(1+k)^t} = \frac{CF}{k-g}$$ （一定成長モデル）

ただし，$k > g$

(1) DCF 法による企業評価と将来キャッシュ・フローの取り扱い

　DCF 法による企業価値の計算は，式(9)の通りである。すなわち企業が毎期生み出すキャッシュ・フローの期待値を企業全体の割引率である加重平均資本コスト（WACC）で割り引くことによって企業価値が算定される。つまり，企業価値は，企業が生み出す将来キャッシュ・フローの現在価値合計ということになる。資産の評価モデルの適用である。ところが問題もある。企業はゴーイング・コンサーンであるため，企業の将来キャッシュ・フローをすべて予測することは非常に困難である。モデルの適用にあたり，毎期のキャッシュ・フローの期待値は同一である（定額キャッシュ・フローモデル）や，毎期のキャッシュ・フローはある一定の成長率で成長する（一定成長モデル）という仮定をおいたモデルが便宜的に用いられるが，現実的であるとはいいがたい面もある。そのため，実務的には当初の3～5年について実際に予測し，それ以

降の残余価値は，定額キャッシュ・フローモデルや一定成長モデルを適用するハイブリッド型の算定が行われる。

5年間の予想キャッシュ・フローと残存価値を用いた企業価値評価の計算方法

$$V_0 = \frac{FCF_1}{(1+k)} + \frac{FCF_2}{(1+k)^2} + \frac{FCF_3}{(1+k)^3} + \frac{FCF_4}{(1+k)^4} + \frac{FCF_5}{(1+k)^5} + \frac{1}{(1+k)^5} \times FV_5$$

....(10)

V_0 ：（現時点の）企業価値

k ：企業の総資産コスト（$WACC$：加重平均資本コスト）

FCF_t：t期に生み出されるフリー・キャッシュ・フローの期待値

ただし，$FCF = NOPAT +$ 減価償却費増分 $-$ 正味資本支出 $-$ 正味運転資本増加額
　　　　　　　 $= EBITDA -$ 支払法人税 $-$ 正味資本支出額 $-$ 正味運転資本増加額

$NOPAT$：税引後営業利益

$EBITDA$：利子・法人税・減価償却費控除前利益

$\frac{1}{(1+k)^5} \times FV_5$：6期以降に生み出されるフリー・キャッシュ・フローの割引現在価値合計

この方法は式(10)によると，直接予測を行う各年度のキャッシュ・フローの現在価と直接予測する最終年度の翌年以降を一括して予測した現在価値を合計したものを企業価値とする。このモデルで重要なことは，割引率は企業の総資本コストである加重平均資本コストを用いること，キャッシュ・フローにはフリー・キャッシュ・フローを用いることである。フリー・キャッシュ・フローとは，「現在の経営水準の維持・拡大に必要な投資資金を控除した後に存在する超過キャッシュ・フローで，経営者が自由裁量的に利用できる資金である。」と定義され，現在の経営水準（＝現在の企業価値）を維持するために必要なキャッシュ・フローを確保した上での「余剰キャッシュ・フロー」を意味する。そのようなキャッシュ・フローこそが企業価値の増加をもたらす，企業価値を創造する源泉であるということである。

図表1−5は，FKK社の2014年度を基準に2015年度以降のフリー・キャッ

図表1-5　FKK社のフリー・キャッシュ・フローによる企業価値評価

(単位：百万円)

科目／年度	2013	2014	(予)2015	(予)2016	(予)2017	(予)2018	(予)2019	
売上高	55,291	58,089	63,000	64,890	65,604	66,325	67,055	2015-2019年のフリー・キャッシュ・フローの現在価値合計
税引後営業利益	2,328	3,672	4,240	4,367	4,586	4,815	5,056	
減価償却費	1,089	924	1,247	1,409	1,592	1,672	1,756	
設備投資額	640	1,514	2,277	2,573	2,702	2,837	2,979	
運転資本増加額	341	1,601	1,736	1,788	1,878	1,972	2,070	
フリー・キャッシュ・フロー	3,729	1,481	734	1,580	1,595	1,496	1,390	
フリー・キャッシュ・フローの現在価値　割引率(4.55%)			1,481	699	1,433	1,379	1,230	1,089	5,828

企業価値 (単位：百万円)	＝	5,828	＋	FCFが成長しない場合(定額モデル)	35,473	＝	41,301
				毎期1％成長する場合(1％一定成長モデル)	44,341		50,169
				毎期3％成長する場合(3％一定成長モデル)	88,682		94,510

シュ・フローを予測し企業価値を計算してみたものである。表のうち2013，2014年度は実測値，2015～19年度までは年度毎の予測値，2020年度以後は3つのシナリオに従った一括した予測値であるとする。FKK社の2015-2019年度の各年度*FCF*の現在価値合計が58億28百万円，それ以後*FCF*の期待値を一定とする定額キャッシュ・フロー・モデルでは413億1百万円，毎期1％成長するシナリオで501億69百万円，毎期3％成長するシナリオで945億10百万円の企業価値になる。成長のシナリオによって評価される企業価値に大きな相違があらわれることに注意が必要である。

(2)　配当割引モデルを用いた企業評価

　最初に定義したように企業評価は，自己資本の価値と負債の価値からも算定される。DCF法を利用して資産評価の観点から配当割引モデルを用いた自己資本と負債の企業評価を検討する。

　配当割引モデルは，株式の価値を将来配当の流列の割引現在価値合計とするものである。このモデルの適用によって求めた株価に発行済み株式数を乗じたものと負債価値の合計が企業価値となる。

　FKK社は現在一株あたり40円の配当金を支払っているが，今期より20％

図表1-6　FKK社の配当割引モデルによる企業価値計算例

現在の一株あたり配当金（円）	自己資本コスト	配当成長率（%）	株式価値（円）	株価総額（億円）	企業価値（億円）
48	0.05	0	960	134	554
		1	1,200	168	588
		3	2,400	336	756

増配し一株あたり48円の配当を実施するつもりである。今後5年間はこの配当政策を維持していくが，その後には成長に関して3つのシナリオがある（図表1-6）。6年目以後現状通りで年48円の配当を維持していく（シナリオ1），6年目には成長の軌道に入るが年1%の一定成長（シナリオ2），成長の軌道に乗り以後年3%で成長していけるかなり高い一定成長（シナリオ3）というシナリオである。

なお，資本コストは5%である。定額配当モデルを用いると，$P_0 = 48 \div 0.05 = 960$円，配当の1%の一定成長モデルでは$P_0 = 48 \div (0.05 - 0.01) = 1,200$円，3%の一定成長モデルでは$P_0 = 48 \div (0.05 - 0.03) = 2,400$円となる。発行済株式数1,400万株を乗じると，自己資本価値はそれぞれ134億円，168億円，336億円となり，負債価値を加えた企業価値は554億円，588億円，756億円となる。企業のフリー・キャッシュ・フローを割り引くことで求めた図表1-5の場合と比較すると傾向は似ているもののシナリオの違いで明らかに企業価値が異なることがわかる。

5．資本構成と企業価値

前節までは企業価値の算定を通じて企業価値と資本コストとキャッシュ・フローの関係を明らかにしてきたが，本節では企業の資本構成と企業価値の関係について考察していく。貸借対照表の貸方である負債と自己資本のミックスである資本構成を変えることによって企業価値が変化する可能性があることは指摘した通りである。はたして，企業にとって最適資本構成は存在するだろうか。

最適資本構成が存在するのならば，企業価値最大化を目指す経営者はビジネスばかりでなく最適資本構成を念頭に置いて企業戦略を策定すべきであろうし，現在の資本構成の中身さえも変更する必要に迫られるかもしれない。

この問題について，資本構成理論と企業の資本コスト（総資本コスト，自己資本コスト，負債の資本コスト）との関係からの議論をみていくことにする。

(1) 資本構成に対する2つのアプローチ　－NI法とNOI法－

企業の資本構成と資本コストの関係について考察するアプローチとして，NI（Net Income：純利益）法と NOI（Net Operating Income：純営業利益）法がある。2つの相違は，企業価値算定のために評価する利益が純利益か，純営業利益かの違いであるが，その違いによって異なる示唆を与えることになる。

まず，2つの方法に共通の前提を以下にあげておく。
・完全市場である（税金，取引費用は存在しない）。
・企業の総資本額は不変とする。
・将来の収益に対する投資家の期待は同一である。
・将来の投資は既存の投資と同一リスククラスであるとみなされる。

これまでの議論と同様に，資産の価値はその資産が将来生み出す収益を資本化率で資本還元したものであるとすると，企業価値は以下のようにあらわすことができる。

$$V = \sum_{t=1}^{\infty} \frac{R}{(1+k)^t} = \frac{R}{K} = E + D$$

V：企業価値　　　　　　　　　　R：利益（キャッシュ・フロー）
E：自己資本の市場価値総額　　　K：割引率
D：他人資本（負債）の市場価値総額　t：期間

$$K_e = \frac{Y}{E} \qquad E = \frac{Y}{K_e}$$

X：純営業利益（期待値）
F：負債利子率

$$K_i = \frac{F}{D} \qquad D = \frac{F}{K_i}$$

Y：当期純利益（期待値）
K_e：株式の資本化率

$$K_o = \frac{X}{V} \qquad V = \frac{X}{K_o} \qquad \begin{array}{l} K_i\ :負債の資本化率 \\ K_o\ :総資本化率 \end{array}$$

$$K_o = \frac{E}{V} \times K_e + \frac{D}{V} \times K_i = \frac{E}{E+D} \times K_e + \frac{D}{E+D} \times K_i$$

$$K_e = K_o + (K_o - K_i) \times \frac{D}{E}$$

　図表1-7の設例会社は，現在の全額自己資本で総資本額10億円の会社である。今から，総資本のうち50％（5億円），75％（7億5,000万円）を利子率4％の負債に置き換えることを検討する。NI法とのNOI法の相違によって資本コストや企業価値に相違があらわれるかどうか検討する。表のうちグレーの部分は資本構成にかかわらず一定であると仮定されている部分である。つまりNI法では自己資本の資本コストと負債の資本コストは資本構成の如何に関わらず一定であるとされる。NOI法では企業価値と総資本コストは資本構成の如何に関わらず一定であると仮定されていることがわかる。

　NI法では資本構成の変更によっても自己資本の資本コストと負債の資本コストは一定で影響を受けないと仮定されている。しかし図表1-7にあるように資本構成の変更により自己資本が減少し，それに伴い純利益も減じている。純利益÷自己資本コストで計算される自己資本の価値も減少する。負債利息÷負債の資本コストである負債の市場価値は負債の増加とともに増加し，加重平均資本コスト（企業の総資本コスト）の水準が低下するため，負債の利用度が高まるにつれ，企業価値は増加することになる。その意味で，NI法では資金調達戦略や貸借対照表の貸方のリストラクチャリングによって負債利用度を高めることで，戦略的に企業価値を高めることができる。最適資本構成はほぼ全額負債という資本構成になる。

　NOI法からの示唆は，NI法とは異なる。結論からいうと，NOI法では資本構成の違いは企業価値に影響を与えない，すなわち最適資本構成は存在しないというものである。図表1-7のNOI法で評価された企業の市場価値をみるとわかるように，負債導入の程度（≒資本構成の違いの程度）にかかわらず企

図表1-7　NI法・NOI法による資本コストと企業評価単位

(単位：百万円)

	記号	NI法 負債0%価格	NI法 負債50%価格	NI法 負債75%価格	NOI法 負債0%価格	NOI法 負債50%価格	NOI法 負債75%価格
純営業利益	X	1,000	1,000	1,000	1,000	1,000	1,000
負債利息（利子率=4%）	F	-	200	300	-	200	300
純利益	Y	1,000	800	700	-	800	700
自己資本の資本化率	K_e		10%			-	
自己資本の市場価値	E	10,000	8,000	7,000	10,000	5,000	2,500
負債の市場価値	D	-	5,000	7,500	-	5,000	7,500
企業の市場価値	V	10,000	13,000	14,500		10,000	
自己資本の資本コスト	K_e		10%		10%	16%	28%
負債の資本コスト	K_i		4%			4%	
総資本コスト	K_o	10%	7.69%	6.90%		10%	

業の市場価値は1,000百万円で同一である。なぜならNOI法では，資本構成の如何にかかわらず企業の総資本コストは不変であると仮定しており，企業価値は純営業利益を資本化することにより算定されるので，価値を測定する利益も資本コストも資本構成による影響を受けないのである。企業の総資本コストも負債の資本コストも一定であることから，企業リスクを負担するのは株主ということになるため，自己資本コストは負債利用度が高まるほどに上昇する。図表1-7では，負債利用度が50%では自己資本コストは16%に，負債利用度が75%では自己資本コストは28%にまで上昇している。自己資本の市場価値=総資本価値-負債の市場価値により，負債水準の上昇により自己資本の価値は5,000百万円，2,500百万円と減少しているが，前述のように企業価値および企業の総資本コストは影響を受けない。

　資本構成に関する多くの議論はNI法による企業評価に依拠し，それに修正を加え議論しているものが多く，一般に「伝統的資本構成理論」とよばれている。他方で，それとは対照的にNOI法に依拠し非常に精緻な議論を行った研究もある。モジリアーニ＝ミラー（Mdigliani=Miller：以下MM）による研究[1959年，1963年]がそれである。彼らは，NOI法よる評価を前提とし非常に理論的で精緻化された議論を展開している。

以下に，NOI 法と NI 法のそれぞれの考えに依拠する MM 理論と節税倒産コストモデルそしてエージェンシー・コスト・モデルについて述べることにする。

(2) MM 命題

MM 理論は，モジリアーニとミラーによって 1958 年に（修正命題は 63 年に）発表された論文で証明された3つの命題を指し，現代財務論の古典ともいえる理論である。MM 命題は，① 完全資本市場，② 税制は存在しない，③ 投資家はすべて同質的な期待をもち，④ 合理的に行動するなどの前提条件のもとでは，同一リスク・クラスの企業において資本構成の違いは企業価値や資本コストに影響を与えない（第1命題：資本構成無関連命題），自己資本コストは全額自己資本の企業の総資本コストに財務リスクのリスク・プレミアムを加えたもので，その大きさはレバレッジ（負債比率）に比例する（第2命題）。同一リスク・クラスの全額自己資本企業の資本コスト以上の利益率をもつ新規投資プロジェクトならばすべて採用すべきである（第3命題：配当無関連命題）というものである。

MM 命題のうち，とくに第1命題である資本構成無関連命題は，企業が資本構成をどのように変えようとも企業価値には何ら影響を与えないというものであるが，これは前述①〜④の前提のもとで成り立つことに注意が必要である。63 年の MM による修正論文では，法人税を考慮に入れると負債を利用するほど節税効果（タックス・シールド）で企業価値が高まり，99％以上負債というような資本構成をもつ企業の企業価値が最大であるという結論に達している。

MM 理論以降の最適資本構成についてさまざまな議論はほぼいずれも資本構成を変更することによって企業価値は変化し，企業価値を最大にする最適資本構成の水準が存在するというものである。そのような理論のなかから節税・倒産コスト・モデルとエージェンシー・コスト・モデルを紹介する。

図表1－8の①　MMによる最適資本構成税制を考慮しない場合

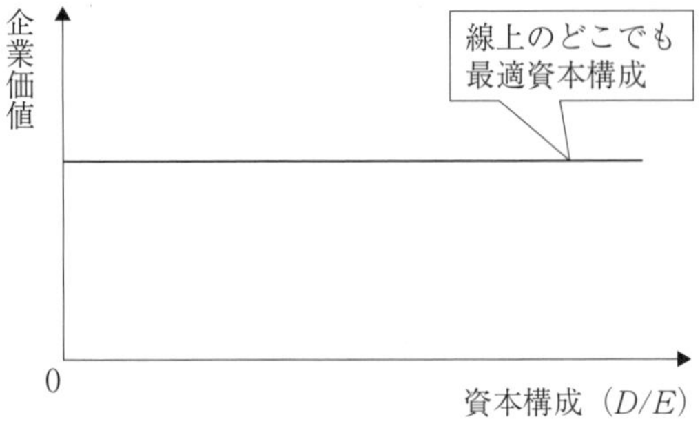
企業価値
線上のどこでも
最適資本構成
0
資本構成（D/E）

図表1－8の②　MMによる修正命題 法人税を考慮した場合最適資本構成

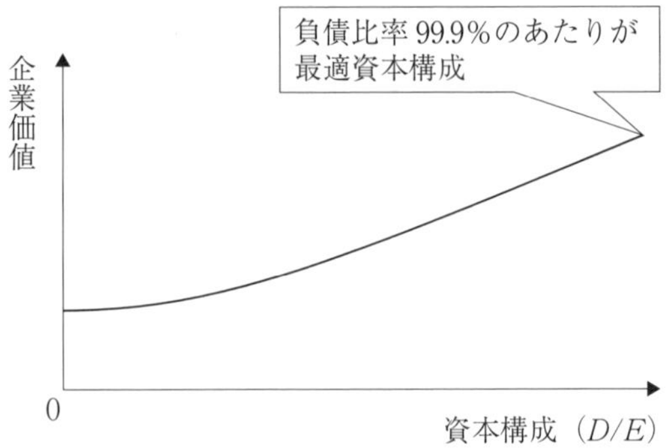
負債比率 99.9%のあたりが
最適資本構成
企業価値
0
資本構成（D/E）

図表1－8の③　節税・倒産コストモデルによる最適資本構成

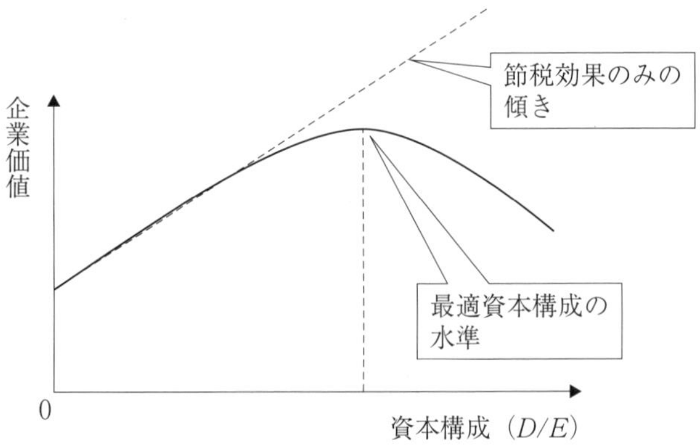
節税効果のみの
傾き
企業価値
最適資本構成の
水準
0
資本構成（D/E）

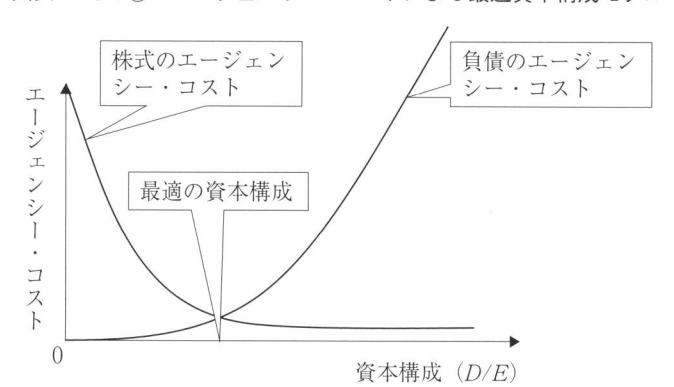

図表1−8の④　エージェンシー・コストによる最適資本構成モデル

（グラフ：縦軸 エージェンシー・コスト、横軸 資本構成（D/E）。株式のエージェンシー・コスト曲線と負債のエージェンシー・コスト曲線が交わる点が最適の資本構成）

(3) 節税・倒産コスト・モデル

　このモデルは，企業価値に影響を与える要因として負債と倒産コストを挙げている。負債には，法人税制上の優遇措置（借入利息の損金参入：負債の支払利息を課税所得から控除することができる）によって節税効果を享受でき，負債比率の上昇が企業価値に対し正の効果を与える。しかしながら同時に負債比率の上昇は企業の貸倒リスクや倒産リスクの上昇をもたらすため，そのリスクの程度によって倒産コストの現在価値が企業価値を引き下げるため，企業価値の水準は図表1−8の③のように凸型になる。凸型の一番高い水準が企業価値最大化の点，そのときの資本構成が最適資本構成となる。

(4) エージェンシー・コスト・モデル

　所有と経営が分離した企業では，株主や債権者のような資金提供者と経営者（あるいは資金の運用者）が異なる場合が多い。このとき資金の運用者である経営者のことをエージェント（Agent：代理人），資金提供者のことをプリンシパル（Principal：依頼人）と呼び，両者の関係はプリンシパル＝エージェント関係あるいはエージェンシー関係と呼ばれる。この関係が成立するときエージェントはプリンシパルのためにベスト・プラクティス（最善の行動）を行うべきであるが，必ずしもそうとはならない。さらに両者の間には情報の非対称

性（asymmetric information）が横たわっているためプリンシパルがエージェントの行動を把握するにはコストがかかるし，たとえできたとしても完全には把握できないことから本来得られるほどの利益をプリンシパルが得られなくなる（機会費用：opportunity cost の発生）。この摩擦によって発生するコストをエージェンシー・コストという。企業では多くのエージェンシー関係が錯綜するが，株主と経営者の間に発生する株式のエージェンシー・コスト，債権者と株主の間に発生する負債のエージェンシー・コストを経営財務では重要視している。株式のエージェンシー・コストは，自己資本の比率が高いほど大きくなりエージェントである経営者が自身の利害を優先したり，債権者の利害を優先し，過度にリスク回避的な経営をしてしまう場合に発生する。一方，負債のエージェンシー・コストは負債比率とともに大きくなり，経営者が株主のため過度にハイリスクな事業に進出する場合などに高まる。この観点から，株式のエージェンシー・コストと負債のエージェンシー・コストの合計が企業の総エージェンシー・コストということになり，企業の最適資本構成すなわち企業価値最大化が達成できる資本構成は企業の総エージェンシー・コストが最小となる資本構成の水準点であるといえる。

6．レバレッジド・リキャピタリゼーションと最適資本構成の可能性

　本章では，企業価値と資本構成について議論してきたが，最後に戦略的に資本構成を変更するケースを検討しよう。

　一般に，貸借対照表の貸方の中身の変更を図る戦略や行為は財務的リストラクチャリングと呼ばれる。その財務的リストラクチャリングにおいて，外部から他人資本を導入し，それを原資として自己株式の取得などによる自己資本の圧縮を行う再構築を特にレバレッジド・リキャピタリゼーション（Levereged Recapitalization: 以下 LR とする）という[1]。LR は，貸借対照表の借方である総資産の規模や構成には手をつけることなく，貸方の構成を変更しようとするものであるため，企業の資産評価には何ら影響を与えず，資本構成のみを変更で

きる手法である[2]。また負債の調達能力次第ではあるが，ビジネスに影響を与えることなく，一度に大きな変更が可能である。

　図表1-9は，LRの例である。FKK社は，従来全額自己資本で経営していた（総資本840億円）会社である。2015年度の予想営業利益は55億円，法人税率40％が適用され，当期純利益は33億円である。FKK社は，総資本の50％，420億円を負債に置き換えるLRを実行したとする。調達した負債420億円（利子率2％）は，すべて自己株式の取得に用い自己資本と負債ともに50％となるLRである。図表1-9のようにLRの実行により企業価値は実行前の660億円から979億2千万円に上昇する。これは，導入した負債の支払利子が課税所得から控除され節税になるタックスシールドの効果のためである。また，自己株式の取得や巨額の配当によるの実施による自己資本の圧縮と負債による代替は，エージェンシー・コストの削減の意味で企業価値に効果がある可能性も指摘される。

　他の条件を所与とするならば，LRの実行，つまり戦略的な資本構成の変更によって企業価値の上昇が期待されることになるが，現実には借方の資産側の再構築が同時進行する場合により効果が発揮される。自己資本に代替される負債に関しても永久社債のような性質でない限りデフォルトリスクの上昇の可能性がある。

図表1-9　FKK社のLRの実行と企業価値

(単位：百万円)

LR実行前の企業（負債比率0％）		
総資本840億円		
	CF	CFの価値
営業利益	5,500	
法人税（40％）	2,200	
当期純利益	3,300	66,000
企業価値		66,000

LR実行後の企業（負債比率50％）		
総資本840億円，負債420億円		
	CF	CFの価値
営業利益	5,500	
支払利息	840	42,000
税引前利益	4,660	
法人税（40％）	1,864	
当期純利益	2,796	55,920
企業価値		97,920

《注》

* 本章は，中央大学 2012-2013 年度特定課題研究費「わが国親子上場企業の経営と企業評価・コーポレート・ガバナンスに関する研究―財務管理の見地から―」の成果の一部である。

(1) LR は，株主への還元，M&A への防衛，株主構成の変更などを目的に実施される。最近では，カシオ計算機は 2014 年 7 月 7 日付けでにユーロ円建て転換社債型新株予約権付き社債を発行し 100 億円の手取り全額を自己株式の取得に充てる LR を取締役会で決議し実施している。

(2) LR のために調達された負債はほとんどすべて外部に流出するため，レバレッジド キャッシュアウトとも呼ばれる。

参考文献

生駒道弘・小野次郎・濱本泰編（1985）『経営財務』有斐閣。
砂川伸幸・川北英隆・杉浦秀徳（2008）『日本企業のコーポレートファイナンス』日本経済新聞出版社。
市村昭三編（2007）『財務管理論』創成社。
小椋康宏編（2007）『経営学原理』学文社。
経営能力開発センター編（2004）『アカウンティング&ファイナンス』中央経済社。
パーク・ディマーゾ著，久保田敬一・芹田敏夫・竹原均・徳永俊史訳（2011）『コーポレートファイナンス』ピアソン。
トーマツ編（2000）『企業再編 第 4 版』清文社。
中井透編（2006）『価値創造のマネジメント』文眞堂。
古川浩一・蜂谷豊彦・中里宗敬・今井潤一（2007）『コーポレート・ファイナンス』中央経済社。
山田庫平・亀川雅人監修（2008）『財務管理（財務管理・管理会計）2 級』社会保険研究所。

第2章　経営資金の調達決定

1．資金調達の意義

　事業を開始しようとする個人は，自分自身の預金や親族・友人から資金を借りるか，銀行や企業から資金の調達を行う。企業もまた事業やプロジェクトを行う際，資金調達を行う必要がある。その際，企業が資金調達を行う方法について本章で説明する[1]。

2．資金調達の推移

　戦後，日本の企業は銀行からの借り入れによる間接金融によって，成長してきた。しかしながら，1990年以降大企業の資金調達方法が大きく変化してきた。図表2-1でみるように，それまでの金融機関からの借入依存から，社債や自己資本による資金調達へと変化している[2]。一方，中小企業の資金調達は，図表2-2によると，社債による資金調達はほとんど行われておらず，自己資本と金融機関からの借入の双方に依存している。

　しかしながら，大企業による資金調達と同じように，金融機関からの借り入れから自己資本による資金調達に，変化している。

　次に他の国において，どのような資金調達を行っているかを考察する。

　日本と欧米諸国の非金融法人の5年間（1999-2003年）の取引累計額構成を比較したものが図表2-3である。日本とドイツにおいて，資金調達における借入の割合が高いことがわかる。ただ自己資本による資金調達の割合が日本よりかなり高い。一方，ヨーロッパ諸国とカナダは，株式や出資金による資金調

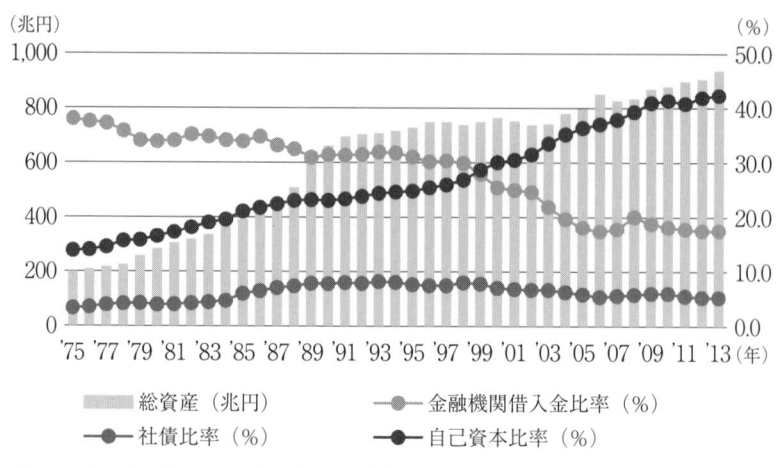

図表 2-1 大企業の資金調達の推移

 総資産（兆円）　　　金融機関借入金比率（％）
 社債比率（％）　　　自己資本比率（％）

(注) 1. 資本金1億円以上を大企業として定義している。
 2. 金融機関借入金比率＝短期・長期金融機関借入金/総資産
 3. 社債比率＝社債/総資産
 4. ［2006年度調査以前］　自己資本比率＝純資産/総資本
 　　［2007年度調査以降］　自己資本比率＝(純資産－新株予約権)/総資本
出所）財務省「法人企業統計年報」

達が中心であるといえる。

　図表2-4は，1999-2003年におけるアジア各国における資金調達の比較を示している。タイと中国は，日本以上に借入の割合が高い。韓国，台湾，そしてフィリピンは，イギリス，フランスそしてカナダと同様に，債券と株式・出資金で6割を超えている。インドネシアは，その他の債権と株式・出資金の割合が高い特有な国である。インドネシアにおけるその他債務の主なものは，企業間・貿易信用である[3]。

　日本において，これまで間接金融（銀行からの借入）が，直接金融（市場からの資金調達）より盛んになった理由は，直接的または間接的に直接金融による資金調達方法にさまざまな制約を課していたためである。たとえば，商法上には，普通株式，転換社債，優先株式，そして劣後株式[4]の概念があったが，劣後株式に関する実例がなく，優先株式についても一部の上場企業のみで活用

第2章　経営資金の調達決定　31

図表2−2　中小企業の資金調達の推移

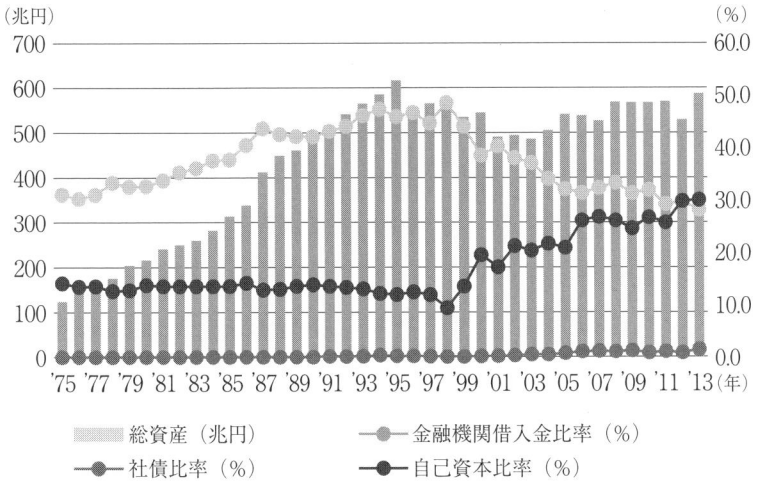

　　　総資産（兆円）　　　　金融機関借入金比率（％）
　　　社債比率（％）　　　　自己資本比率（％）

（注）1. 資本金1億円未満を中小企業として定義している。
　　　2. 金融機関借入金比率＝短期・長期金融機関借入金/総資産
　　　3. 社債比率＝社債/総資産
　　　4. ［2006年度調査以前］　自己資本比率＝純資産/総資本
　　　　　［2007年度調査以降］　自己資本比率＝（純資産−新株予約権）/総資本
出所）財務省「法人企業統計年報」

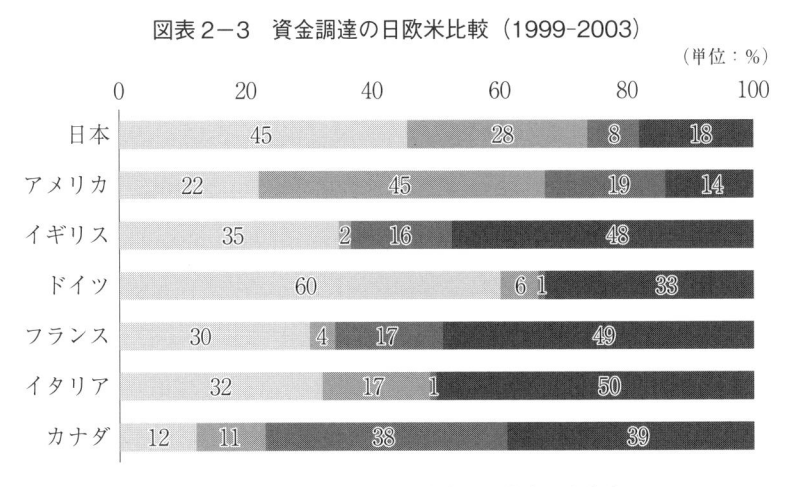

図表2−3　資金調達の日欧米比較（1999-2003）
(単位：％)

	借入	その他の債務	債券	株式・出資金
日本	45	28	8	18
アメリカ	22	45	19	14
イギリス	35	2	16	48
ドイツ	60	6	1	33
フランス	30	4	17	49
イタリア	32	17	1	50
カナダ	12	11	38	39

出所）日本銀行調査統計局（2003）より作成

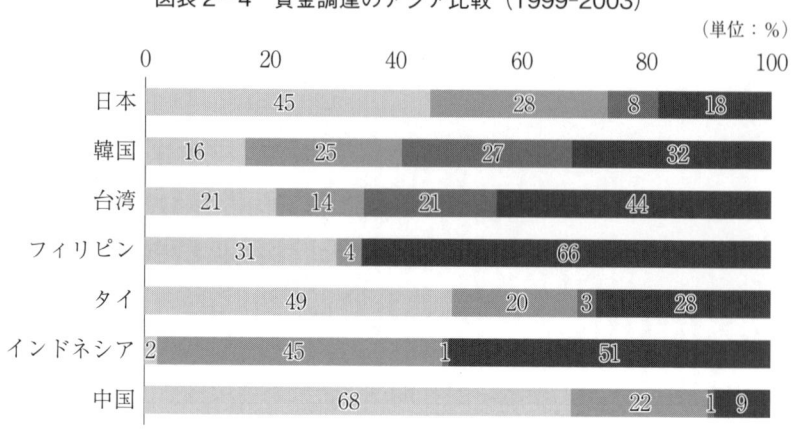

図表2-4 資金調達のアジア比較（1999-2003）

(単位：%)

国	借入	その他の債務	債券	株式・出資金
日本	45	28	8	18
韓国	16	25	27	32
台湾	21	14	21	44
フィリピン	31	4	66	
タイ	49	20	3	28
インドネシア	2	45	1	51
中国	68		22	1 9

■借入　■その他の債務　■債券　■株式・出資金

出所）日本銀行調査統計局（2003）より作成

されるだけであった。しかも自己株式の取得が厳しく規制されていたことから，企業はこのようなエクイティ・ファイナンス（株式などによる資金調達）に対して慎重にならざるを得なかった[5]。またデット・ファイナンス（社債などによる資金調達）についても，社債の発行限度額規制が存在し，社債により資金調達を行うことは容易ではなかった。さらに，大手証券会社間による申し合わせが存在し，時価発行増資に対しては配当に関する基準などのさまざまな制約があり，社債の発行には有担原則や引受銀行などから構成した起債会による適債基準などがあり[6]，発行には大きな制約となっていた[7]。

エクイティ・ファイナンスとデット・ファイナンスとの相違は，① 経営参加権の有無，② 利益の分配，③ 残余財産に対する地位，④ 償還義務の有無，そして，⑤ 倒産手続における地位の差異である[8]。

① 経営参加権の有無

会社法105条1項において，「株主は，その有する株式につき次に掲げる権利その他この法律の規定により認められた権利」と定め，その3において，「株主総会における議決権」を有するとしている。また会社法308条第1項におい

て，「株主は，株主総会において，その有する株式一株につき一個の議決権を有する」と定めている。デットによる資金調達した場合には，このような議決権を与える必要がない。
② 利益の分配

会社法105条1項1において，「剰余金の配当を受ける権利」を有すると定めている。また会社法453条においても，「株式会社は，その株主（当該株式会社を除く。）に対し，剰余金の配当をすることができる」と定めている。一方，社債は会社法739条において「社債の利息の支払などを怠ったことによる期限の利益の喪失」を定め，利息の支払いを定めている。

③ 残余財産に対する地位

会社法504条において「清算株式会社は，残余財産の分配をしようとするときは，清算人の決定（清算人会設置会社にあっては，清算人会の決議）によって，次に掲げる事項を定めなければならない。1残余財産の種類，2株主に対する残余財産の割当てに関する事項」としている。一方，社債は会社法739条において「社債の利息の支払などを怠ったことによる期限の利益の喪失」を定め，利息の支払いを定めているだけである。

④ 償還義務の有無

株主は，定款に特段の定めがない限り，原則として株式を引きうける際に，払い込んだ金額の払い戻しをうけることができない。一方，社債は会社法739条において「社債の利息の支払などを怠ったことによる期限の利益の喪失」を定め，「社債の利息の支払を怠ったとき，または定期に社債の一部を償還しなければならない場合においてその償還を怠ったときは，社債権者集会の決議に基づき，当該決議を執行する者は，社債発行会社に対し，一定の期間内にその弁済をしなければならない旨及び当該期間内にその弁済をしないときは当該社債の総額について期限の利益を喪失する旨を書面により通知することができる」としている。

⑤ 倒産手続における地位の差異

倒産手続きにおける，株主と債権者との地位の差は，株主がその企業が利益

を得ると配当を受け取り，その企業が解散すると残余財産について劣後する地位にあるため当該企業の業績に対するリスクをもっとも負担する立場にある[9]。

3．エクイティ・ファイナンス

(1) エクイティ・ファイナンスの意義

投資家が企業の株式を購入し株主になる主な目的は，配当をうける権利，残余財産の分配をうける権利，そして株主総会において議決権その他会社法で規定されている権利を有するためである[10]。

会社法第214条によれば，株式会社はその株式について株券を発行するかどうかを定款において定めることができるとしているが，上場企業については2009年1月の株式振替制度が始まり，株券を発行する旨の定款の定めを廃止する定款変更の決議をしたとみなされている[11]。

エクイティ・ファイナンスとは，「新株式発行を伴う資金調達」であり，企業のエクイティ（純資産）の増加をもたらす資金調達，すなわち公募増資，株主割当増資，第3者割当増資などの払い込みを伴う増資をいう。「株式」は会社と株主の集団的法律的関係を数量的に簡便に処理し，かつ株式の譲渡性を高めるため，細分化された割合的単位の形式をとる[12]。株式会社における社員の地位と理解されているが，「株式」自体の定義は存在していない。一方，社債は「会社法」2条23号で明確に定義されている。会社法上，2種類以上の株式を発行している企業においては，「会社法」108条第1項で定められているものを「種類株」といい，特に定めていないものを「普通株式」という[13]。

具体的には，普通株式，優先株式，劣後株式，転換社債型新株予約権付社債（CB），そして新株予約権付社債（ワラント債）などのエクイティ商品の発行による資金調達をいう[14]。転換社債型新株予約権付社債（CB），そして新株予約権付社債（ワラント債）については，後述する[15]。

(2) 普通株式

普通株式（common stock）とは，前述のように会社法108条第1項で特に定めていないものをいう。日本の証券取引所に上場されている株式のほとんどは普通株式である[16]。

(3) 優先株式（preferred stock）

優先株とは種類株式の一種で，普通株に比べて配当金を優先的にうける，あるいは会社が解散したときに残った財産を優先的に受け取れるなど，投資家にとって権利内容が優先的になっている株式のことをいう。ただしその代わり，会社の経営に参加する権利（議決権）については，制限されるのが一般的である。

発行会社にとっては，配当コストがかかるというデメリットがあるが，投資家に有利な条件を提示することで，通常の増資よりも資金調達が容易になる。さらに，銀行のように規制によって自己資本比率が定められている会社にとっては，優先株を発行することでその比率を向上できるというメリットもある。

(4) 劣後株（deferred stock）

「会社法」108条第1項で定められているものを「種類株」といい，108条第2項で，「剰余金の配当」「残余財産の分配」などが普通株式より劣位にある株式を劣後株という。一般に，劣後格式は会社が新株を発行する際に旧株式の配当を低下させないため，一定期間新株を劣後株にしたり，あるいは既存株主の利益を損なわずに資金調達を行わなければならない場合などに発行される[17]。

4．デット・ファイナンス

(1) デット・ファイナンスの意義

契約した期間に決められた金額を返済しないとならないため，エクイティ・ファイナンスと異なる。この契約が果たせないときは，債務不履行となり，最

悪の時には，倒産に追い込まれる場合がある。エクイティ・ファイナンスと比較し，財務安定性は損なわれるが，金利が安く，利子相当分を損金算入ができるため，節税効果がある。これをレバレッジ効果とよんでいるが，これについては，第1章で詳しく述べたところである[18]。

(2) 銀行借入

1990年代後半から企業の資金調達における自己資本の割合が増加し，金融機関からの借入が減少したとはいえ，今でも金融機関からの借り入れは，企業の資金調達のほぼ半分を賄っている。金融機関からの借り入れの中心は，銀行借入である。信用保証協会が保証することにより，零細企業でも資金調達することが可能である。

短期プライムレート（Short-term prime rate）は，「短プラ」ともよばれ，銀行が優良企業に対し，短期（1年以内）で貸し出す最優遇貸出金利をいう。

長期プライムレート（Long-term prime rate）は，「長プラ」ともよばれ，銀行が優良企業に対し，長期（1年以上）で貸し出す最優遇貸出金利をいう。

1989年以降，短期プライムレートは，全国的には都市銀行や各都道府県においては有力地銀のレートをひとつの基準として各銀行が決定している。また，各企業への短期の貸出金利については，このレートをもとに，信用リスクなどの大きさに応じて上乗せ金利を付け加えて決められている[19]。この短期プライムレートに一定の利率を上乗し決定したものが長期プライムレートである。

一般に残存期間が長いほど，プレミアムが付いたり，金利変動リスクが高まることなどから，通常利回りは残存期間が長くなるほど高くなり，イールドカーブ（利回り曲線）は右上がりの曲線となる。したがって，長期プライムレートは，短期プライムレートよりも高い。たとえば，定期預金は一般に1年満期のものより，2年満期のもののほうが1年あたりの利率が高い。つまり，通常では長期金利が短期金利よりも高い。しかしながら，2003年5月，2010年8月そして2011年8月以降，長・短プライムレートが逆転し，短期プライムレー

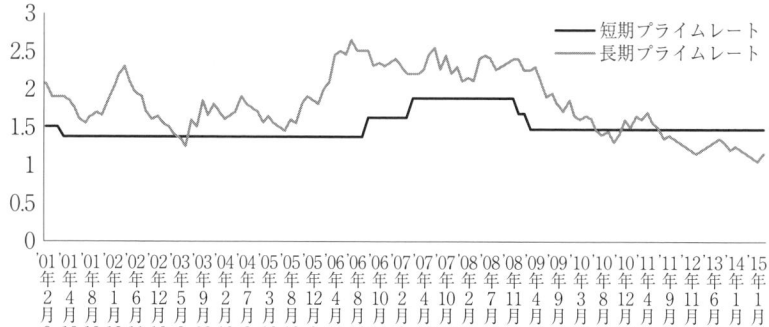

図表2−5 長期・短期プライムレートとの推移

(注) 都市銀行が短期プライムレートとして自主的に決定した金利のうち，もっとも多くの数の銀行が採用した金利利をデータとした。また 2006 年 8 月 21 日と 2009 年 1 月 9 日は短期プライムレートのデータが複数あったため，前回のデータと同じとした。長期プライムレートには，みずほ銀行が，長期プライムレートとして自主的に決定・公表した金利をデータとした。

出所）日本銀行ホームページ　長・短期プライムレート（主要行）の推移 2001 年以降

トより長期プライムレートが低くなっている。このことを，長短金利の逆転または逆イールドという。債券，特に長期国債（満期までの期間が 10 年弱のもの）を売る（供給する）ことは，長期資金を調達（需要）し，債券を買う（需要する）ということは運用（供給）するということである。債券が値上がりすれば長期金利は低下，値下がりすれば長期金利は上昇というように動く。長期金利を左右するものは，今後の長期間にわたるインフレ，デフレや短期の金利に関する予想などによって左右される[20]。

(3) コミットメントライン

　コミットメントラインとは，銀行と企業とがあらかじめ定めた期間と融資枠の範囲内で，企業の求めに応じて，銀行が融資を行う約束をする約束契約である。コミットメントラインは，「安定的な経常運転資金枠の確保」，「マーケット環境の一時的な変化など，不測の事態への対応手段確保」などに利用できる。

　コミットメントラインの契約方法には，以下の 2 通りの方法がある。

① バイラテラル方式（相対型）

各金融機関と個別にコミットメントライン契約を締結する方法。

② シンジケート方式（協調型）

アレンジャー（幹事金融機関）を中心に，複数の金融機関とひとつの契約書に基づき，同一条件でコミットメントライン契約を締結する方法[21]。

(4) シンジケートローン

シンジケートローンとは，市場型間接金融とも呼ばれ，社債などの直接金融と銀行借入となどの間接金融の中間に位置する。ひとつの銀行では負いきれないリスクや貸出額を複数の銀行が共同して組織を作り，同一条件で融資を行うことをいう。アレンジャーの大手銀行が，借り入れ企業と話し合い利率や期間などを設定し，複数の銀行や金融機関とともに融資を行う。このアレンジャーの銀行は，貸出期間中の資金決済やその事務作業を行うため，貸出金の利息だけではなくアレンジメントフィートなども得ることができる[22]。

(5) コマーシャル・ペーパー

コマーシャル・ペーパー（Commercial Paper：CP）とは，ある程度の信用力がある大企業が，短期資金の調達を目的にして割引形式で発行する無担保の約束手形である。企業が直接金融で資金を調達するという点では，社債と類似しているが，社債の償還期間が通常1年以上なのに対して，コマーシャルペーパーの償還期間は通常1年未満で，特に1ヵ月ものや3ヵ月ものが多い。また，その金利水準は，企業の信用力を反映して決まるため，通常は短期プライムレートより低いコストで資金を調達できることが多い[23]。金融商品取引法第2条第1項第15号では，「法人が事業に必要な資金を調達するために発行する約束手形のうち」，金融商品取引法第2条に規定する定義に関する内閣府令第2条で定めた「当該法人の委任によりその支払いを行う…（中略）…金融機関が交付した『CP』の文字が印刷された用紙を使用して発行するもの」である。

国内CP市場は，1987年11月に創設され，2001年6月「短期社債振替法」

が成立しペーパーレス CP の発行・譲渡・償還の制度が整えられた。

(6) 社　　債

　社債（Corporate bond）は，会社法2条23号において「この法律の規定により会社が行う割当てにより発生する当該会社を債務者とする金銭債権であって，第676条各号に掲げる事項についての定めに従い償還されるものをいう。」と定義されている。

　また社債は，金融商品取引法（以下金商法）2条1項5号においても有価証券であるとされ，社債の発行に，取締役会設置会社では，取締役会の決議が必要であり，会社法362条4項5号で，「第676条第1号に掲げる事項その他の社債を引き受ける者の募集に関する重要な事項として法務省令で定める事項」と定めてられている。会社法第676条では，社債の募集について「会社は，その発行する社債を引き受ける者の募集をしようとするときは，その都度，募集社債（当該募集に応じて当該社債の引受けの申込みをした者に対して割り当てる社債をいう。以下この編において同じ。）について次に掲げる事項を定めなければならない。」とし，募集社債の総額などを定めている。

　また取締役会設置会社でない会社は，会社法348条2項において，取締役の過半数をもって決定する。

　図表2-6は，社債による資金調達の推移を示したものである。1990年後半には，大企業の資金調達において，それまでの金融機関からの借入依存から，社債や自己資本による資金調達へと変化している。社債による資金調達は，2004年から2009年まで増加傾向にあったが，近年では，社債による資金調達需要が強いとはいえない。

　社債は，性質により，以下のように分けることができる。

① 普通社債

　会社法2条23号と金融商品取引法（以下金商法）2条1項5号で定められたものをいう。大企業の資金調達において，図表2-1で示したように自己資本による調達が増加しているにもかかわらず，社債による資金調達は一定となっ

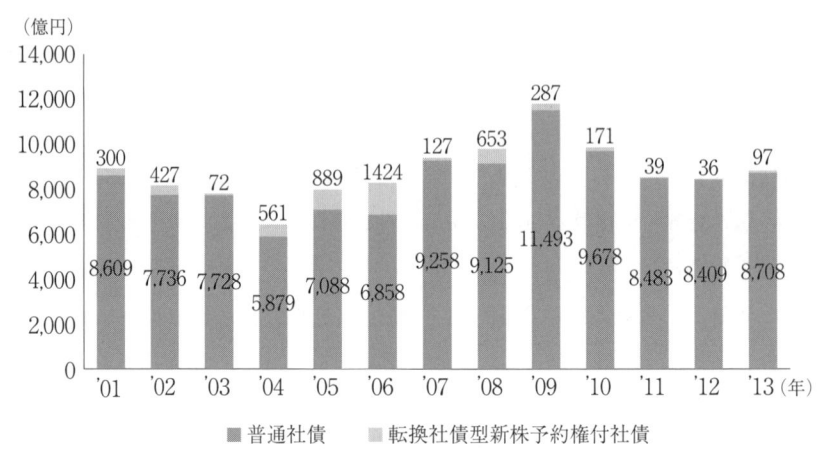

図表2−6 社債による資金調達の推移

(億円)

年	普通社債	転換社債型新株予約権付社債
'01	8,609	300
'02	7,736	427
'03	7,728	72
'04	5,879	561
'05	7,088	889
'06	6,858	1424
'07	9,258	127
'08	9,125	653
'09	11,493	287
'10	9,678	171
'11	8,483	39
'12	8,409	36
'13	8,708	97

出所）日本証券業協会（2014）

ている。普通社債は，発行会社が社債権者に対し一定の期間を満期として元本および利息の支払いを約束する点では，銀行借入と同様であるが，譲渡が自由である点で異なる[24]。

新株予約権付社債には，転換社債型新株予約権付社債と新株予約権付社債（ワラント債）とがある。新株予約権とは，発行会社の株式を原資産とし，あらかじめ定められた行使期間において，あらかじめ定められた行使価格で取得できるコール・オプションである[25]。

② 転換社債型新株予約権付社債（Convertible Bond：CB）

会社法2条21号において，新株予約権とは「株式会社に対して行使することにより当該株式会社の株式の交付を受けることができる権利をいう」と定められており，2002年4月1日の商法改正で新たに導入された概念である[26]。

2011年の商法改正まで，株式のコール・オプションは，インセンティブ報酬としてのストック・オプション付与に利用するほか，転換社債（CB）や新株引受権付社債として発行される場合にのみ許容されていた[27]。

③ 新株予約権付社債（ワラント債）

新株予約権付社債は，コール・オプションとボンド（社債）とを組み合わせ，

投資家が社債元本額を確保しつつ，株価上昇のポテンシャルをとることにより，国内及び海外市場で利用されている[28]。

一般的に転換社債型新株予約権付社債は，公募されるのに対し，ワラント債は，私募で発行される[29]。ワラント債は，投資家の需要に応じてエクイティ・オプション（新株予約権部分）とクレジット（社債部分）とを分離し，それぞれを異なる投資家に売却し，することができる。このことは，新株予約権付社債のリパッケージと呼ばれている[30]。

新株予約権付社債の発行に際し，会社法238条3項と240条1項によって，「特に有利な」発行条件や払込金額のとき，株主総会の特別決議を要すると定められている。そのため，払込金額が公正価格を著しく下回らない必要がある。これについては，第4章のコール・オプションと新株予約権付社債の評価において述べる。

④ **劣後債**（Subordinated Bond）

劣後特約とは，一定の劣後事由が生じた場合に，償還請求権および利息支払い請求権が他の債権に劣後する旨を定める条項をいう。劣後事由の例としては，発行会社の破産手続，更生手続または民事再生手続の開始または開始決定である。このような劣後特約を付した社債を劣後債という[31]。そのため，他の債権の弁済後の資産により弁済されるため通常の債権よりも株式に近い性質をもつ。BIS規制（バーゼルII）では，補完的資産[32]と考えられるため，株式の希薄化を避けながら経営の健全性を高める手段でもある[33]。

5．メザニン・ファイナンス

メザニン・ファイナンス（Mezzanine Finance）とは，これまで取り上げてきたエクイティ・ファイナンスとデット・ファイナンスの中間に位置付けられる資金調達方法であり[34]，多様な金融商品のカテゴリの総称である[35]。したがって，都度，目的や使い勝手，他の投資家との関係のなかで，さまざまな組み合わせを行う。メザニン・ファイナンスは，デット・ファイナンスよりも返済順

位が低く，リスクやそれに伴う金利も高い。そのためエクイティ・ファイナンスとデット・ファイナンスの両方のメリットを生かした資金調達を行うことができる。

資金調達の性質から分類すると，以下の3つによる資金調達をメザニン・ファイナンスという[36]。

① 優先株式（普通株式に対し，配当その他の権利が優先する株式）
② 劣後債（一般債権者よりも債務弁済の順位が劣る社債）
③ 劣後ローン（一般の債権よりも債務弁済の順位が劣るローン）

劣後ローン（Subordinated Loan）は，1990年頃から解禁され，銀行，保険会社，証券会社では自己資本比率規制上の自己資本の一部とみなされることから，劣後ローンの方式で資本注入が行われていた[37]。劣後ローンは，一般の債権よりも債務弁済の順位が劣り，一般的に普通株式に対して優先しているローンをいう。

メザニン・ファイナンスを目的から分類すると，以下の2つがあげられる。
① バイアウト・メザニン

企業買収取引において，資金が足りない場合，また被買収企業にのれんが生じる場合，減損リスクが大きく配当可能原資が毀損される。そのため，劣後ローンや劣後株が用いられる場合が多い。

② コーポレート・メザニン

企業の各種資金ニーズに対応するため，基本的にニューマネーを提供する。一般には，自己資本増強のニーズに対応して優先株式が選択されることが多い。

6．ベンチャー企業による資金調達方法

これまで基本的に大企業の資金調達について述べてきた。この節では，ベンチャー企業の資金調達について述べる。

ベンチャー・ビジネスの資金調達は，成長段階によってさまざまな手段が考

えられる。その成長段階は，以下の5つの段階に分けられる。第1段階は，創業（シーズステージ・スタートアップステージ），第2段階は事業化（アーリーステージ），第3段階は成長初期（エクスパンション，ミドルステージ），第4段階は後期（レイターステージ），そして第5段階は株式公開（IPOs）である。

① 第1段階　創業（シーズステージ・スタートアップステージ）

　第1段階における資金調達は，自己資金[38]，エンジェル投資，そして国や地方自治体の補助金の3つの手段が用いられる。

　エンジェル投資とは，創業してまもない企業に資金を提供することであり，それを行う投資家のことをエンジェル投資家という。エンジェル投資を促進するために，1997年度にエンジェル税制が初めて導入された。しかし，この税制利用の状況が低調であったため，2008年度にエンジェル税制が改正され，所得税優遇措置制度が整備された。

　補助金とは，支援の対象となる事業に対して政府や自治体などが，直接資金を供給するといった，もっともポピュラーな支援政策の形態である。返済の義務がないため，起業家にとっては非常に魅力的な資金調達方法である。

② 第2段階　事業化（アーリーステージ）

　事業化段階では，これらに加えてベンチャーキャピタルや事業会社による投資，政府系金融機関などによる制度金融，信用保証協会による信用保証，リースなどが用いられる。

　ベンチャーキャピタルによる出資は，事業化や成長初期，後期において有効な資金調達手法である。ベンチャーキャピタルは，出資の回収のために出資先企業のIPOsを最終目標とする場合が多いため，将来上場を視野に入れるほどの成長が見込まれるベンチャー・ビジネスでなければ，ベンチャーキャピタルからの資金調達は困難である。

③ 第3段階　成長初期（エクスパンション，ミドルステージ）

　成長初期の段階になると，自己資金やエンジェル投資に代わって銀行融資が新たに用いられる。後期や株式公開の段階になると制度金融や信用保証が用いられることが少なくなる。銀行の融資は，事業化に成功し，成長段階に入った

図表2−7　設立から現在までの資金調達元の件数比率

(単位：%)

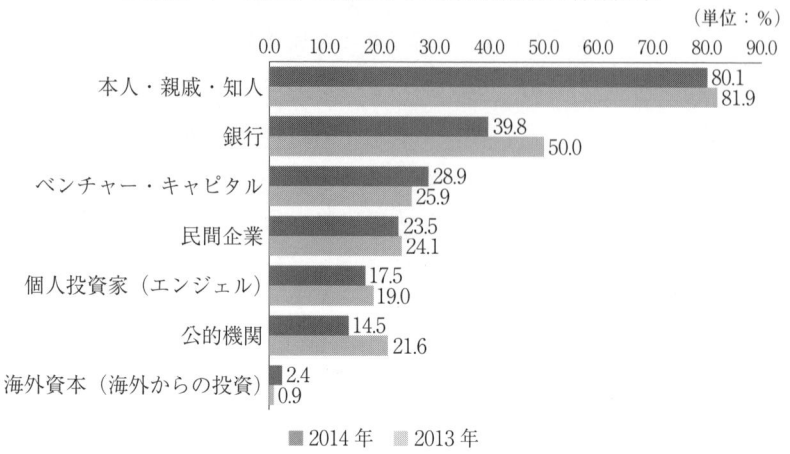

調達元	2014年	2013年
本人・親戚・知人	80.1	81.9
銀行	39.8	50.0
ベンチャー・キャピタル	28.9	25.9
民間企業	23.5	24.1
個人投資家（エンジェル）	17.5	19.0
公的機関	14.5	21.6
海外資本（海外からの投資）	2.4	0.9

出所）財団法人ベンチャーエンタープライズセンター（2014）

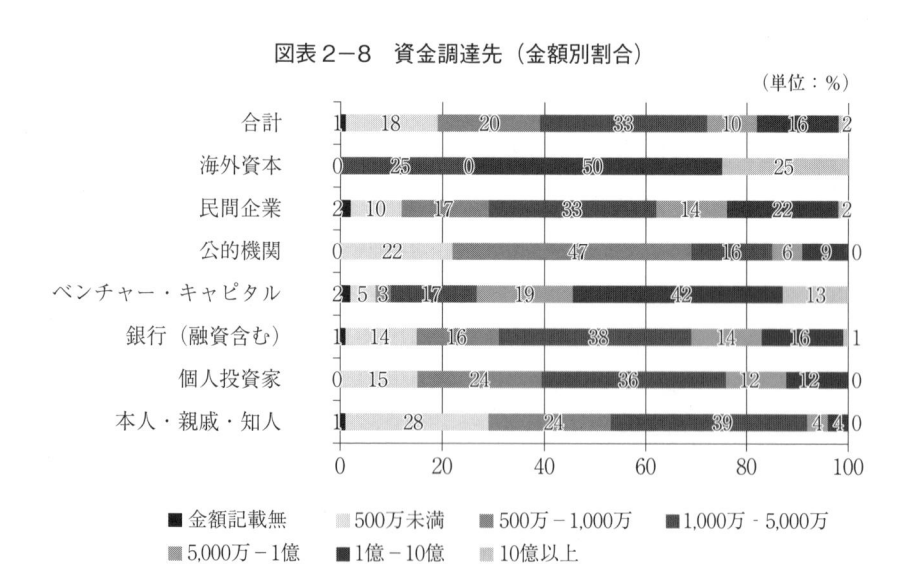

図表2−8　資金調達先（金額別割合）

(単位：%)

凡例：金額記載無／500万未満／500万−1,000万／1,000万−5,000万／5,000万−1億／1億−10億／10億以上

調達先	金額記載無	500万未満	500万−1,000万	1,000万−5,000万	5,000万−1億	1億−10億	10億以上
合計	1	18	20	33	10	16	2
海外資本	0	25	0	50	0	25	0
民間企業	2	10	17	33	14	22	2
公的機関	0	22	47	16	6	9	0
ベンチャー・キャピタル	2	5	3	17	19	42	13
銀行（融資含む）	1	14	16	38	14	16	1
個人投資家	0	15	24	36	12	12	0
本人・親戚・知人	1	28	24	39	4	4	0

出所）財団法人ベンチャーエンタープライズセンター（2011）

企業にとっては一般的な資金調達手法である。出資と比較すると，融資の場合は，経営権への関与は少なく，自由度の高い経営が可能である。

④ 第4段階　後期（レイターステージ），そして，⑤ 第5段階　株式公開（IPOs）

　ベンチャー・ビジネスの成長段階での資金調達は，株式発行によるエクイティ・ファイナンスが基本であるため，ベンチャー・ビジネスの経営分析・事業評価の終着点は株価の評価ということになる。

　財団法人ベンチャーエンタープライズセンターが，2014年に創業5年以内のベンチャー企業約1,569社に対し行ったアンケートによると，設立以来の資金調達は，本人・親戚・知人，銀行，そしてベンチャー・キャピタル（VC）の順であった。図表2-7によると，本人・親戚・知人からの資金調達は80.1％と，大部分の企業の資金調達がこれに依存しているといえる。

　次に金額別にみてみると，図表2-8では，5,000万円未満までは本人・親戚・知人が主で，銀行や公的機関が補完的役割を果たしている。5,000万円以上になるとVCと海外資本からの調達が増している。ベンチャー企業の資金調達において，VCが果たしてきた役割は大きいといえる。

《注》
(1)　ブリーリー／マイヤーズ（2004）を参照。
(2)　内本（2013）を参照。
(3)　日本銀行調査統計局（2003：14）を参照。
(4)　普通株式，転換社債，優先株式，そして劣後株式についてはそれぞれ後述する。
(5)　大崎（2013：430）を参照。2001（平成13）年の商法改正まで自己株式の取得は，原則として禁止されていた。
(6)　起債会の適債基準は，1987年以降格付機関による信用格付の活用に移行した。
(7)　大崎（2013：429-430）を参照。
(8)　森・浜田松本法律事務所（2014：5-7）を参照。
(9)　森・浜田松本法律事務所（2014：7）を参照。
(10)　会社法105条1項。
(11)　森・浜田松本法律事務所（2014：25-26）を参照。
(12)　江頭（2014）を参照。

⒀　大崎（2013）を参照。
⒁　堀内（2014：158）を参照。
⒂　近年，会社法277条に規定されている新株予約権無償割当係る新株予約権による増資手法，ライツ・オファリングが注目されている。これについては，森・浜田松本法律事務所（2014：452）に詳しい。
⒃　堀内（2014：160）を参照。
⒄　同書p.164を参照。
⒅　これについては，小宮・岩田（1973）を参照。
⒆　日本銀行ホームページ「長・短期プライムレート（主要行）の推移2001年以降」
⒇　日本銀行ホームページ「金融政策の概要」
㉑　三井住友銀行のホームページを参照。
㉒　堀内（2014：149）を参照。
㉓　財団法人日本証券経済研究所（1992：89）を参照。
㉔　森・浜田松本法律事務所（2014：49）を参照。
㉕　同書p.37を参照。
㉖　大崎（2013：441）を参照。
㉗　同書p.442を参照。
㉘　森・浜田松本法律事務所（2014：69）を参照。
㉙　ブリーリー／マイヤーズ（2004：下84）を参照。
㉚　森・浜田松本法律事務所（2014：74）を参照。
㉛　同書p.58を参照。
㉜　基本的項目（Tier1）：通常の資本項目（資本金，準備金，剰余金など），優先株，一定の条件を満たす優先出資証券等。
　　補完的項目（Tier2）：有価証券・不動産の含み益，一般貸倒引当金，一定の条件を満たす劣後債務（永久劣後債務，期限付劣後債務など）等。
　　準補完的項目（Tier3）：一定の条件を満たす期間2年以上の短期劣後債務等としている。
㉝　森・浜田松本法律事務所（2014：58-59）を参照。
㉞　杉浦（2013）を参照。メザニンとは，「中2階」という意味である。
㉟　みずほ総合研究所（2006）を参照。
㊱　三菱総合研究所（2014：7-11）を参照。
㊲　堀内（2014：185）を参照。
㊳　自己資金とは，起業家自身の出資金や配偶者，親族，知人からの借入金や出資金である。大和証券（2012）を参照。

参考文献

江頭憲治郎（2014）『株式会社法 第 5 版』有斐閣。
堀内学（2014）『コーポレートファイナンスの実践講座』中央経済社。
小宮隆太郎・岩田規久男（1973）『企業金融の理論』日本経済新聞社。
三菱総合研究所（2014）『平成 24 年度 国内外のメザニン・ファイナンスの実態調査』。
森・浜田松本法律事務所（2014）『エクイティ・ファイナンスの理論と実務（第 2 版）』商事法務。
日本銀行調査統計局（2003）『資金循環統計の国際比較』。
財団法人日本証券経済研究所（1992）『新版現代証券辞典』日本経済新聞社。
大崎貞和（2013）「資本調達方法の多様化」江頭憲治郎編『株式会社法体系』有斐閣。
リチャード・ブリーリー／スチュアート・マイヤーズ著，藤井眞理子・国枝茂樹監訳（2004）『コーポレートファイナンス 第 6 版上・下』日経 BP 社。
杉浦慶一（2013）「日本における上場企業のメザニン・ファイナンス」『年報経営分析研究』Vol.29, 58-69。
中小企業庁（2003）『中小企業白書 2003 年版』ぎょうせい。
中小企業庁（2014）『中小企業白書 2014 年版』日経印刷。
内本健児（2013）「上場企業による資金調達手段の選択」『ファイナンス』第 569 巻。
ディスクロージャー実務研究会編（2001-2013）『株式店頭公開白書』亜細亜証券印刷株式会社。
ディスクロージャー実務研究会編（2001-2004）『株式上場白書』亜細亜証券印刷株式会社。
ディスクロージャー実務研究会編（2005）『株式ジャスダック上場白書 平成 17 年版』亜細亜証券印刷株式会社。
ディスクロージャー実務研究会編（2006-2013）『株式公開上場白書』亜細亜証券印刷株式会社。
あずさ監査法人（2014）『AZSA IPO Monthly Report』（http://www.kpmg.com/Jp/ja/knowledge/article/ipo-monthly/Documents/ipo_monthly_201402.pdf）2015.03.11 閲覧。
㈶ベンチャーエンタープライズセンター（2014）「ベンチャー企業の経営環境等に関するアンケート調査」（https://www.boj.or.jp/mopo/outline/expchokinri.htm/）2015.03.11 閲覧。
㈶ベンチャーエンタープライズセンター（2011）「2010 年ベンチャービジネスの回顧と展望」日本証券業協会（2014）『FACT BOOK 2014』（http://www.jsda.or.jp/shiryo/toukei/factbook/files/FACTBOOK2014_J_full.pdf）2015.03.11 閲覧。
大和証券（2012）「ベンチャー・ビジネスの資金調達」『Economic Report』（http://www.dir.co.jp/souken/research/report/capital-mkt/12030201_capital-mkt.pdf）2013.1.25 閲覧。

三井住友銀行のホームページ（http://www.smbc.co.jp/hojin/financing/commitment.html）2015.03.11 閲覧。

日本銀行ホームページ「長・短期プライムレート（主要行）の推移 2001 年以降」（https://www.boj.or.jp/statistics/dl/loan/prime/prime.htm/）2015.03.11 閲覧。

日本銀行ホームページ「金融政策の概要」財務省『法人企業統計年報』（https://www.mof.go.jp/pri/reference/ssc/）2015.03.11 閲覧。

日本証券業協会（2014）『FACT BOOK 2014』（http://www.jsda.or.jp/shiryo/toukei/factbook/files/FACTBOOK2014_J_full.pdf）2015.03.11 閲覧。

奥谷貴彦（2012）「ベンチャー企業の資金調達」『Economic Report』大和総研（http://www.dir.co.jp/souken/research/report/capital-mkt/12030201capital-mkt.pdf）2015.03.11 閲覧。

SBI 証券ホームページ「資本制証券とは？」（https://www.sbisec.co.jp/ETGate/WPLETmgR001Control?OutSide=on&getFlg=on&burl=search_bond&cat1=bond&cat2=none&dir=info&file=bond_shihon.html）2015.03.11 閲覧。

財務省『法人企業統計年報』（https://www.mof.go.jp/pri/reference/ssc/）2015.03.11 閲覧。

第3章　経営資金の運用決定

1．経営資金の運用対象とその区分

　企業は，（形態別に大きく分けると）実物資産・金融資産という2つのタイプそれぞれを選択し，組み合わせて，資金運用を行う。実物資産の典型的なものとして，土地・建物・機械・設備など「固定資産」のほか，原材料・商品など「流動資産」といったものが想起されよう。金融資産には，現預金・有価証券があげられる。また特許権・意匠権・営業権（暖簾）などの「無形資産」（「知的財産」と呼ばれ法的に保護される場合もある）も同様に投資対象としての性格を有している。それら資産の有り高すなわち（決算期末における）保有状況は，企業の貸借対照表の借り方（「勘定式」つまり"T字型"表示では向かって左側）に示されている。それら多様な資産は，それぞれ当初に資金運用した後，再び回収されるまでの期間の長短（次年度の決算書が報告されるまでの1年以内か1年を超えるか：ワン・イヤー・ルール適用）の違いによって「流動資産」・「固定資産」に区分されている。そして，その後者が"投資（広義）"の対象といわれる[1]。経済統計上，たとえば「法人企業統計調査」（財務省）において"在庫投資"・"設備投資"といった区分がされることもある。前者は，在庫（棚卸をする必要のある"棚卸資産（製品・商品・原材料など)"）のために資金を運用した額である。しかし，どの投資対象に対しても，いったん資金を運用してしまうと，それからの見返りは，将来の然るべき時点になるまで，確実とはならないのである。また，投資対象によって，それぞれから得られる"リターン"（見返りまたは報酬）とそれが得られる確実度・不確実度（"リスク"と一般的に呼ぶ）は多様なクラスに分かれる。

このように，資金運用対象が異なれば，おのおのでその利回りにはかなり違いがある。企業が事業を運営していくためには，さらに多様なクラスのリスク・リターンを有する資産を，いかに組み合わせて保有するかという難解な問題に直面する（くわしくは次の第4章で扱われる）。また，企業によりどんな事業を行っているかによっても，それぞれから見込まれる収益率とその変動幅はまちまちである。

2．資金の運用決定にあたっての基礎的概念：現在価値・将来価値

　この節では，資金の運用決定にあたって念頭におかねばならない，基礎的な考え方について説明を加えていく。

　現在に消費するか，将来に向けて投資するか，その選択に当たっては主体ごとに好みがあり，どちらが正しいとか間違っているとかは，決して一概に結論が出るものではない。そんな時に，経済学の分野では，"選好"という言葉がよく用いられる。最終的には，各経済主体がえる満足度，すなわち"効用"を比較し，その高さで選択・決定が行われる。しかし，「企業」といった特定の主体の立場からは，特に経営者側からの意思決定のためには，それほど抽象的でなく，もっと具体的な判断基準が求められよう。とりわけ，営利企業の場合には，なおさら，経済的合理性を追求した上での意思決定が求められると考えなければならない。そこで，同じ金額の資金（貨幣）から現在において消費することから得られる価値と，資金運用（投資）によって将来に戻ってくる元本プラス報酬(リターン)（利益・配当など）合計から得られる価値とが，選択にあたって比較される。その際に，異なる時点間での貨幣価値であらわす場合に，"貨幣の時間的価値（time value of money）"を考慮しておく必要がある。すなわち，それが必要なのは，①投資によって，（現在にではなく）将来に利益（配当）を得られる，②インフレーション（通貨価値低下）またはデフレーション（通貨価値上昇）により購買力が変化する，③将来受け取る利益の実現は不確実，④異国間での通貨取引の場合には為替レート（通貨交換比率）が変動する（も

とより"変動相場制"の下において）ことが考えられるからである。

　ここで貨幣の時間価値を考慮する際に，必要な計算が"複利計算"と"割引計算"である。まず，複利計算とは，貨幣の現在価値（現価とも略；present value：PVと略）を将来価値（または"終価"；future value：FVと略）に換算するための計算である；

　いま，金利（資金の供給者からみれば利益率・受取利子率・受取配当率と呼ばれ，逆に資金の需要者からみれば資本コスト，支払利子率・支払配当率にあたる）をiで表すと，PVとFVとの関係は，……

$$FV = PV \times (1+i)^n \quad \cdots\cdots\cdots\cdots\cdots\cdots\cdots\cdots\cdots\cdots\cdots (1)$$

ただし，nは，消費をしないで我慢して，将来にリターン（報酬）が得られるまでの期間の長さ（以下では，これを"タイム・ホライズン（計画限界点）"とよぶ：通常は年数で示される）を表すとする。また，金利iを含んだ$(1+i)^n$の項は，上式において，**複利係数**または**終価係数**と呼ばれる。

　たとえば，当初，百万円（PV）が手元にあったとしよう。その資金を運用して3年後に，10％の金利が発生するものとすると，3年目末の将来価値（FV）は，

$$FV = ¥1,000,000 \times (1+0.1)^3 = ¥1,331,000$$

逆に，現在いくらの資金（PV）が手元にあればよいかは，次式によって求められる。

$$PV = \frac{FV}{[1/(1+i)^n]} \quad \cdots\cdots\cdots\cdots\cdots\cdots\cdots\cdots\cdots\cdots\cdots (2)$$

この式のなかの，$[1/(1+i)^n]$の部分は，（現在価値）**割引係数**または**割引要素**と呼ばれる。また，ここでの金利$i=0.1$は（現在価値）割引率の役割をしている。上と同様に具体的な数値例を入れると，3年後に百万円を得たいのなら，手元に¥751,315が必要となる。

$$FV = ¥1,000,000 \div (1+0.1)^3 \fallingdotseq ¥751,315$$

さらに，ここのタイム・ホライズンが3年後でなく，4・5年後，……，10年後・20年後・30年後でも計算は可能なのである。

　現在価値（現価）と将来価値（または最終価値；終価），および，それぞれ一方から他方の値を求める各計算の関係を示すと，図表3-1のようになる；

図表3-1　現在価値(現価)・将来価値(終価)と複利計算・割引計算の関係

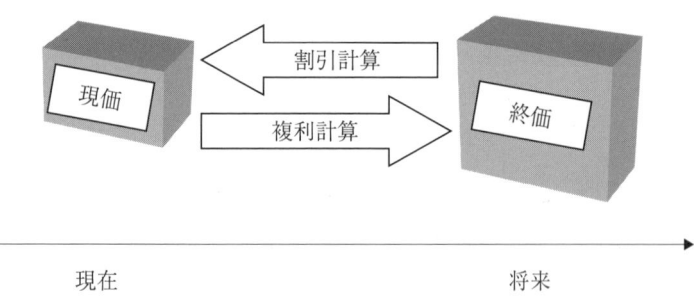

現価 ←割引計算― 終価
現価 ―複利計算→ 終価

現在　　　　　　　　　　将来

出所）菊井・宮本（2004：106）より

ついで，もうひとつ重要なことは，比較・計算するためには，現金の出入り（キャッシュ・フロー）を正味の受け渡し額で評価するということである。したがって，現在価値を求める時には，時間価値を考慮に入れ，かつ，一方から流入するキャッシュ・イン・フローと他方で流出するキャッシュ・アウト・フローとの差額（純額）で評価することが必要となる。そうして求められるキャッシュ・フローの現在価値は，正味キャッシュ・フロー現在価値（net present value of cash flow：以下では単に NPV と略す）と呼ばれる。

3．投資決定の諸規準

　前節でみた，資金の時間価値や正味キャッシュ・フローといった基礎的概念を踏まえ，以下では，投資決定にあたって用いられる幾つかの基準について説

明していこう。

(1) 回収期間法 (pay-back method)

投下した資金（元本：元手ともいう）が，額面以上を上回って，資金提供者の元に戻ってくるまでの期間（回収期間）を求め，その期間の長さが果たして耐忍できるか否かで判断する方法である。キャッシュ・フローを年当たりで計算するのなら，回収期間は次式で求められ，その単位は回収までの年数で表される。

$$回収期間 = \frac{初期投資額}{1年当たり正味キャッシュフロー} \quad (年)$$

この方法のメリットとしては，直感的にも理解されやすいが，時間価値を考慮していないという欠点がある。それを克服するためには，割引計算で1年後〜n年後（n年目に回収されるとして）の各期（年）の正味キャッシュ・フロー現在価値の累積額を求め，上式により回収期間を求めればよい（具体的な数値例を，図表3－2に掲げる。下の例では，現在価値割引なしの場合，600＋700＋800＝2,100＞2,000（初期投資額）であるから，3年目に資金回収となるが，現在価値割引を行うと，3年目では現在価値の累計額はマイナス175で未回収ということ，4年目に同累計額がプラス359となり，やっと回収可能といえる。

図表3－2　東西プロジェクトのキャッシュ・フロー予測と回収期間・現在価値計算

年	キャッシュ・フロー	7%で割り引いた現在価値	現在価値の累計
0	－2,000	－2,000	
1	600	561	－1,439
2	700	611	－828
3	800	653	－175
4	700	534	359
割引率	0.07		

(2) 正味現在価値（Net Present Value：NPV）法

　これは，ある投資を行うことによって得られるキャッシュ・イン・フローの現在価値と，その投資にあたって必要なキャッシュ・アウト・フローの現在価値との差額（正味キャッシュ・フロー現在価値）を評価した値の大小で，投資案の採否を決めようとする方法である。その差額の符号がプラスなら，その投資案は，「ペイする（実行するに値する）」という結論になる。正味キャッシュ・フローは，以下の式によって算出される。

$$\text{NPV} = -\sum_{t=0}^{n} \frac{I_t}{(1+i)^t} + \sum_{t=1}^{n} \frac{F_t}{(1+i)^t} \quad \cdots\cdots\cdots\cdots\cdots\cdots(4)$$

　ここで，I_t は投資額で右下の添え字（t）はその投資が行われた時点（$t=0, 1, 2, \cdots\cdots, n$：追加投資のない場合には，$I_0$（初期投資額）のみ）を，$F_t$（$t=1, 2 \cdots\cdots, n$：つまりキャッシュ・イン・フローは第1期末にはじめて発生するものとする）は毎期のキャッシュ・フローを，i はキャッシュ・フロー現在価値割引率（毎期一定とする）を表している。また，Σ（ギリシャ文字シグマの大文字）は，総和（sum）を表す演算記号。この（3-5）式の第1項がキャッシュ・アウト・フローの現在価値を，第2項がキャッシュ・イン・フローの現在価値を表している。その両者の差額が正味キャッシュ・フローでかつ，現在価値に割り引かれているので，正味キャッシュ・フロー現在価値（NPV）とよばれる。したがって，この NPV がプラスならば，その投資案は採択される。以下，図表3-2に具体的な数値例を掲げ，その計算法をみてみよう：上の西東プロジェクトの例で，タイム・ホライズンが4年であれば，

$$\text{NPV} = -2{,}000 + \frac{600}{(1+0.07)^1} + \frac{700}{(1+0.07)^2} + \frac{800}{(1+0.07)^3} + \frac{700}{(1+0.07)^4}$$

$$= 359 > 0$$

となり，このプロジェクト案は採用されてよいという結論が得られる。また，複数の投資案の NPV がいずれもプラスであれば，その内で最大の NPV をもたらす投資案がベストである。キャッシュ・イン・フローが毎期一定でかつ追加投資がない場合，以下のようになる。

$$\text{NPV} = -I_0 + F \times \frac{(1+i)^n - 1}{i(1+i)^n} \quad \cdots\cdots(5)$$

この式の右辺の $[((1+i)^n - 1) \div (i(1+i)^n)]$ は，年金現価係数と呼ばれ，年金現価係数表（図表 3-3 参照）で与えられる。図表 3-2 で掲げたキャッシュ・フローが，仮に毎期 600 であったとしたら，…

$$\text{NPV} = -2,000 + 600 \times \frac{(1+0.07)^{n-1}}{0.07 \times (1+0.07)^4} = -2,000 + 600 \times 3.387 = 32.2$$

となり，NPV が辛うじてプラスなので，この投資案は採用される。現在では，最小限必要なデータ（「引数（パラメータ）」とよばれる）をインプットするだけで，（特に財務計算）電卓や表計算ソフトのなかの関数機能（Microsoft Excel™ では財務関数 "NPV"）を活用すれば，容易に解答が導き出せる。

図表 3-3　年金現価係数表 $[$ 年金現価係数 $= ((1+i)^n - 1) \div (i(1+i)^n)]$

（単位：％）

n＼i	1	3	5	7	10	15	20
1	0.990	0.971	0.952	0.935	0.909	0.870	0.833
2	1.970	1.913	1.859	1.808	1.736	1.626	1.528
3	2.941	2.829	2.723	2.624	2.487	2.283	2.106
4	3.902	3.717	3.546	3.387	3.170	2.855	2.589
5	4.853	4.580	4.329	4.100	3.791	3.352	2.991
6	5.795	5.417	5.076	4.767	4.355	3.784	3.326
7	6.728	6.230	5.786	5.389	4.868	4.160	3.605
8	7.652	7.020	6.463	5.971	5.335	4.487	3.837
9	8.566	7.786	7.108	6.515	5.759	4.772	4.031
10	9.471	8.530	7.722	7.024	6.145	5.019	4.192
20	18.046	14.877	12.462	10.594	8.514	6.259	4.870
30	25.808	19.600	15.372	12.409	9.427	6.566	4.979

（注）この表の中にない（たとえば 10 期間で 1％ と 3％ の間の 2.5％ の場合，かつては "補間法" という計算方法で，年金現価係数の近似値を求めていたが，表計算ソフトを活用すれば，その必要もなくなった。

(3) 内部収益率（Internal Rate of Return：IRR）法

この方法では，(3-4) 式と類似の次式を用いる。ここで，分母の r が内部収益率を表している。

$$\mathrm{PV} = -\sum_{t=0}^{n} \frac{I_t}{(1+r)^t} + \sum_{t=1}^{n} \frac{F_t}{(1+r)^t} = 0 \quad \cdots\cdots(6)$$

この (3-6) 式が 0（ゼロ；資金運用のいわば"採算分岐点"）になるような r と目標利益率（または資本コスト）i とが比較され，前者が後者を上回っている（$r>i$）ならば，その投資案は採択し，逆（$r<i$）の場合は採択しない。ここでも，投資が初期支出のみで，かつ，キャッシュ・イン・フローが毎期均等であるならば，(3-6) 式は，以下のように書き換えられる。

$$I_0 = F \left[\frac{1}{1+r} + \frac{1}{(1+r)^2} + \cdots\cdots + \frac{1}{(1+r)^n} \right] \quad \cdots\cdots(7)$$

さらに，

$$\frac{I_0}{F} = \frac{(1+r)^n - 1}{r(1+r)^n} \quad \cdots\cdots(8)$$

となるが，この式の右辺は上述の年金現価係数を表している。この値を求めるために，昔は，「年金現価係数表」から"逆読み"するといった気の遠くなる作業が必要だった。しかし，現代では，上述のように Microsoft (MS) Excel™ の関数機能"IRR"を用いると，必要なパラメータ（将来の予想キャッシュ・フロー流列の範囲と（推定）予想利益率）をインプットするだけで簡単に求められる。

次節では，いろいろなケースを想定し，具体的な資金運用決定の方法を活用することを検討してみよう。

4．NPV（正味現在価値）法と IRR（内部収益率）法の比較

2.でみたように，貨幣の時間価値を考慮に入れて，将来のキャッシュ・フローの計算を行うことにおいて，NPV 法と IRR 法とは類似の形式をもってい

る。また，正味キャッシュ・フローの現在価値がゼロになるような割引率を求めて，それを**内部収益率**と呼び，資本コストより大であれば資金運用案を採択する。したがって，キャッシュ・フローの正味現在価値を計算することが，資金運用決定にあたっては合理的であり，かつ必要なのである。ところで，いったいNPV法とIRR法のどちらが，ベターなのだろうか？本節では，両者の長所・短所を整理しつつ，それらの適用に当たって注意すべき事柄をみてみよう。

内部収益率は，資本コストという資金調達面での重要な指標と比較した結果によって資金運用案の選択・評価を行うものなので，その意味合いは直感的にも理解がしやすい。他方，正味現在価値割引法も目標が金額的に予め定まっている場合には，明確な結果が得られるので都合がよい。また，両者ともに，(2. でも述べたように)時間価値を考慮に入れているといった点においては，合理的な手法といえよう。しかしながら，両者ともに，タイム・ホライズン後のキャッシュ・フローを考慮していないとか，キャッシュ・フローならびに割引率といったパラメータ（媒介変数）の見積もり次第で，その評価の妥当性は大きく影響をうけるという欠点をもっている。さらに，内部収益率法の場合，将来に予想されるキャッシュ・フローのパターン如何によっては，複数の解が求められてしまい，結論が得られないといった欠陥があることが知られている。以下では簡単な数値例を挙げて，その問題をみてみよう。まず，ある資金運用案を実行した場合に，次のようなキャッシュ・フローが将来得られると予想されているものとしよう。

期	0	1	2	3
キャッシュ・フロー	−500	200	300	400

上の数値例をサンプルとして，"内部収益率（IRR）"は，次式の右辺，分母にあるrを求めることになる。

$$\text{NPV} = -500 + \frac{200}{1+r} + \frac{300}{(1+r)^2} + \frac{400}{(1+r)^3} = 0 \quad \cdots\cdots(9)$$

上記の例では，図表3−4から，あるいは上述のように表計算ソフトMS Excel™の財務関数機能を用いて簡単に，31.69%と求められる。

図表3-4 NPV と IRR

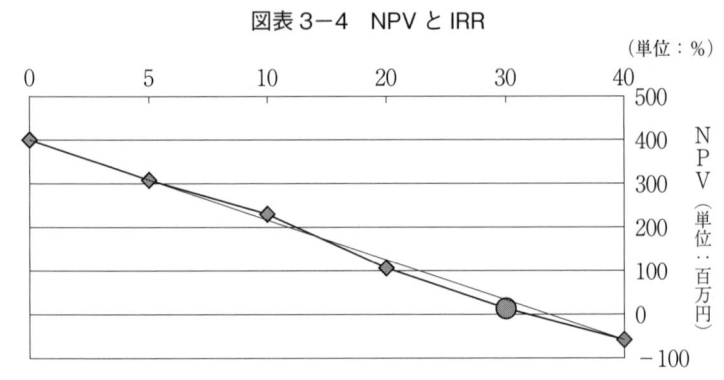

(注)本例では，黒丸の点（30％）近くに求める（NPV が 0 になる）IRR があることがこの図からわかる。

しかし，キャッシュ・フローが以下のようなパターンで生じると予想された場合には，IRR は一体どうなるだろうか？

期	0	1	2	3	4	5	6
キャッシュフロー	－1,000	800	500	400	300	100	－900

図表3-5 をみてみよう。

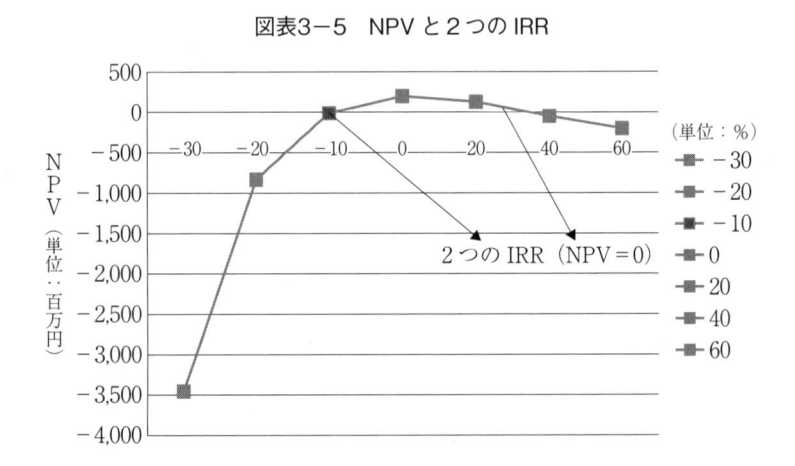

図表3-5 NPV と 2 つの IRR

2 つの IRR（NPV＝0）

この数値サンプル例のように，正味現在価値が計画限界内で2回（−10%と約+34%の近くで）もゼロになるといった場合，IRRは2つ求められ，どちらの率と資本コストを比べればよいのかわからなくなってしまうのである。たしかに，このような例には稀にしか出会わないだろうが，油田や温泉の採掘事業のケースなどで実際に起こりうる。この場合，割引率が高くなるにつれて，キャッシュ・フローの正味現在価値は始めのうちは増大し，後に減少する。IRRが2つ求められるのは，キャッシュ・フローの符号が2回変化するからであり，キャッシュ・フローの符号の変化と同じ数の内部収益率が存在することになる。したがって，このようなケースでは，もはやIRR法の適用は不適切となり，NPV法ほかによって解を求めなければならなくなるのである。

5．相互排他的投資案の評価

　企業は，（設備であれ新規事業であれ）資金のさまざまな運用プロジェクト（対象）について，代替的な案が多く存在し，それらの間で取捨選択を迫られることがよくある。つまり，"相互排他的投資案"の評価が求められるというケースであり，その場合にも，正味現在価値（NPV）法・内部収益率（IRR）法の適用にあたって問題が生じうることを，以下の設例でみてみよう。

[設例]　大手のS銀行とM銀行は，業界大再編に伴い，これまでの私鉄沿線K駅前M銀行K支店を，S銀行K駅前支店に統合し，その跡地の利用を以下のような新規プロジェクトのために資金運用案を検討することとなった。
　まず，各投資プロジェクトからのキャッシュ・フローの予想が以下のように求められていたとしよう：(A)はパチスロ店を開いて営業，(B)は1（ワン）ルームマンションの建設という案であった。不況時においても，パチスロ店は比較的安定した収益が期待できたが，他方，1ルームマンションの場合，入居者との契約時点で礼金・保証金といった名目で一時的収入が見込めた。

(単位：百万円)

プロジェクト	C_0	C_1	C_2	C_3	C_4	C_5	IRR (%)	正味現在価値 (割引率10%)
パチスロ店（A）	-500	185	185	185	185	185	24.8	183
賃貸1ルームマンション(B)	-500	300	140	140	140	140	25.5	160
美容院（C）		-300	105	105	105	105	15.0	30
(B)+(C)抱き合わせ案	-500	0	245	245	245	245	22.1	187

(注) いずれもタイムホライズン5年として計算

(単位：百万円)

割引率	5%	10%	15%	20%	25%
パチスロ店（A）	287	183	104	44	-2
賃貸1ルームマンション(B)	246	160	94	43	4
賃貸1ルームマンション(B)+美容院(C)	312	187	94	24	-30

　上例でみるとNPV法によればA案が，IRR法によればB案が採用されることになるだろう。けれども，B案を実行した場合に，第1期初めに入ってくる一時的収入を元手に加えて，さらに空きスペースを有効利用して，（立地条件を生かして）美容院を開業するという案も，加えて検討することとなった。それら3つの事業投資から得られる将来キャッシュ・フローならびに割引率のデータを基にして，相互排他的投資案の選択解を求めるために，それらの関係を明示したのが図表3-6である。

　図表3-6からも明らかなように，割引率の高低によって，正味現在価値（NPV）も変わってくる。すなわち，ここでは，割引率が10%以下の範囲では(B)+(C)の"抱き合わせ"投資案が，10〜20%の範囲では(A)，20%を超えるあたりからは(B)といったように，金利の動向によっても，答えは変わってくる可能性があるだろう。また，その他の資金運用制約（資本予算制約や資金返済期限付きの場合）自ずと実行可能な解は絞られてくることになろう。

図表3-6　相互排他的投資プロジェクトからのキャッシュ・フロー NPV と割引率

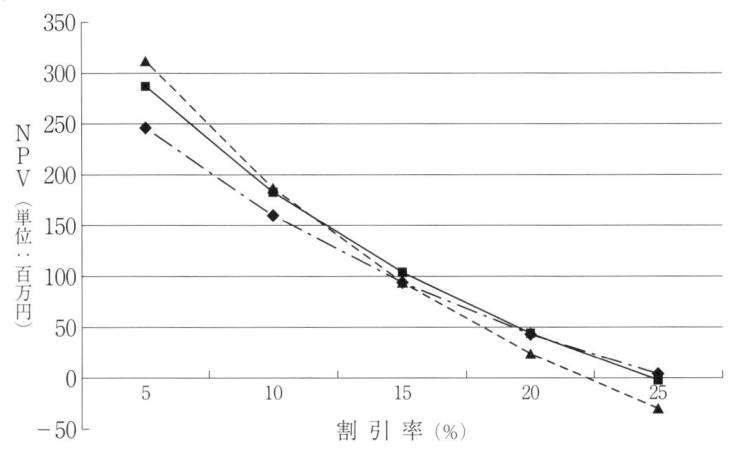

[図：NPV（単位：百万円）を縦軸、割引率（%）を横軸とするグラフ。賃貸1ルームマンション(B)、パチスロ店(A)、賃貸1ルームマンション(B)+美容院(C) の3本の曲線が示されている]

― ◆ ― 賃貸1ルームマンション(B)　　― ■ ― パチスロ店(A)　　―・▲・― 賃貸1ルームマンション(B)+美容院(C)

6．資金割り当てのケース

　これまでみてきたように，投資案からもたらされるキャッシュ・フローの正味現在価値がプラスであれば，それを採用して実行すべしというのが，資金運用決定にあたっての基本的な考え方である。しかし，もとより，どの企業においても，運用できる資金は無尽蔵にあるわけではない。つまり，資金の諸制約のうち典型的なものに"資本割り当て（capital rationing）"の問題がある。資本割り当てがある場合には，その割り当ての範囲内で最高の正味現在価値が得られるような投資案を採用することが必要となるである。以下では，簡単な数値例でその問題について，考えてみよう。いま，資本コストを5％と仮定して，ある会社が，以下のように3つの投資案を前に検討中であるとしよう。

(単位：百万円)

プロジェクト	C_0	C_1	C_2	C_3	資本コスト5%の場合のNPV
A	−500	500	400	300	570
B	−250	100	300	250	317
C	−250	100	250	300	315

（注）計画ホライズンは3年とし，MS Excel™ の関数（NPV）により計算。

　これら3つの投資案は，どれも正味現在価値がプラスなので，単独にみるとどれも採択OKという答えがもらえるであろう。けれども，そこでもし￥500百万しか投資できないという制約があった場合，どうだろうか？ そのとき，3つの投資案すべてに投資は不可能であるので，A案に全額を投資するか，B案とC案とを組み合わせて各￥250百万ずつ投資するかであるが，後者の方が合計するとNPVは（￥317+￥315＝）￥632百万となり，A案のNPV ￥570百万よりも大きくなる。しかし，このとき，資本制約がある場合には，B案とC案を組み合わせるのでなく，投資総額当たりで最高のNPVをもたらすような案が求められるのである。つまり，投資金額単位当たり最高のNPVが得られるプロジェクトが採択されなければならない。その比率は，収益性指数（profitability index：*PI* と略す）とよばれ，次式で求められる。

$$\text{収益性指数 (PI)} = \frac{\sum_{t=1}^{n} \frac{C_t}{(1+i)^t}}{I_0} = \frac{NPV}{I_0} \quad \cdots\cdots(10)$$

ここで，I_0 は初期投資額，C_t は t 期のキャッシュ・フロー，i は割引率，n はキャッシュ・ホライズン（キャッシュ・フロー計画限界），*NPV* は正味現在価値をそれぞれ表している。

　上記の数値例によって，*PI* を求めると，

プロジェクト	初期投資額 (百万円)	NPV (百万円)	PI (%)
A	500	570	113.9
B	250	317	127.0
C	250	315	126.2

(注) 計画ホライズンは, 3年としている。

　以上からして, B案が127.0％と最高の PI を示し, C案が126.2％で2番目と求められる。したがって, これら2つのプロジェクトが採用されるべきという結論になる。この指標はたしかに簡便ではあるが, 適用に当たっては限界があるといわれている。つまり, 他の（たとえば前述の相互排他的な関係が投資案の間にあるとか, ある案が他の案に従属的な関係があるといった）資金制約がある場合には, 適用が困難になってくる。そこでさらにより一般的なケースにも当てはめられるように利用されるのが, **線形計画法**（linear programming: *LP* と略す) である。ここでは, 紙幅の都合上, 説明は省略するが, いくつかの制約条件を線形（一次式）関係で表して, 将来キャッシュ・フローから得られる正味現在価値が最大化されるような, 投資案の最適な組み合わせを求めるというものである（石塚ほか（2003：44-48）および補遺F参照）。

7. 不確実性下での意思決定

　資金運用決定のための評価に際して, 通常, 単一の割引率が, 将来のキャッシュ・フローの現在価値を求めるために用いられる。しかしながら, この割引率の設定の仕方によって, NPV の値も変わってしまうことは, 本章の「5. 相互排他的投資案の評価」の事例でもみたとおりである。

　一般的な傾向としては, 将来のキャッシュ・フローをより慎重に見積もろうとする際には相対的に高く, 逆に楽観的に見積もる場合には相対的に低く, 割引率を調整して設定する方法が採られる。この方法は, "リスク調整後割引率法（risk adjusted method)" と呼ばれるものである。

　他方, 割引率・割引要素の側だけでなく, 割り引かれる側のキャッシュ・フ

ロー自体の推定額を調整することによって、楽観的～慎重～悲観的な評価を下すことも可能である。すなわち、キャッシュ・フロー自体は、より慎重な見積もりの場合は相対的に低い額、逆により楽観的な見積もりの場合は相対的に高い額で評価を下すであろう。特にキャッシュ・フローの見積もりにあたっては、キャッシュ・イン・フロー（資金流入）面とキャッシュ・アウト・フロー（資金流出）面の双方で見積もりが必要で、その両面ともに将来に関して"不確実性（uncertainty）"[2]が付きまとっているのが現実である。

資金の運用決定にあたって、将来の（特に正味）キャッシュ・フローが得られるかどうかの不確実性を考慮に入れる方法を、アメリカで有名なブリーリー・マイヤーズのテキストを参考にしつつ、以下の図表3-7のように整理しておく。

図表3-7　不確実性を考慮したNPVの2つの評価法

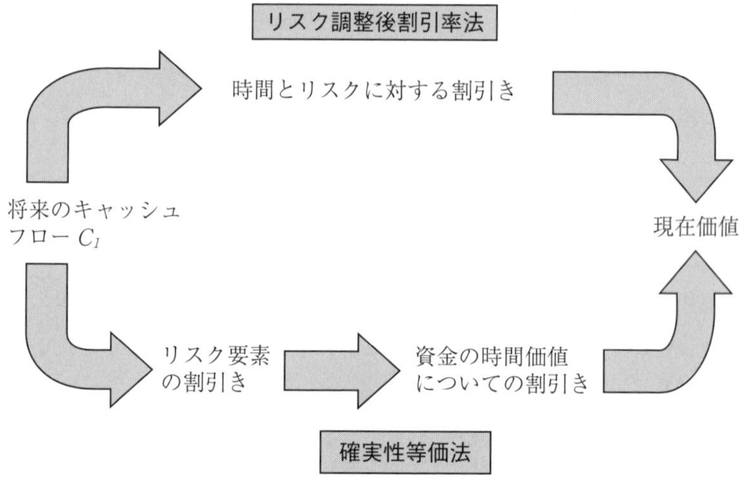

リスク調整後割引率法
時間とリスクに対する割引き
将来のキャッシュフロー C_1
リスク要素の割引き
資金の時間価値についての割引き
現在価値
確実性等価法

出所）リチャード・ブリーリー、スチュワート・マイヤーズ著、藤井・国枝監訳（2002）『コーポレートファイナンス（上）』日経BP社：262
菊井・宮本（2007：121　第2刷）を再掲

まず、リスク調整後のキャッシュ・フロー正味現在価値は、次式によって求められる。

$$\text{リスク調整後キャッシュ・フロー正味現在価値} = \frac{C_1}{1+r} \quad \cdots\cdots\cdots(11)$$

ここで，分母の r は危険を伴う資産からの収益率，すなわちリスク・プレミアム（risk premium）と呼ばれ，分子の C_1 は確実なキャッシュ・フローを表している。このリスク調整後割引率は，時間価値とリスクの双方を考慮して調整されている。すなわち，ある投資案がより大きなリスクをもっていると考えられた場合には，予想されるキャッシュ・フローをより高いリスク調整後割引率でもって割り引かなければならないのである。それが，図表3-7で時計回りの矢印で示されている。

不確実性を考慮に入れた，もうひとつの方法である**確実性等価**（certainty equivalent）法は，リスクと時間価値とを別々に考慮して，調整を行うものである（図表3-7の下側，つまり時計の針の進む反対まわりの矢印を参照）。そのとき，リスクを伴う投資案からのキャッシュ・フローと等価で交換できるような資産からの収入額のことを C_1 の確実性等価物とよび，CEQ_1 と表すものとすると，

$$\text{確実性等価のキャッシュ・フロー現在価値} = \frac{CEQ_1}{1+r_f} \quad \cdots\cdots\cdots(12)$$

と示される。ここでも，CEQ_1 は，安全なキャッシュ・フローと等しい価値をもつと予想されるものだから，安全利子率（risk free rate：r_f）で割り引かれている。(12)式の分子の CEQ_1 に算入されるキャッシュ・フローには，その発生が確実に見込めるものからまったく予想がつかないものに至るまでさまざまだろう。したがって，一方で，より確実な部分はそれとして，他方，より不確実なものはそれなりに考慮したうえで，各資金運用案からのキャッシュ・フローを評価することが肝要となる。

8．資金運用のリスクとリターンの計測

"綺麗なバラには棘がある" という例えや "虎穴に入らずんば虎児を獲ず"

ということわざが，よく用いられる。「多少の危険を冒さないことには，望みのものは得られない」という意味であることはよく知られているはずである。けれども，実際に資金を運用するには，安全度（または確実度）あるいは危険度（または不確実度）の異なる多様な対象があり，それらのなかから選択・組み合わせを行い，決まった予算枠内で最大の成果が得られるように，経営者は資金の運用決定をしなければならないのである。では，資金回収の確実度・不確実度のクラスが異なる資金運用の対象（投資対象すなわち"資産"）を一体どのように評価して，それらの選択すなわち"投資決定"をすればよいのだろうか？そこで必要となるのが，資金運用に伴う"リスク（risk；危険）"とそれから得られる"リターン（return；報酬）"の計測である。以下では，運用決定にあたって，個々の対象について，どのように計測するかをみていこう。

まず，投資からのリターン（以下本章内では，Return の頭文字 R という記号であらわす）として，以下のように（簡単化のため一期間当たりの）"投資収益率"が求められる。

投資収益率
$$= \frac{\text{キャピタルゲイン} + \text{インカムゲイン}}{\text{前期資産価格}}$$
$$= \frac{(\text{当期資産価格} - \text{前期資産価格}) + (\text{配当・賃貸料収入など})}{\text{前期資産価格}}$$

ここで，右辺の分子の第1項（カッコのなか）は"キャピタル・ゲイン"，言い換えれば当該資産の"（一期間の）値上がり益"を，同じく第2項は"インカム・ゲイン"すなわち"当該資産を保有していることから得られる一期間の収入（たとえば配当・賃貸料収入）"の各部分を表している。この定義式であえて「投資収益率」としたのは，投資対象として単に（株や債券といった）金融資産のみに限定しないということを意味している。たとえば土地・建物・工場・店舗など実物資産，あるいは無形資産や，買収標的の企業全体ないし事業，あるいは他企業の支配・経営権の獲得（"純粋持株会社"設立）に至るまで，さまざまな対象に対する資金運用を，経営者は決定しなければならない。そんな企業の経営者に，ポートフォリオの考え方を応用させる場合を想定してい

る。したがって，右辺の分子第2項のインカム・ゲインは配当のほか，地代等の賃貸料収入・各プロジェクトからの（それらへの投資を実行することによって得られる）正味増分キャッシュ・フロー[3]などを算入してもよいだろう。

他方，リスクとは，上の式で求められる投資収益率のバラツキの程度（"ボラティリティ"ともいわれる："分散"または"標準偏差"のいずれか）によって求められる。すなわち，

$$リスク = 投資収益率の標準偏差（\sigma(R_i)）$$
$$= \sqrt{\sigma^2(R_i)}$$
$$= \sqrt{E(R_i - E(R_i))^2}$$

ただし，R_iは投資案iの収益率を，$E(R_i)$は投資案iの収益率の平均値（または期待値）を$\sigma(R_i)$（シグマ）は投資案iの収益率の標準偏差，したがって$\sigma^2(R_i)$はその分散を表している。

上式において，投資収益率の期待値（$E(R_i)$；平均値とも呼ばれる）がすでに求められていなければ計算は出来ず，またその標準偏差・分散も求まらない。その点，上場株式や債券などの場合，かつ毎日のように商いが活発な銘柄であればあるほど，それらの証券価格はデータとして十分に入手できるので，収益率の平均値・標準偏差なども容易に計算される。しかしながら，その他の資産への投資の場合，取引価格のデータ入手さえ困難な場合もよくある。たとえば，新規事業への投資・新製品開発のための投資つまり"戦略的投資"と呼ばれるような類の投資プロジェクトの場合で，そのほかに福利厚生のための投資や広告投資など，過去に取引事例なども乏しいケースでは，"平均値"自体が得られない[4]。

《注》

(1) 貸借対照表（「財務諸表規則」準拠の場合）のうえで「投資その他資産」合計は（自社の経営外活動への）資金運用額，たとえば子会社・関係会社への出資（持株）分を示しているが，それが狭義の"投資"にあたる。

(2) 不確実性とリスク（危険）という概念は，経済学者で有名なF・ナイトによっ

て古典的な区分がなされている。すなわち，前者の場合は生起する事象の確率分布が不明なものも含まれているのに対し，後者の場合は，その確率分布が既知であるということである。したがって，リスクは計測できるのに対して，この5節では（広義の）不確実性状況下について配慮しているのである（菊井・宮本（2008：41-43）参照）。

(3) 逆に，当該投資を実行したために，負担しなければならなくなる"負（マイナス）の"（投資）報酬ないし"投資の撤退"にあたるもの（すなわち"資産除去債務（asset retirement liability）"・"環境債務（environmental liability）"など）を差し引かなければならないだろう。

(4) 本書の第10章 A で取り上げられている"危機における CSR 情報分析"などは，そういった（想定外の）ケースにも，今後その適用がますます図られていくこととなろう。

参考文献

石塚博司ほか（2003）『意思決定の財務情報分析（第9版）』国元書房。
大塚宗春・宮本順二朗編著（2003）『ビジネス・ファイナンス論』学文社。
菊井高昭・宮本順二朗（2007）『企業ファイナンス入門（第2刷）』放送大学教育振興会。
菊井高昭・宮本順二朗（2008）『ビジネス・ファイナンス』放送大学教育振興会。
小山明宏（2010）『経営財務論［新訂第2版］』創成社。
榊原茂樹・砂川伸幸編著（2009）『価値向上のための投資意思決定』中央経済社。
花枝英樹（2005）『企業財務入門』白桃書房。
リチャード・ブリーリー，スチュワート・マイヤーズ著，藤井真理子監訳（2002〜2014）『コーポレート・ファイナンス（上）第6版〜第10版』日経 BP 社。
若杉敬明（2004）『入門ファイナンス』中央経済社。

第4章　経営資産のポートフォリオ選択決定

1. 投資収益率あるいは（投資）利回りという概念について

　まず投資（investment）とは，何らかの資産（asset）を買う行為である。それを保有していると，将来なんらかの収益（return）をもたらす対象が資産である。資産も大きく実物（real）資産と金融（financial）資産に分かれるから，それに応じて実物投資，金融投資と呼ばれる。実物資産が特に不動産であれば，不動産投資である。金融資産が特に株式であれば，株式投資である。

　投資機会の経済的評価を考えるとき，投資をして，収益（増えた金額）がいくらかは，投資の優劣の目安にはならない。たとえば元金1,000万で100万増加した投資と元金2,000万で150万増加した投資があったとして，増加金額だけをみて後者がいい投資とはならない。一般的に，投資金額（元金あるいは元本）がいくらであるかに収益額は依存しているからである。そこで，投資金額で収益額を割って，投資収益率（特に証券投資の場合は投資利回り，あるいは単に利回りと呼ばれる）を考える。また，たとえば，1年間で100万増えた投資と2年間で150万増えた投資があったとして，後者がいいとはいえない。そこで，通常年率に直して，投資期間の各年でいくら増えたかという計算をする。収益が年度をまたがって複数もたらされるとき，どのように計算するかは少々厄介ではある。

2. 不確実な投資利回りの表し方

　投資では，さらに考えておかねばならないことがある。それは，投資にはリ

スクがともなっているということである。投資にリスクがあるというのは，将来どのような投資利回りになるかは不確実ということである。不確実であるとは，確実ではないということ，すなわち必ずこういう利回りになるとはいえないという事態である。将来の経済状態に依存して投資利回りが異なるということである。これをどう取り扱うかが本章の課題である。本章では，厳密さを失わない範囲でできるだけ直感的に理解できるように以下，図的な（幾何学的な）説明を行っている。ひとつのアプローチと思って読んでもらえるといいかと思う。

将来さまざまな経済状態（s）が実現することが予想され，それを$s = 1, 2, \cdots, n$と枚挙できるものとし，それぞれ状態（s）が実現する確率（p_s）もわかっているものとする。確率は，定義的に，$\sum_{s=1}^{n} p_s = 1$でなければならない。ここに，$\sum_{s=1}^{n} p_s = p_1 + p_2 + \cdots p_n$である。記号$\sum_{s=1}^{n}$はこの記号の後ろの$s$について$s = 1$から$n$までの和を表す。この表記をしばしば用いる。

一方，各資産の将来の利回りは，どのような状態（s）が実現したかに依存して数値がかわり，それをx_sとかy_sというように表すことにする。その状態ごとの実現値の集まりは，$x = (x_1, x_2, \cdots, x_n)$あるいは$y = (y_1, y_2, \cdots, y_n)$とその数値の組として表すことにする。

不確実性がある状況でのある資産についてのこの将来実現する利回りの組は，n次元空間の1点として図示できる[1]。任意の2つの実現値の組がそれぞれの実現可能性（すなわち確率）も考慮して，それらの利回りが「似ている」か「似ていない」か，あるいは「近い」かあるいは「遠い」関係にあるかを測る物差しがあると役に立つ。

そこで，$x = (x_1, x_2, \cdots, x_n)$，$y = (y_1, y_2, \cdots, y_n)$について，その「距離」を次のように定義する。

$$d(x, y) = \sqrt{\sum_{s=1}^{n} p_s (x_s - y_s)^2}$$

確率が各実現値の差の2乗に掛けられているところを除けば，n次元空間での（ユークリッド）距離の定義と同じである。ここでは，各状態が実現する確

率が異なるので，確率が大きい状態は大きく評価されるように修正されていると理解しておけばいい。これが，いわゆる「距離の公理」を満たしていることは，簡単に証明できる[2]。この道具立てさえ手に入れることができれば，この領域のほとんどの本では単に数式で書かれていることを，幾何学的にあるいは直感的にその意味を理解していけると考えている。

さて，n次元空間においてどのような状態が実現しても同じ利回りとなる資産からの実現値の組は，その実現値は原点を通り各軸と45度になる直線上にプロットできる。それを確実性線ということにする。いわゆる安全資産の利回りは，確実性線上にくる。

ある資産の状態ごとの数値を表す点から確実性線におろした垂線の値（足）が不確実な実現値の期待値（expected value）と呼ばれるもので，その期待値までの距離が標準偏差（standard deviation）と呼ばれるものである。すなわち，<u>ある不確実な実現値の期待値とは，その不確実な実現値と一番近い位置にある確実な値ということである。標準偏差はその不確実な実現値とその期待値との「距離」である</u>。

ある確実な利回りの組を$k=(t, t, \cdots, t)$とする。その距離は，

$$d(x, k) = \sqrt{\sum_{s=1}^{n} p_s (x_s - t)^2} = \sqrt{t^2 - 2\left(\sum_{s=1}^{n} p_s x_s\right) t + \sum_{s=1}^{n} p_s x_s^2}$$

となり，平方根のなかを展開すると，tについての下に凸の2次関数で，$t^* = \sum_{s=1}^{n} p_s x_s$のときに最小値をとる[3]。この値が不確実な利回りの実現値xの期待値である。不確実な実現値とその期待値との距離が標準偏差である。期待値をe_xで表しておくと，その標準偏差は$\sqrt{\sum_{s=1}^{n} p_s (x_s - e_x)^2}$ということである。標準偏差はしばしば$\sigma_x$で表される。まとめると，不確実な利回り$x$の期待値と標準偏差は，それぞれ，

$$e_x = \sum_{s=1}^{n} p_s x_s$$

$$\sigma_x = \sqrt{\sum_{s=1}^{n} p_s (x_s - e_x)^2}$$

図表4−1 確実性線

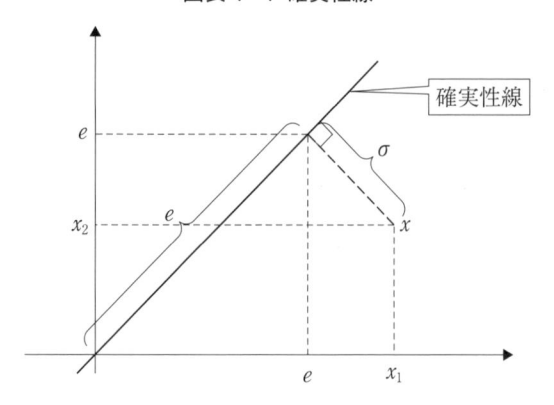

ちなみに，各実現値と期待値との差 $(x_s - e_x)$ を各実現値の偏差（deviation）という。各利回りの実現値が期待値から上と下にどれだけ隔たって（deviate）いるかを表している。したがって，標準偏差は，偏差の2乗の期待値ということである。また標準偏差のルートのなかの値 $(\sum_{s=1}^{n} p_s(x_s - e_x)^2)$ は分散（variance）と呼ばれるものである。標準偏差は，分散の平方根でもある。

2次元平面で上の状況を表したものが，図表4−1である。

3. ポートフォリオの利回り

まずポートフォリオ（portfolio）とは，元来は蛇腹のついた書類入れのことであるが，投資とのかかわりでは，投資家が資金をさまざまな証券に分散投資して，所有しているさまざまな証券をその書類入れに入れておくイメージから，分散投資した証券の塊を指すところにその由来がある。ここでは，証券ポートフォリオの利回り，さらにはその期待値並びに標準偏差がどう計算されるかを検討する。以下計算の意味を知ってもらうために証券が2銘柄しかないものとして説明している。ただし，n 銘柄ある場合にも容易に拡張できる。

2銘柄の利回りを $x = (x_1, x_2, \cdots, x_n)$, $y = (y_1, y_2, \cdots, y_n)$ とする。それぞれ x 証券，y 証券と呼ぶことにする。手持ち資金の分配比率を a ならびに b として

おく．もちろん，$a+b=1$ となっている．このポートフォリオの利回りは，

$$p = (ax_1+by_1, ax_2+by_2, \cdots, ax_n+by_n)$$

となる．もともと利回りは，元金1円あたりのお金の増加額であるから，この投資は，x証券をa円分買い，y証券をb円分買ったものとみなし，それぞれの状態でのこの投資からの増加金額はそれぞれの利回りに投下金額を掛けたものの合計であることによる．

このポートフォリオの期待値は，先ほどの式に代入して，

$$\sum_{s=1}^n p_s(ax_s+by_s) = a\sum_{s=1}^n p_s x_s + b\sum_{s=1}^n p_s y_s = ae_x + be_y$$

となることがわかる．ポートフォリオの標準偏差は，

$$\sigma_p = \sqrt{\sum_{s=1}^n p_s(ax_s+by_s-(ae_x+be_y))^2} = \sqrt{\sum_{s=1}^n p_s(a(x_s-e_x)+b(y_s-e_y))^2}$$
$$= \sqrt{\sum_{s=1}^n p_s(a^2(x_s-e_x)^2 + 2ab(x_s-e_x)(y_s-e_y) + b^2(y_s-e_y)^2}$$
$$= \sqrt{a^2\sum_{s=1}^n p_s(x_s-e_x)^2 + 2ab\sum_{s=1}^n p_s(x_s-e_x)(y_s-e_y) + b^2\sum_{s=1}^n p_s(y_s-e_y)^2}$$
$$= \sqrt{a^2\sigma_x^2 + 2ab\sum_{s=1}^n p_s(x_s-e_x)(y_s-e_y) + b^2\sigma_y^2}$$

となる．ここに，$\sum_{s=1}^n p_s(x_s-e_x)(y_s-e_y)$ はx証券とy証券の共分散 (covariance) と呼ばれるもので，状態ごとの偏差の積の期待値である．

この共分散の幾何学的な意味を考えておく．以下明らかにするように，x証券とy証券の利回りの共分散は，x証券の偏差を原点とy証券の偏差を結ぶ直線に射影した長さである．

図表 4-2 共分散の図的意味

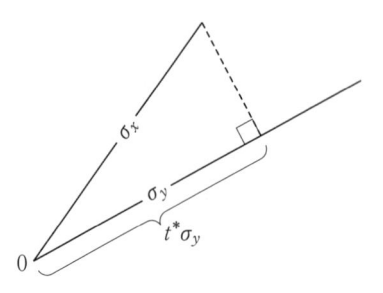

証券 y の偏差の延長上にある利回りで証券 x の偏差に一番近い距離にある利回りを表す点の原点からの距離である．

$$d(x-e_y, t(y-e_y)) = \sqrt{\sum_{s=1}^{n} p_s\{(x_s-e_x)-t(y_s-e_y)\}^2}$$

を最小にするように t を求める．これは，以下のように変形される．

$$\sqrt{\sum_{s=1}^{n} p_s\{(x_s-e_x)-t(y_s-e_y)\}^2}$$
$$= \sqrt{\sum_{s=1}^{n} p_s(x_s-e_x)^2 - 2t\sum_{s=1}^{n} p_s(x_s-e_y)(y_s-e_y) + t^2\sum_{s=1}^{n} p_s(y_s-e_y)^2}$$
$$= \sqrt{\sigma_x - 2t\sum_{s=1}^{n} p_s(x_s-e_y)(y_s-e_y) + \sigma_y t^2}$$

平方根のなかの t に関する2次関数を最小にするように t を選択すれば距離が最小になっている．注(3)と同じことから，これは，$t^* = \dfrac{\sum_{s=1}^{n} p_s(x_s-e_x)(y_s-e_y)}{\sigma_y}$ で与えられる．従って，x 証券の y 偏差の証券の偏差への射影の長さ $t^* e_y = \sum_{s=1}^{n} p_s(x_s-e_x)(y_s-e_y)$ が，共分散であることがわかる．共分散は証券間の偏差の関係を表す．たとえば，偏差が同じ方向を向いていれば，すなわち，すべての状態 s について，$(x_s-e_x) = t(y_s-e_y)$ となる t があれば，共分散は $\sum_{s=1}^{n} p_s(x_s-e_x)(y_s-e_y) = t\sum_{s=1}^{n} p_s(y_s-e_y)^2 = t\sigma_y^2 = \sigma_x \sigma_y$ になる．偏差がまったく同じ方向に変化することを意味している．偏差がまったく反対方向を向いていると，$-\sigma_x \sigma_y$ になる．この場合は偏差がまったく逆に動くことを示している．偏差が「直角」の位置関係であれば，共分散は0になる．偏差がな

す「角度」によって共分散の値は，変化する．以下の関係にある．

$$-\sigma_x\sigma_y \leq \sum_{s=1}^n p_s(x_s-e_x)(y_s-e_y) \leq \sigma_x\sigma_y$$

そこで，上の不等式を$\sigma_x\sigma_y$で割ると，次の関係が得られる．

$$-1 \leq \frac{\sum_{s=1}^n p_s(x_s-e_x)(y_s-e_y)}{\sigma_x\sigma_y} \leq 1$$

ここで，$\frac{\sum_{s=1}^n p_s(x_s-e_x)(y_s-e_y)}{\sigma_x\sigma_y}$は相関係数（correlation coefficient）と呼ばれるものである．これをρ_{xy}で表す．共分散がそれぞれの偏差の大きさ（標準偏差）に依存しているため，それを標準偏差の積で割ることで，相関係数は証券の利回りが（期待値を挟んで）同じ方向に動く可能性が大きいのか，あるいは反対に動く可能性が大きいのかを表すものと考えることができる．相関係数が-1のときまったく反対に動く場合で，完全に負に相関するという．1のとき完全に同じ方向に変化する場合で，完全に正に相関するという．-1と1の間は部分的に相関するという．0の場合は無相関といわれる．

もう一度，ポートフォリオの標準偏差の式に戻って，相関係数を使って書き直すと，

$$\begin{aligned}\sigma_p &= \sqrt{a^2\sigma_x^2 + 2ab\sum_{s=1}^n p_s(x_s-e_x)(y_s-e_y) + b^2\sigma_y^2} \\ &= \sqrt{a^2\sigma_x^2 + 2ab\rho_{xy}\sigma_x\sigma_y + b^2\sigma_y^2}\end{aligned}$$

となる．

$\rho_{xy}=1$のとき，

$$\sigma_p = \sqrt{a^2\sigma_x^2 + 2ab\sigma_x\sigma_y + b^2\sigma_y^2} = \sqrt{(a\sigma_x + b\sigma_y)^2} = a\sigma_x + b\sigma_y$$

となり，ポートフォリオの標準偏差は，それぞれの標準偏差を分配比率で加重して足し合わせたものであることがわかる．

$\rho_{xy}=-1$のとき，

$$\sigma_p = \sqrt{a^2\sigma_x^2 - 2ab\sigma_x\sigma_y + b^2\sigma_y^2} = \sqrt{(a\sigma_x - b\sigma_y)^2} = |a\sigma_x - b\sigma_y|$$

となる。この場合，$a\sigma_x - b\sigma_y = a\sigma_x - (1-a)\sigma_y = 0$ になるように，$a = \dfrac{\sigma_y}{\sigma_x + \sigma_y}$ と設定すると，ポートフォリオの標準偏差を0にすることができる。

このように相関係数によって，ポートフォリオの標準偏差が変わる。この事情を幾何学的にみると以下のようになる。

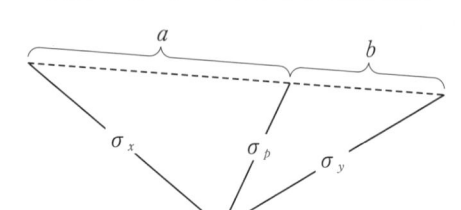

図表4-3　ポートフォリオの標準偏差

利回りの偏差のなす「角度」の開き具合（共分散あるいは相関係数の大きさ）がより大きくなることによって，ポートフォリオの標準偏差はより原点に近くなる，言い換えると標準偏差がより小さくなることがわかる（図表4-3）。相関係数が1の場合は，標準偏差は減らないが，-1の場合は原点を挟んで反対側の点を結んだ線上を分配比率によって動くので，ある比率の時に標準偏差は原点になり，そのとき標準偏差は0になるというわけである。

この事情は，期待値＝標準偏差平面に表すことができる（図表4-4）。配分比率（a）を変えていくと，相関係数に応じて，太い実線の上の組み合わせの期待値と標準偏差をとることができる。特に，相関係数が1であるとき，点線上の組み合わせになる。この場合は期待値も標準偏差もそれぞれの配分比率で加重したものになっている。逆に相関係数が-1の場合，2点鎖線の上の組み合わせをたどる。前述したように，特にそれぞれの標準偏差の比率で組み合わせたポートフォリオの標準偏差は0になり，縦軸上の点となる。相関係数が-1に近づくに従って，標準偏差が小さい方向にシフトする。

第4章　経営資産のポートフォリオ選択決定　77

図表4-4　期待値＝標準偏差平面

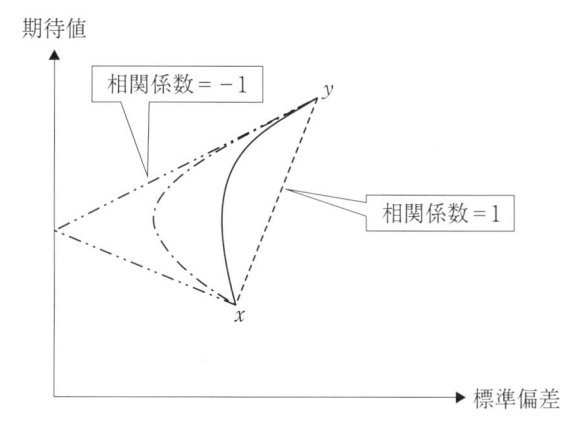

（期待値を縦軸、標準偏差を横軸とし、相関係数=-1 および 相関係数=1 の場合を示すグラフ。点 x, y を示す。）

　不確実性のない証券，すなわち確実な利回りの証券は，縦軸上に打点される。確実な証券の利回りの偏差は0で，その標準偏差ならびにその他の証券との相関係数も0であるから，不確実な利回りの証券と確実な利回りの証券のポートフォリオの期待値と標準偏差の組み合わせは，不確実な証券の利回りの期待値と標準偏差と確実な利回りを結んだ直線上に位置することに注意しておこう。以上は，2証券だけのポートフォリオであったが，これが何証券になっても事情は同じである。

　ところで，標準偏差はリスク（risk）と認識される。そのためポートフォリオを組むことで標準偏差が減少する効果は，ポートフォリオのリスク削減効果といわれる。ただ，標準偏差は，これまで説明してきたように偏差の2乗の期待値の平方根であり，われわれが日常的に認識しているように損する程度をとらえたものではない。あくまでも期待値から隔たる大きさを測ったものである。

　それはともかくポートフォリオ理論は，リスク回避的な投資家を前提として，ポートフォリオのリスク削減効果を利用しながら，所持金をさまざまな証券にどのように分散投資すればいいかを教えてくれる。そこで，この理論がどのように実際的に適用されるか，次にみて概略説明しておく。

4. ポートフォリオ理論の実際的適用

　確実な証券の利回りは，いわゆる安全資産，たとえば短期国債の利回りを計測しておけばいい。債券の利回りも一般に不確実ではあるが，不確実な利回りの証券として株式を考える。まず，株式の各銘柄の利回りとそれが実現する確率を推計しなければならない。基本的には過去にどのような利回りがどのような頻度で実現したかを計測して，将来とも同じようであると考えて利用する。

　株式投資からの収益は，売値から買値を引いたもの，すなわち売買差益あるいは差損とその期間に帰属される配当からなる。それを買値で割ってやれば，その期間の投資利回りが計算できる。上場している株式であれば，日ごと，週ごと，月ごと，年ごとの株価の終値の統計や過去の配当金のデータは容易にとれるので，それを用いて計算できる。購入価格を p，売却価格を p_{+1}，この期間の配当金を d とすれば，その期間の利回りは $\frac{p_{+1}-p+d}{p}$ と計算される。これは，キャピタル・ゲイン $\frac{p_{+1}-p}{p}$ とインカム・ゲイン（配当利回り）$\frac{d}{p}$ との和になっている。

　過去の各期間の利回りデータのヒストグラムをつくると頻度確率を推計できる。ここで，確率分布について実証的に特徴的なことは，基本的に正規分布 (normal distribution) するということである。正規分布は，その平均と標準偏差のみで各利回りの確率を規定できるという大きな特徴がある。平均を期待値（以下期待リターンということにする），標準偏差をリスクと考え，投資家がこの2つの属性に基づいて資産選択するというこの理論の適用に正当性を与える。したがって，分布の正規性の確認は基本的である。

　前述したように，投資家はリスク回避 (risk aversion) 的であると仮定する。同じリスクであれば，期待リターンが大きい方を評価する。逆に同じ期待リターンであればリスクが小さいほうを評価する。すべての投資家はリスク回避的であるが，リスク回避の程度は異なると仮定される。各投資家の期待リターンとリスクの代替率は正ではあるが大きさが異なるということである。

そこで，投資家はどのようなポートフォリオ選択をするか。まず，その選択肢の集合がどうなっているかを確認しておこう。図表4-5の湾曲した太い実線とその右側の点線で囲まれた領域は，その中に株式の各銘柄の利回りがあるとして，それらの銘柄に所持金を分散したポートフォリオで実現できる期待リターンとリスク（標準偏差）の組み合わせである。左端の実線の湾曲した曲線は，可能な期待リターンのときの標準偏差を最小にするポートフォリオである。有効フロンティア（efficient frontier）と呼ばれるものである。

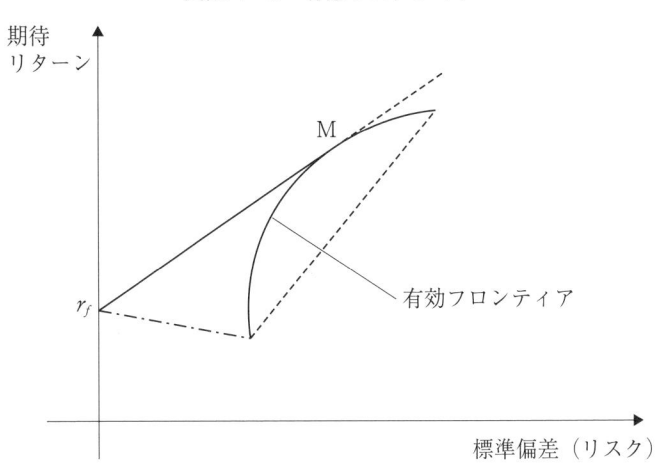

図表4-5 有効フロンティア

縦軸：期待リターン
横軸：標準偏差（リスク）
r_f，M，有効フロンティア

次に，不確実性のある資産として株式市場の各銘柄と安全資産として短期国債も含めたポートフォリオを繰り入れたときのフロンティアは，安全資産の利回り（r_f）を表す縦軸上の点と有効フロンティア上の点Mを結んだ実線と一点鎖線で囲まれた点線より右側の領域である。

投資家はすべてリスク回避的であるから，できるだけ左上の期待リターンとリスクの組み合わせとなるポートフォリオを選択する。

投資家は，各証券について同じ情報をもっていると仮定される。ここから，この理論にとって非常に特徴的な帰結が従う。それは，どの投資家も株式につ

いては点Mに対応するポートフォリオを選択するということである。このポートフォリオを市場ポートフォリオ（market portfolio）という。いずれの投資家も市場ポートフォリオと安全資産にある比率で手持ち資金を分配投資するということである。ただ，投資家によってリスク回避の程度は異なり，その比率は異なる。リスク回避程度が強い投資家は，短期国債に多くの資金を配分する。逆にリスク回避の程度の小さい投資家は，市場ポートフォリオに多く資金を配分する。繰り返すが，株式市場への各銘柄の配分比率は，どの投資家も同じである。

それでは，市場ポートフォリとは具体的には何か。すべての投資家がそれぞれの手持ち資金で同じ比率の株式の銘柄を保有するわけだけだから，個々の投資家は市場に存在するすべての銘柄を，その時ついている各銘柄の時価を市場全体の時価の比率で，それぞれ所持金分だけ買っていることを意味している。つまり，市場ポートフォリオとは，市場全体の時価総額の値動きと市場全体の配当の変化を知ればいいことになる。市場全体の時価総額の利回りの部分は，たとえば，東京証券取引所のみを考えるとすれば東京証券取引所の時価の推移を表す指数であるTOPIX（Tokyo Stock Price Index）あるいはTOPIXを追随する投資信託や上場された投資信託であるETF（Exchange Traded Funds）などの価格の推移を用いて計算できる。TOPIXの代わりに，同じ市場全体の値動きを表す指標である日経平均の価格の推移から計算する場合もある[4]。ただ，いずれの場合も配当利回りは，なぜか考慮されない。

5. CAPMあるいは証券市場線

市場ポートフォリオの期待リターンを$\bar{r}_m$，標準偏差（リスク）をσ_mで表すことにする。図表4-5にその値を書き込んだものが，図表4-6である。安全資産の利回りと市場ポートフォリオを結んだ直線は資本市場線（Capital Market Line）と呼ばれる。

図表 4-6 資本市場線

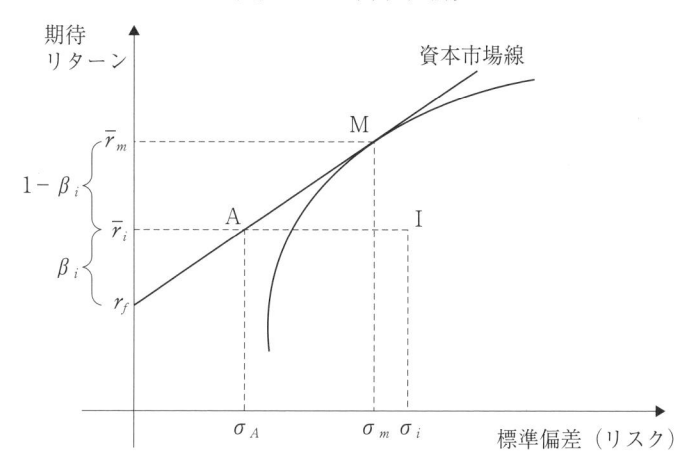

　さて，この理論の前提に従う限り，投資家は個別の銘柄を保有しない。個別銘柄の期待リターンがどのようになっているかを次に考えるが，そのために個別銘柄が単独ではなぜ保有されないかを確認することから始める。ポートフォリオ中のある銘柄の期待リターン（$\bar{r}_i$）とリスク（σ_i）が図表 4-6 のようであったとする（個別の銘柄の属性は有効フロンティアの内部にある）。ところが，この期待リターンは，資本市場線上の点 A の市場ポートフォリオと安全資産の分配比率で達成できる，しかもこのポートフォリオのリスク（σ_A）は，その銘柄のリスク（σ_i）よりもずっと小さくできるのである。この事情はすべての銘柄について当てはまる。

　これは単独の銘柄が市場に存在しないということではもちろんない。ただし，個別銘柄の利回りについて，ある種の関係がなければならないことを意味している。点 A のポートフォリオが市場ポートフォリオに β_i，安全資産に $1-\beta_i$ の比率になっていたとする。図からわかるように，相似三角形（三角形 $M r_f \bar{r}_m \backsim$ 三角形 $A r_f \bar{r}_i$ である）の相似比の関係から，

$$\frac{\bar{r}_i - r_f}{\bar{r}_m - r_f} = \beta_i \quad ①$$

ならびに，$\dfrac{\sigma_A}{\sigma_m} = \beta_i$ ②

となっていなければならない。まず，②から，$\sigma_A = \beta_i \sigma_m$でなければならない。点Aの作り方からわかるように，銘柄iのリスクσ_i（これを総リスク〈total risk〉という）のなかで$\sigma_i - \sigma_A$の部分はポートフォリオを組むと消去できるリスク（これを個別リスク〈individual risk〉などという）で，銘柄iの総リスクのなかでポートフォリオを組んでも残ったリスク（これを市場リスク〈market risk〉という）が$\sigma_A = \beta_i \sigma_m$となっていなければならないことを意味している。式からわかるように，銘柄iの市場リスクは，市場ポートフォリオの利回りが変動したときに，銘柄の利回りiと連動する部分が何倍変動するかを表したものである。TOPIX（あるいは日経平均）の利回りとそれぞれの銘柄の利回りの回帰分析によって求めることができる。

このようにして求められた個別銘柄のベータ値（β_i）を用いて，銘柄iについて，

$$\dfrac{\overline{r}_i - r_f}{\overline{r}_m - r_f} = \beta_i \Rightarrow (\overline{r}_i - r_f) = \beta_i(\overline{r}_m - r_f) \Rightarrow \overline{r}_i = r_f + \beta_i(\overline{r}_m - r_f)$$

という関係が得られる。これが現代財務論のひとつの到達点である。CAPM (Capital Asset Pricing Model) と呼ばれる。もちろん，これはどのような銘柄についても成立する。これを図示することを考える。まず，資本市場線との連続性を考慮して，リスクを市場リスクとして表示した場合が以下の図表4-7である。

市場リスクはすべてσ_m倍されているので，すべてσ_mで割り込んでベータ値だけ取り出し，市場ポートフォリオのリスクを1として図にしたものが，図表4-8の証券市場線（Security Market Line）である。特に横軸をベータ・リスクとよぶこともある。

まとめると，安全資産の利回りをr_f，市場ポートフォリオの期待リターンを$\overline{r}_m$，個別銘柄iの期待リターンを$\overline{r}_i$，その銘柄のベータ値をβ_iとすると，

図表4−7　市場リスクと期待リターン

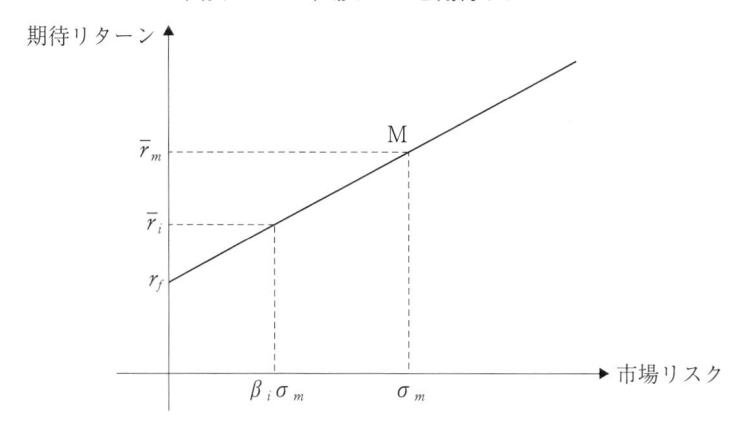

図表4−8　証券市場線

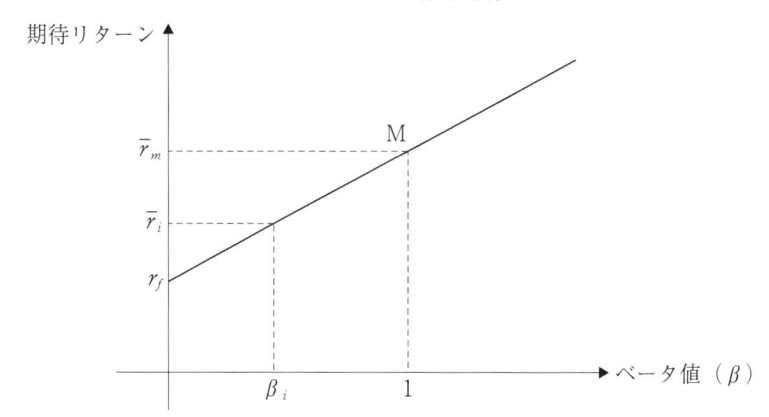

$$\bar{r}_i = r_f + \beta_i(\bar{r}_m - r_f)$$

という関係が成り立つ。言葉でいえば，各銘柄の期待リターン（$\bar{r}_i$）は，安全資産の利回り（r_f）にその銘柄のリスク・プレミアム（$\beta_i(\bar{r}_m - r_f)$）を足しあわせたものである。各銘柄のリスク・プレミアムは，市場ポートフォリオのリスク・プレミアム（$\bar{r}_m - r_f$）の各銘柄のベータ（β_i）倍である。

6. CAPM あるいは証券市場線の利用の仕方

　ある前提があれば，すべての証券の利回りについて，証券市場線の関係がなければならないことが示された。この利用方法について，以下簡単に触れてまとめにかえておく。まずは，証券市場線は株主資本コストを教えてくれる。会社全体の資本コストは，株主資本コストを使っていわゆる加重平均資本コスト（WACC：Weighted Average of Cost of Capital）を計算すればいい。これが，投資家が当該会社のリスクを考えて，当該会社に要求する投資利回りと考えることができる。この会社の既存事業と似たような新規事業を考えているときは，これを超える内部収益率をもたらす事業を採択しなければならない。また，新規事業が既存事業と異なるときは，似たような事業を営んでいる上場会社の加重平均資本コストを利用する。株主資本コストは，割引現在価値法による企業価値を計算するときにも妥当な割引率計算のため用いられている。

《注》

(1) 1次元は直線，2次元は平面で，3次元は立体である。それ以上はイメージするしかない。

(2) 距離の公理とは，距離と呼べるものが満たさなければならない基準であり，①$d(x,y)=0 \Leftrightarrow x=y$，②$d(x,y)=d(y,x)$，③$d(x,z) \leq d(x,y)+d(y,z)$ の3つである。ここでの定義の場合，①と②は自明であるが，③の証明は少々難しいが，いずれも満たされている。

(3) 2次関数 $f(t)=at^2+bt+c$ があったとして，$a>0$ であると，下に凸の関数となっており，$t^*=-\dfrac{b}{2a}$ のときこの関数は最小値となる。初等的には，次のように証明される。

$$f(t)=at^2+bt+c=a\left(t^2+\frac{b}{a}t+\frac{c}{a}\right)=a\left(t+\frac{b}{2a}\right)^2-\frac{b^2-4ac}{2a}$$ と変形できる。

$\left(t+\dfrac{b}{2a}\right)^2 \geq 0$ であるので，最小値は，$t^*+\dfrac{b}{2a}=0$ の時である。

(4) TOPIX は，1968年1月4日の東京証券取引所の時価総額を100として，その後市場の時価総額がその何倍になったかを表す指数である。日経平均は東京証券取引所の代表的225銘柄の平均価格である。ただし，株式分割などがあり，

株価が業績とは無関係に変化するので,単純に225で割るものではなく,修正されている。いずれも市場全体の値動きを表す株価指数である。投資信託は,何らかのテーマで選択された証券のポートフォリオをひとつの商品にしたもの,ETFはそれ自体が上場されたものである。

補遺　金融派生商品の評価とその応用

1．金融派生商品とは

　金融商品（株式や債券など）にかぎらず，通常の商品の取引は，商品と代金が現時点で受け渡しされる。これに対して派生商品（derivatives）とは，商品の受け渡しが現時点以外の取引にかかわる。この取引では，将来において現時点で定められたある条件で商品が受け渡しされる。商品間の交換も含む。特に取引対象が金融商品である派生商品が金融派生商品である。

　条件の定められ方によって，さまざまなタイプの派生商品がある。派生商品の種類としては，基本的に，

　①オプション

　②先物

　③スワップ

の3種類がある。さらに，これらの商品を組み込んだ金融商品が種々開発され売買されている。以下オプションと先物のみを以下順次説明していく。

　これらの取引は，現在定められた価格で将来ある時点での商品受け渡しである先物がそうであるように，リスク・ヘッジ（risk hedge）あるいは広くリスク管理（risk management）がその基本的な利用目的である。ただ，少しの元手で大きな金額の取引ができることから，派生商品のそれ自体の値動きをもとにした投機的取引にも利用されている。

2．オプション

(1)　オプションとは

　オプション（option, 選択権と訳される）とは，将来のある決められた期日（権

利行使日という）か決められた期間（権利行使期間という）に，現時点で決められた価格（権利行使価格という）である資産（原資産という）を売ったり，買ったりできる権利である。言い換えると，オプションとは原資産の売買ではなく，原資産を将来売買する権利の売買ということである。

オプションにもさまざまなタイプがある。ある期日にのみ権利行使できるオプションはヨーロッパ型（European type），ある期間中にいつでも権利行使できるオプションはアメリカ型（American type）といわれる。権利行使期間（あるいは行使日）に買うことのできる権利は，コール（call）・オプションと呼ばれ，権利行使期間（あるいは行使日）に売ることができる権利は，プット（put）・オプションと呼ばれる。

市場取引は定型化されており，オプションのタイプごと，原資産・行使価格・行使期間ごとに売買取引が行われており，それぞれについてその価格がついている。これらのオプションの価格のことをオプション料といったりする。

国内で取引されているオプションの実際の商品として，東京証券取引所や大阪証券取引所で取引されている株券オプションや株価指数についてのオプションである日経225オプションやTOPIXオプションなどがある。これらの商品の詳細については各取引所のホームページなどを参照されたい。

(2) オプション取引の損益

オプションの価格を計算するためには，そもそもオプション取引をすることでどのような損益（損した得した）になるかを知る必要がある。オプション取引の損益は，行使日まで持ち越した時と行使日前に反対売買した時とで異なる。反対売買とは，たとえば，あるオプションを買った（あるいは売った）とし，行使日前に同じ行使日，同じ行使価格のオプションを売る（あるいは買う）ことである。反対売買した時は，（同量の商品を売って買っていることになっているので）行使日には何の商品の移転もなく，オプション取引からの売値と買値の差額が損益となる。行使日まで市場が開いているので，このような取引が可能になる。オプション自体の価格が上がるという予測があれば，今買って

将来売れば利益が出ることになる。商品そのものを売買することが目的ではないから、投機的取引である。

次に、オプションを権利行使日まで持ち越した場合を考える。オプションは（売買する）権利なので、オプションの保有者（オプションの買手）は、その権利を行使しても放棄してもいい。どのような時に権利行使し、どのような時に権利を放棄した方がいいかは、その利得の比較である。その損益は、オプションを行使して原資産を売買した場合とその時点の（直物）市場で売買した場合の差額をみればいい。ただし、コール・オプションの場合は権利行使して買ったものをその時点の価格で売る、あるいはプット・オプションの場合はその時点の直物市場の価格で買って売ってやれば、その利得を実際に獲得することができる。

以下、原資産を個別銘柄の株式（たとえばソニー株）のオプションで説明する。ヨーロッパ型のコール・オプションを考える。権利行使日の株価（S_T円）が権利行使価格（K円）を上回っていたらどうなるか？ オプションをもっていなければS_T円（$>K$円）だけ払わないと買えなかったものが、K円で済むわけだから、権利行使してS_T-K円だけ得することになる。逆に、権利行使日の価格（S_T）が、権利行使価格（K）を下回っていたらどうか？ この場合は、権利を放棄することになる。権利行使日のソニー株をその時点の株式市場に行って買えば、行使してそれより高いK円を払うより安く買えるからである。

以上まとめると、権利行使時点でのコール・オプションからの損益は、

$$\max(S_T-K, 0) = \begin{cases} S_T-K & if\ S_T \geq K \\ 0 & if\ S_T \leq K \end{cases}$$

と表すことができる。ここに、記号$\max(X, Y)$とは、XとYのいずれか大きい方を表すものである。ただし、オプションの買手は、その購入代金であるオプション料を購入時点で支払っているので、（時間価値を勘案して）差し引いてその純損益が計算できる。次図は、横軸は、権利行使時点の原資産価格、この場合ソニーの株価（S_T）、縦軸は損益を表している。

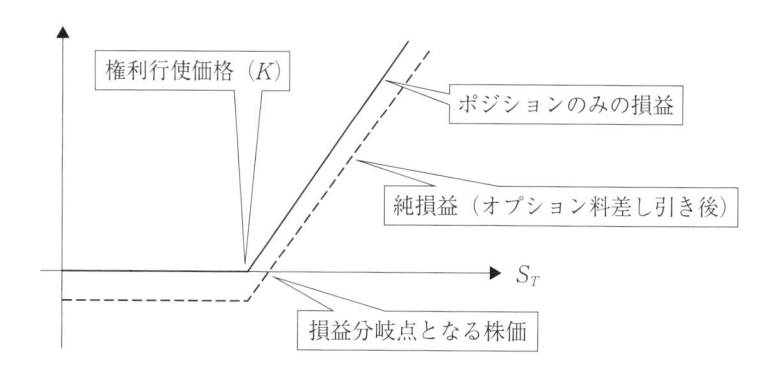

[図：コール・オプション買いの損益図。権利行使価格（K）、ポジションのみの損益、純損益（オプション料差し引き後）、損益分岐点となる株価、S_T]

　次に，コール・オプションを売っていると，どのような損益になるかを考えておく。権利行使は買手が決定するので，売手はそれを考えて損益を考える。$S_T \geq K$ であれば，オプションを売っていなければ，S_T 円で売れたものを，K 円で売らなければならない。したがって，この時売手は買手と逆に，$S_T - K$ の損をする。$S_T < K$ の場合は，買手が権利放棄するので，この時点の損得はない。ただし，売手は，オプション料を受け取っているので，オプション料の時間価値分の得がある。

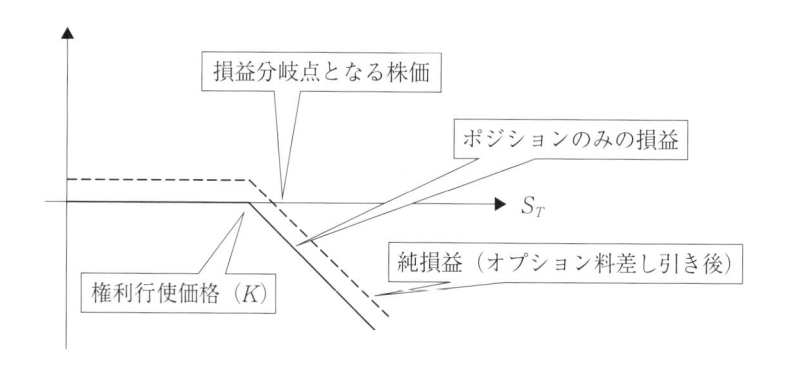

[図：コール・オプション売りの損益図。損益分岐点となる株価、ポジションのみの損益、S_T、純損益（オプション料差し引き後）、権利行使価格（K）]

　次にプット・オプション取引の損益を考える。プット・オプションは売る権利である。したがって，プットの買手は，行使日の価格 S_T 円が行使価格 K 円よりも低ければ，高く売りつけられるので，権利を行使して，$K - S_T$ 円の儲

けを得る。逆に，行使日のソニーの株価が行使価格より高ければ，その時点の価格で売ればいいので権利を放棄する。まとめると，プット・オプションの損益は，

$$\max(K-S_T, 0) = \begin{cases} 0 & if\ S_T \geq K \\ K-S_T & if\ S_T \leq K \end{cases}$$

となる。

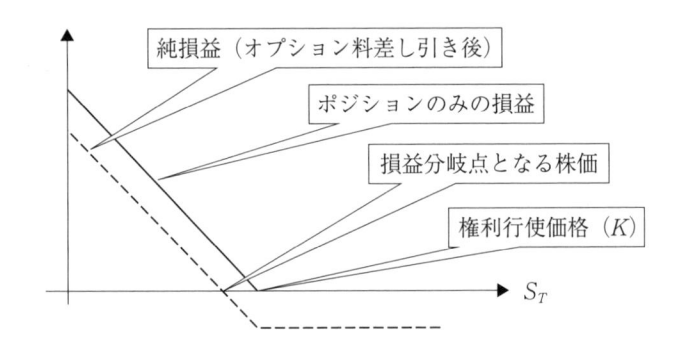

（図：プット・オプション買いの損益図。純損益（オプション料差し引き後），ポジションのみの損益，損益分岐点となる株価，権利行使価格（K），横軸 S_T）

この場合も売手はオプション料を受け取っており，買手は支払っていることに注意。プットを売っている場合は，買っている場合の逆になる。

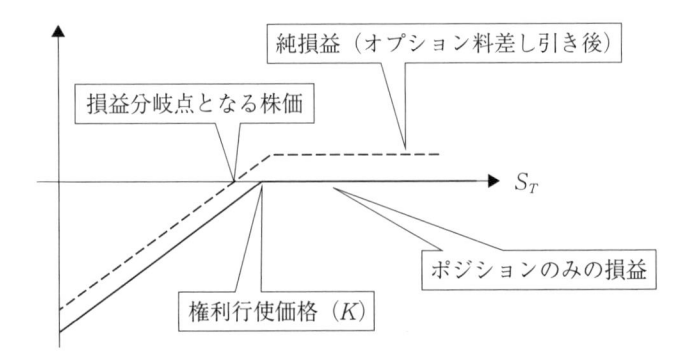

（図：プット・オプション売りの損益図。純損益（オプション料差し引き後），損益分岐点となる株価，権利行使価格（K），ポジションのみの損益，横軸 S_T）

(3) 理論オプション料

さて，オプション取引の損益がわかったので，次にオプション料について考える。考え方の基本は，裁定（arbitrage）取引である。オプション取引からの

損益を他の金融商品を使って複製することができれば，複製取引にかかる費用が，そのオプションの（理論）価格とみなせる。裁定の考え方は，金融商品間の価格の整合性をみていると考えることができる。整合的に価格が付いている状態を無裁定均衡という。ただこの考え方だけでは，全体としての価格の絶対的水準の妥当性については問えない。ただ，取引コストが無視できる市場で無裁定状態になっていなければ，裁定取引を行ってリスクも資金も何もなしに儲ける機会が存在することになる。

① 2項モデル

株券オプションについて考える。まず原株の株価の推移についての想定がいる。ここでは2項モデルというものを用いて説明する。株価の2項モデルとは，ある銘柄の株価が将来上昇するか下降するかの可能性しかないという株価モデルである。現在の株価をS円とする。一定期間後，株価が上がった場合はuS円になるものとする。ただし，$u \geq 1$である。このuを上昇率という。下がった場合，株価は，dS円になるものとする。$d \leq 1$である。このdを下落率という。

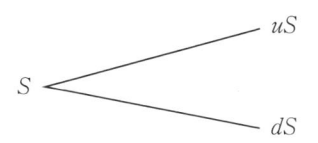

$$S \begin{cases} uS \\ dS \end{cases}$$

この株価の想定のもとで，この期間後が権利行使日のヨーロッパ型のコール・オプションを考える。権利行使価格をKとする。価格が上がった時の，コール・オプションの買手の利得をC_u，価格が下落した利得をC_dと表して，この利得を株価の推移の図に重ねて書くと以下のようになる。Cは，このオプションの価格である。

$$\begin{matrix} S \\ C \end{matrix} \begin{cases} uS \\ C_u \\ dS \\ C_d \end{cases}$$

ここで，C_u，C_dがどうなるかは，将来の株価がどうなるかに依存したものである。以下のようにまとめられる。

	C_u （価格が上昇した時の利得）	C_d （価格が下落した時の利得）
$K \geq uS \Leftrightarrow \dfrac{K}{u} \geq S$	0（権利放棄）	0（権利放棄）
$uS \geq K \geq dS \Leftrightarrow \dfrac{K}{d} \geq S \geq \dfrac{K}{u}$	$uS-K$（権利行使）	0（権利放棄）
$dS \geq K \Leftrightarrow S \geq \dfrac{K}{d}$	$uS-K$（権利行使）	$dS-K$（権利行使）

ここで，裁定を考える。直接的に原株と貸借でオプションの利得を複製できるが，オプションを直接的に複製するのでなく，まず原株の何単位かとそのオプション1単位を使って，無リスクのポジション（価格が上がっても下がっても，同じ利得）をつくり，その無リスクポジションをお金の貸借で複製するというステップで行う。

原株 Δ の単位の買いとオプション1単位の売りを同時に行い，株価が上がっても下がってもそのポジションからの利得が同じようにする。$\Delta uS - C_u = \Delta dS - C_d$ となっていればいい。これから，$\Delta = \dfrac{C_u - C_d}{uS - dS}$ であればいいことがわかる。このとき，株価が上がっても下がっても，$\dfrac{dC_u - uC_d}{u-d}$ の利得になる。この値は正負ある。ここでは，正であるとして説明するが，負の時は，以下の説明の取引をすべて反対にすればいい。売りは買いに，買いは売りに，貸しは借りに，借りは貸しに変えるといい。さて，正であれば，この利得を貸付けで複製できる。いくら貸し付けないといけないかというと，この値の現在価値である。したがって，この期間の金利が r であるとすれば，$\dfrac{dC_u - uC_d}{(u-d)(1+r)}$ である。一方，このポジションをつくるための支出は，オプションの価格を C としておくと，$\Delta S - C$ である。この値が貸付額に等しくなければ整合的でない。ゆえに，

$$\Delta S - C = \dfrac{dC_u - uC_d}{(u-d)(1+r)}$$ でなければならない。これから，

$$C = \Delta S - \frac{dC_u - uC_d}{(u-d)(1+r)} = \frac{C_u - C_d}{u-d} - \frac{dC_u - uC_d}{(u-d)(1+r)}$$

$$= \frac{(1+r-d)C_u + (u-1-r)C_d}{(u-d)(1+r)} = \frac{\frac{1+r-d}{u-d}C_u + \frac{u-1-r}{u-d}C_d}{1+r}$$

ここで，$p = \frac{1+r-d}{u-d}$ とおくと，$\frac{u-1-r}{u-d} = 1-p$ となるので，

$$C = \frac{pC_u + (1-p)C_d}{1+r}$$

となって，整合的なオプション価格，すなわち理論オプション料が求められる。

上で，式を整理するために導入されたようにみえる変数 p であるが，経済学的な意味がある。それは，リスク中立確率（risk neutral probability）というものである。最後のオプション価格を求める式で，分子は株価が上がるときと下がるときの利得をあたかも確率 p ないしは $1-p$ で期待値をとっているようにみえるからである。しかも分母は（無リスクの）利子率であるので，リスクがないとした時の期待値を求める確率ということで，この呼名がある。ただしリスク中立確率は，実際の確率とは異なる。

以上をまとめると下表になる。ただし，$p = \frac{1+r-d}{u-d}$ である。

	C_u （価格が上昇した時の利得）	C_d （価格が下落した時の利得）	オプション料
$\frac{K}{u} \geq S$	0（権利放棄）	0（権利放棄）	0
$\frac{K}{d} \geq S \geq \frac{K}{u}$	$uS-K$　（権利行使）	0（権利放棄）	$\frac{p(uS-K)}{1+r}$
$S \geq \frac{K}{d}$	$uS-K$　（権利行使）	$dS-K$　（権利行使）	$S - \frac{K}{1+r}$

原株の現在の価格が S であるときの当該オプションのオプション料（C）がどうなるかを表したものが下図である。

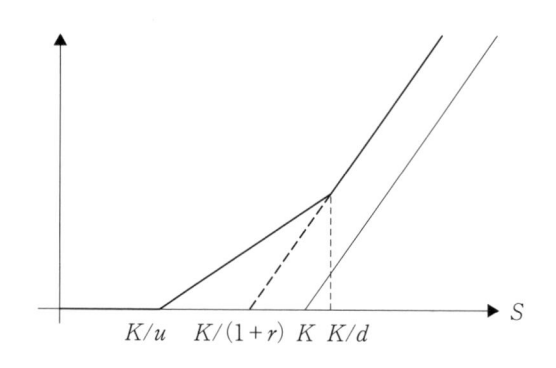

```
         ↑
         │                    /
         │                   /
         │                  /  /
         │                 /  /
         │                / ./
         │               /./
         │              /./
         │             /./
         │            /./
         │_____/.´_____→ S
                   K/u  K/(1+r) K K/d
```

② ２項モデルの拡張

　これまでの説明は，権利行使日まで１回限り株価が上がるか下がるか２つの値しかないという想定のモデルであった。非常に限定的なモデルではあるが，実は一般化できるモデルである。参考までにその道筋を説明しておこう。まずは，上がるか下がるかこれを２回繰り返すという想定のモデルで，２期間モデルという。その概要は，次図をみてほしい。

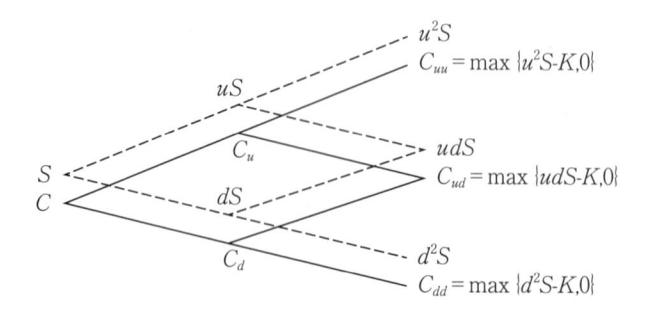

```
                              u²S
                              C_uu = max {u²S-K,0}
                    uS
                    C_u
                              udS
         S                    C_ud = max {udS-K,0}
         C          dS
                    C_d
                              d²S
                              C_dd = max {d²S-K,0}
```

このときの原株の現在の価格とオプション料の関係は，下図で与えられる。

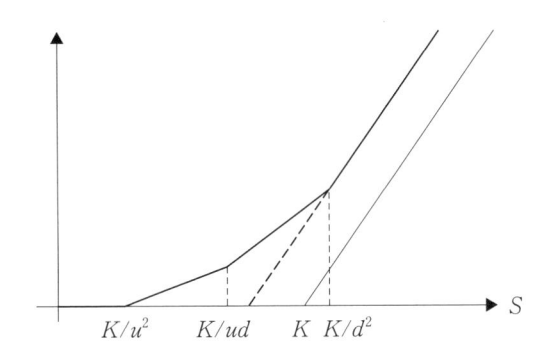

期間を多くして，n 期間モデルというものも考えることができる。n 期間モデルでは，折れ曲がりの数が大きく区間が小さくなり，期間を無限大にすると滑らかな曲線になり，次図のようになる。これがブラック・ショールズ・モデル（Black Sholes Model）と呼ばれるものである。原株の価格が無限個あっても価格は対数正規分布（log normal distribution，正規分布する利回りを対数変換したもの）することがわかっている。そのため，株価の分布もその平均値と標準偏差という2つのパラメータで記述でき，有限個モデルと同様に原株と貸借でオプションを複製できるのである。BS式はしかるべき成書をみられたい。

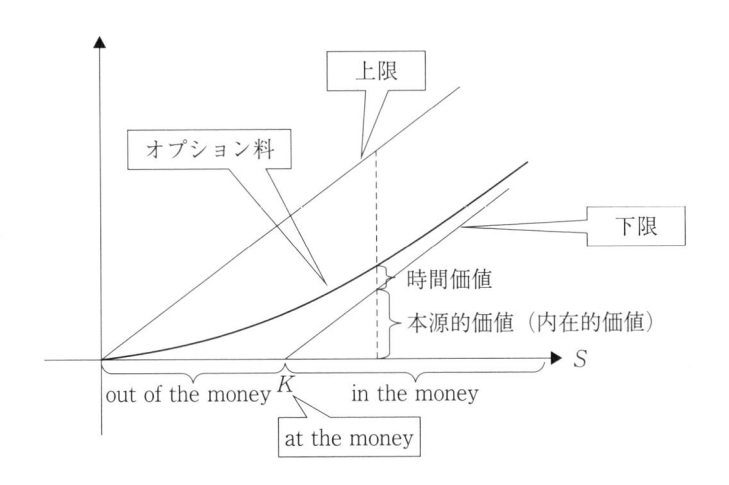

現在の株価が，行使価格より低い状態を，out of the money，ちょうど等しい状態を at the money，現在の株価が行使価格を上回っている状態を in the money という。本源的価値あるいは内在的価値（intrinsic value）とは，この時点で権利行使したら獲得できる価値で，時間価値（time value）とは，現在行使せず将来株価が上昇して行使したら得られるであろう価値である。

(4) オプションの利用方法

オプション取引のさまざまな利用の仕方がある。その代表としてプロテクティブ（protective）プットと呼ばれる利用法がある。ある株式を保有しているとして，その株式のプット・オプションを買うことで，その株式の価値がプット・オプションの権利行使価格以下にならないように価値の下支えをすることができる。このようにオプションには「価格保険」のような役割がある。式で書くと，権利行使日の価格をS_T，行使価格をKとすると，プット・オプションの損益は，$\max(K-S_T, 0)$であるから，原株の買い持ちの状態でプット・オプションを買えば，オプション料を無視して，行使日の損益は，$S_T+\max(K-S_T,0)=\max(S_T,K)$となっている（次図参照）。

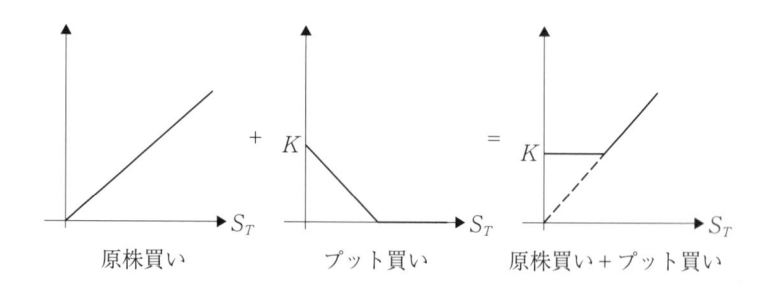

原株買い　　　　　プット買い　　　　原株買い＋プット買い

次に，期日や権利行使価格の異なるさまざまなオプションを組み合わせて，株価の変動予測に対応したポジションをつくるという利用法がある。
（例）ロングストラドル
株価が上がるか下がるか不明だが，大きく変動する可能性があると予測した場合の取引ポジション。行使価格が同じプットとコールを買う。横軸は権利行

使時の株価である。

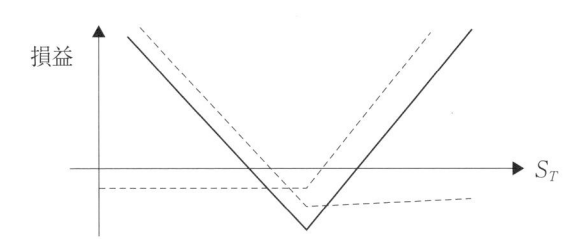

（例）ショートストラドル

株価があまり変動しないだろうという予測があるときの取引ポジション。権利行使価格の異なるコールとプットを売る。

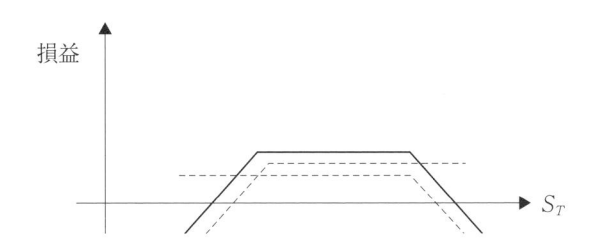

(5) 新株予約権付社債の評価

新株予約権付社債とは，一定の期間にその会社の発行する新株を前もって決められた価格（行使価格）で一定量買い付けることができる権利を付与されている社債である。権利部分は，株券のコール・オプションそのものである。かつてはワラント債（Warrant Bond: WB）と呼ばれていた。新株予約権付社債には転換型というものもあり，一定期間に前もって決められた価格（転換価格）で当該会社の新株をその転換社債と交換に手に入れる選択権が付いている社債である。かつては転換社債（Convertible Bond: CB）と呼ばれていた。転換型は，社債を代金として株式を買うものとみなせる。

いずれも権利部分は，潜在的な株式（発行）であり，株式とともにequity financeと呼ばれている。現在では，社債につけなくても，新株予約権それ自体でも会社は発行できる。新株予約権付社債の価格は，普通社債の価格に新株

予約権の価格を足したものである。

(6) リアル・オプションについて

　当初オプション論は，原資産が金融（financial）資産を対象とするものであったが，近年原資産を実物（real）資産とする理論が展開されてきている。原資産を実物資産とするオプションをリアル（real）・オプションという。従来の静学的な投資決定論の欠点を補うものとみなされる。

　従来の投資決定論では，プロジェクトからの将来キャッシュ・フローを将来の意思決定とは無関係に当初想定したシナリオに基づいた期待値で評価する。そこには，将来の経営者の意思決定が登場する余地がない。しかし，キャッシュ・フローは将来のさまざまな経済状態に依存するほか，他経営者の意思決定に依存したものである。このような考慮を組み込んだら投資決定はどのようになるのか。以下，トゥリジオリス（L. Trigeorgis）の『リアルオプション』での事例に従って，その一部を概観しておく。

　たとえば，石油採掘のプロジェクトにおいて，石油価格が当初期待したものより好転した場合，経営者は追加コスト（I_E）を掛けて，生産規模をx（×100)％拡大することができるとする。これは，行使価格I_Eを払って，当初のプロジェクトに追加的な能力を加える権利をもっているものとみなせる。当初のプロジェクトの価値をVとすると，この拡張する可能性をもったプロジェクトの価値は$V + \max(xV - I_E, 0)$，と表すことができる。第2項は，コール・オプションとみなせる。

　一方，市場状況が当初の想定より悪化した場合は，操業規模をc（×100)％削減して，当初の投資支出I_Cだけを節約することができるとする。この可能性をもったプロジェクトの価値は，$\max(I_C - cV, 0)$と表せるから，プット・オプションのようなものである。

　このように，将来規模を拡張したり，縮小したりする，さらに他の用途に転換できる可能性をもったプロジェクトは，オプション価値をもっているとみなせる。もちろん，将来の経済状況に対応できない，言い換えれば柔軟性がない

プロジェクトであれば，このような価値はない。これ以外にも経済環境への対応能力をもったプロジェクトは柔軟性（flexibility）があるということになり，当初のプロジェクトで採算がとれない場合でも，柔軟性の価値を考慮すれば，採算性が出てくる場合がある。興味深い展開であるが，紙幅の関係で詳しくは説明できない。参考文献を参照されたい。

3．先物取引

(1) 先物取引とは

　先物取引とは，将来，ある商品をいくらで売買するかを，今決めておく取引である。商品の受け渡しは将来時点（決済日といわれる）であり，現時点ではその取引価格（それを先物価格という）だけ決める。現時点では証拠金（取引の履行を担保するためのお金）の支払いだけで，代金の受け払いは現時点では行われない。ただし，途中で価格の変動により証拠金の増減が行われる。これを値洗いという。先物に対応する概念が直物（spot）取引である。

　先物も以下の2種類を区別しておくことは有益である。

　　（広義の）　先物取引
　　　　　　　　{ 先渡（forward）取引
　　　　　　　　{ （狭義の）先物（futures）取引

基本的には，市場取引か相対（あいたい）取引の違いであるが，市場取引のもと反対売買（前述）による差金決済ができるかどうかが特徴といえる。差金決済とは，同じ決済日の先物について，同数の反対売買（売っていれば買う，買っていれば売る）ことで，その差額の授受で決済するものである。オプションと同様に，決済日まで，その決済日の先物市場が開いており，価格が上下するので，このような取引が可能である。少ない証拠金で，多額の金額の取引ができるため，しばしば投機の手段ともなっていることは上述した（次表参照）。

	（狭義の）先物取引	先渡取引
取引形態	取引所取引が中心，取引対象，受渡日，取引方法も標準化	相対取引が中心，対象その他は当事者間で自由に決済
キャッシュ・フロー	証拠金差し入れ，日々の値洗いの形で途中でキャッシュ・フローが発生	最終決済日までキャッシュ・フロー発生せず
決済	現物受け渡しによる最終決済よりも，反対売買による差金決済が多い	最終決済日に現物の受け渡しを行うことが多い

原油先物の反対売買による差金決済の例を以下にあげておく。

	6月30日受け渡しの先物価格（1バレル）	取引
3月15日	100ドル	原油先物1万バレル買い
4月20日	120ドル	同じ受渡日の原油先物1万バレル売。（反対売買）1バレルに付き 120−100＝20ドルの儲け。ただし，金利無視
6月30日		ポジションなし（同数の売り買い相殺）

　日本で取引されている具体的な先物は，商品としては原油先物，穀物先物など，金融商品としては TOPIX 先物，日経 225 先物，国債先物，金利先物などがある。また為替先物もある。金融先物の具体的な取引についても各取引所のホームページなどを参照されたい。

(2) 先物取引の損益

　先物を買っている場合，決済日の直物価格（S_T）がその決済日の先物価格（F）よりも高いとき（$S_T > F$）は，先物を買っておくことで $S_T - F$ だけ安く買えたわけだから，それだけの儲け，逆にその決済日の先物価格よりもその時点の直物価格が低い場合（$S_T < F$）は，先物で取引していることで，高く買わなければいけないから，$F - S_T$ だけ損である。単に裁定のための取引をしているときは，先物で買っていれば，その時の直物市場で転売し，逆に先物で売っていれば直物市場で買い転売すれば，その損益を実際のものとすることができる。いずれにしても，この損益を決済時の直物価格を横軸にとって表し

たものが下図である。

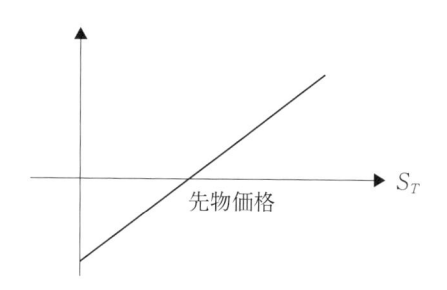

次に先物を売っている場合は，買いの逆になり，決済日の直物価格が先物価格よりも高い時は，先物で売ってなければより高く売れたわけであるから，$S_T - F$の損，決済日の直物価格が先物価格より安い時は，直物に比して高く売れたわけであるから$F - S_T$だけの儲けになる。裁定の考え方は上述したとおりである。

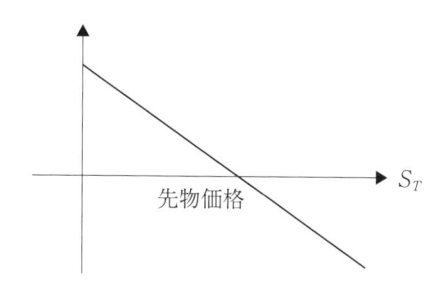

(3) 理論先物価格

以下において，裁定の考え方で先物価格を導出する。また，取引費用や証拠金の授受は無視するものとする。決済日がT時点である商品の先物をF円で買ったとする。決済日先物で買った商品を決済日の直物価格S_T円で売る。前述したように，この取引からの損益は，$S_T - F$円である。

次に，この反対の利得になるように，T時点で元利合計F円になるように貸付をし，さらにこの商品を空売りしておく。貸付をしたので，T時点でF円が戻り，一方空売りをしたので，T時点の直物市場でついている価格S_Tを

払って，その商品を買い戻し，その商品の空売りのために商品を貸してくれた相手に返却する。この取引からの利得は，都合 $F - S_T$ である。先物を買うと同時に，貸付をして商品を空売りする取引を同時に行うと，T 時点での損益なしになる。ところで現時点でのこの商品の価格を S，さらに T 時点までの金利を r とすれば，以上の取引により現時点で $S - \dfrac{F}{1+r}$ だけ差額が生まれる。そこで，もし $S - \dfrac{F}{1+r} > 0$ であれば先ほどの組み合わせの取引を行ってやれば裁定利益が生まれることになる。逆に，$S - \dfrac{F}{1+r} < 0$ であれば，先ほどと逆の取引（先物を売り，借入を行うと同時にその商品を買う）を行ってやれば，裁定利益が生まれる。裁定利益がある間は売り買いが起き，裁定利益がなくなるまで売買が続き，価格が調整する。無裁定状態では，$S - \dfrac{F}{1+r} = 0$ でなければならないことから，

$$F = S(1+r)$$

と，先物の理論価格が求められる。

(4) 為替予約の事例

相対型の先物である輸出業者と銀行との間の為替予約の決済時の損益は以下のようになる。1 \$ = 119 円で予約がなされていると，決済時の為替相場にかかわらず，1 \$ = 119 円でドルを円に転換できる。

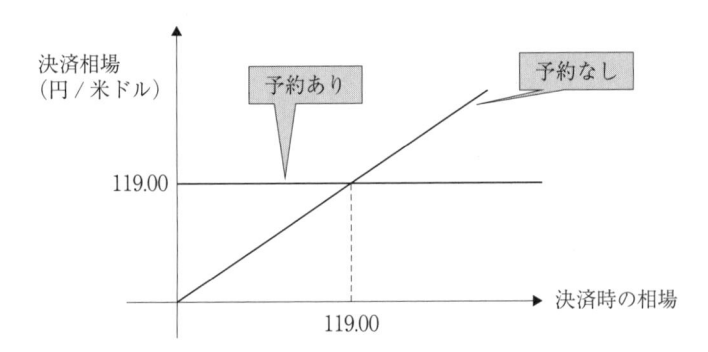

参考文献

Lenos Trigeoris (1996) *Real option*, The MIT Press.（川口有一郎他訳, 2001『リアルオプション』エコノミスト社）。

第5章 М＆Аと経営財務

1．М＆Аの目的

　企業が成長戦略を策定する上で，重要な選択肢のひとつとしてＭ＆Ａがあげられる。ここで，Ｍ＆Ａとは，合併（mergers）と買収（acquisitions）の略で，前者が「2つ以上の企業が法的にひとつの企業に合同すること」であり，後者が「相手側の株式を取得して経営権を確保する企業買収や，事業部門や営業権などを取得するいわゆる事業買収のこと」である。

(1)　既存事業の強化

　Ｍ＆Ａを行う動機でもっとも多いのは，「既存事業の強化」であり，Ｍ＆Ａ取引の大部分を占める。技術開発や市場開拓などを自前で行うためには時間がかかりすぎる場合にＭ＆Ａを利用して経営資源を一気に手に入れる。いわば「時間を買う」ともいえる。さらに，規模拡大はコスト競争力を高める（規模の経済）し，単独では得られなかったような相乗効果（synergy effect）を得ることが期待される。

(2)　投資ファンド

　近年は投資ファンドによるＭ＆Ａが増加してきている。投資ファンドとは，投資家から集めた資金を用いて投資を行い運用資金から得られた収益を投資家に還元するものであり，投資信託や匿名組合，民法上の任意組合などの形式によって組成されるものである。
　特にプライベート・エクイティ・ファンド（以下ＰＥファンドと略）は，未公

開株式（private equity）の過半数の取得・引受けを行って経営権を取得し役員派遣を通じて企業価値の向上を図り，最終的には株式公開（Initial Public Offering: IPO）や，第三者への譲渡，自社株買いなどの方法で株式を売却して収益を獲得することを目的としている。

具体的には，創業期の会社や事業に投資するベンチャーキャピタル，成熟期以降の会社や事業に投資するバイアウト，破綻事業や経営不振会社に投資する企業再生投資などがある[1]。

(3) 後継者不足による事業承継

わが国固有の原因によるM＆Aも増加傾向にある。中小企業では少子高齢化に伴う後継者不足が深刻な問題になっている。中小企業庁によれば，中小企業数は2001（平成13）年に約469万社であったが2012（平成24）年には約385万社へと激減している。その理由は主として創業者が高齢となり事業を引き継ごうとしても子どもがいない場合や後を継ぐ意志がなく，やむなく廃業を選択するケースである。

中小企業の減少は地域における雇用の減少にもつながるとともに地域経済の疲弊につながる。このような事態に対応して事業承継を支援するためのM＆Aによる取組みも行われている。

2．M＆Aの手法

M＆Aを法的側面から分類すると，株式取得，合併，事業譲渡に大別される。株式取得は支配権を得るために相手会社の過半数以上の株式を取得する方法である。合併は複数の会社が合同してひとつの会社になることである。そして，事業譲渡は会社ごと売買するのではなく，特定の事業に関連した資産・負債を売買する方法である。

(1) 株式取得

　株式取得には被買収会社の発行済株式を取得する場合と被買収会社が新規に発行する株式を第三者割当によって取得する場合がある。いずれの場合においても買収会社はその対価を現金および株式によって支払うことができる。買収会社が被買収会社の株主が保有する株式と引き替えに自社の株式と交換する場合には公開買付けによる方法もあるが，この方法では100％の株式を交換できるとは限らないので100％の株式を目指す場合は残りの少数株主に対してさらなる手続きが必要になる。これに対して，会社法に基づく組織再編行為の一環として被買収会社の株式を100％取得して完全子会社とする株式交換（会社法2条31号）という手法を使うことができる。この場合は，当事者間での株主総会での承認が必要であるが[2]，被買収会社の株式を強制的に移転させることができる。なお，交換される株式は買収会社の親会社の株式でも良い。

(2) 合　　併

　合併の法的分類としては吸収合併と新設合併がある。吸収合併とは，会社が他の会社とする合併であって，合併により消滅する会社の権利義務の全部を合併後存続する会社に承継させるものをいう（会社法第2条27号）。たとえば，2つの会社が合併する場合，どちらか一方の会社が存続会社となり他方の会社（被合併会社）の一切を引き継ぐとともに被合併会社は消滅する。

　また，新設合併とは，2以上の会社がする合併であって，合併により消滅する会社の権利義務の全部を合併により設立する会社に承継させるものをいう（会社法第2条28号）。ただし，新設合併の場合，新設会社の資本金に登録免許税が課せられることなど経済的な不利益や煩雑な手続きが必要なことなどから，大部分の合併は吸収合併である。

(3) 事業譲渡

　会社の事業の一部を他社に売却する事業譲渡の対象は，事業に必要な営業資産のみならず得意先・仕入先関係，営業ノウハウ，ブランドの知名度なども含

むものである。事業譲渡が合併と異なるのは譲渡内容を個別に選択できることである。そのため個々の財産の契約関係について個別に交渉する必要があり煩雑な手続きを要するが，偶発債務などの瑕疵の引き継ぎを遮断する効果をもつ。

(4) 三角合併

合併に際しては消滅する被合併会社の株主に対して存続会社が自社の株式か現金を交付することになるが，2007年に存続会社の親会社の株式を交付することが認められるようになった。合併にあたって合併当事者の他に親会社が関与することから三角合併と呼ばれる。この2007年の会社法改正の特徴は親会社の国籍を問わないことにある。外国企業が日本国内の企業と合併する場合，日本国内に合併のための子会社を新設してこの子会社と合併を行う必要があるが，親会社の株式交付による合併が可能になったために，外国企業による大規模な買収が容易にできるようになった。

(5) LBO (Leveraged Buyout)

買収先会社の資産やキャッシュ・フローを担保に多額の借入れを行って買収する方法である。たとえば，経常利益100億円，純利益60億円（法人税率40％と仮定）の上場会社の株価収益率（PER）が20倍であるとしよう。すると，この企業の株式時価総額は1,200億円（60億円×20倍）である。そこで，ファンドなどが200億円出資し，残りの1,000億円を借入れによってまかなってこの会社を買収する。買収に成功したならば，非公開会社とした（going private）うえで合併し，借入れに伴う元利支払いをこの会社によって行う。

するとこの会社の純利益は30億円と半減するが，PERが依然として20倍であれば，再上場した場合の株式時価総額は600億円（30億円×20倍）となる。この場合，このファンドがただちに全株売却すると自己資金200億円の投資で600億円回収できることになり，400億円の利益をえることができる。

ただし，このような取引が成立するためには，金利水準が低いことと，投資対象企業が成熟産業に属していて成長率が低くPERが低水準であることが条

図表5-1　買収前のP/L（負債なし）

営業利益	100億円
支払利息	0億円
経常利益	100億円
法人税（税率40％）	40億円
純利益	60億円

図表5-2　買収後のP/L（負債1,000億円）

営業利益	100億円
支払利息（利子率5％）	50億円
経常利益	50億円
法人税（税率40％）	20億円
純利益	30億円

件となる。LBOは，景気が悪化して低金利が続いた1980年代のアメリカにおいて盛んに行われた。

(6) MBO（Management Buyout）

経営陣が自ら自社株式を買収しオーナー経営者として独立することをMBOという。ただし，通常は経営陣のみで必要な買収資金を調達することは困難であるためPEファンドの出資を仰ぐことが多い。

また，会社が公開会社の場合MBOによって非公開会社となる（going private）。本来，公開会社となるメリットは，資金調達と知名度向上にあるといわれているが，反面，一般株主や機関投資家などの多様な利害関係者への対応のために経営の自由度が損なわれることや，有価証券報告書などの継続開示に関わる経費やJ-SOX（金融商品取引法上の内部統制）などにかかる上場維持コストが負担になるといったデメリットも生ずる。

リーマンショック以降の景気後退に際して，多額の資金調達を必要としないサービス産業や情報産業において利害関係者間との調整なしに抜本的な経営改革を行うためにMBOを実施する会社が増加傾向にある。

(7) カーブアウト（carve out）

　大企業に属する事業部門を切り出してベンチャー企業を創設する手法をカーブアウトという。一般に，大企業で新しい事業を始めるためにはかなりの規模の売上げが必要とされるために，有望な事業であっても断念せざるをえない場合がある。このような場合に起業家精神を備えた自社の社員に独立したベンチャー企業を設立させるわけである。

3．デュー・デリジェンス

　M＆A戦略が策定されて対象会社との間で基本合意が得られると，M＆Aを行うかどうかの最終決定を行うために，対象会社に関する具体的な調査・分析が行われ，これをデュー・デリジェンス（Due Diligence: 以下DDと略）とよぶ。

　DDには，被買収会社の事業内容の分析を通じて将来の収益力を分析する事業DD，M＆A取引を実行するうえでの法律上の問題点を調査する法務DD，被買収会社のマネジメント能力を評価し，必要な人材の手当てを行う人事DD，そして，開示された財務諸表データに基づいて経営活動の実態を分析する財務DDがある。

　財務DDにあたって資産の買収や負債の引受けが主要な関心事であった時代においては，資産・負債の時価評価から純資産額を特定する方法が主流であったが，M＆Aの目的が企業価値最大化にあるとする今日では，将来において事業から産出されるキャッシュ・フローの多寡が主要な関心事となっている。

4．企業価値評価の方法

　M＆Aにおける財務的側面で，もっとも重要なことは買収価格の算定である。そのために被買収会社の企業価値を算出する必要がある。企業価値とは当該企業が将来にわたって創造する価値の合計のことであるが，注意しなければ

ならないことは，価値創造は資金の機会費用を超えるリターンを生み出しているかどうかで評価されるということである。

ここで，資金の機会費用とは，資金提供者（株主と債権者）の要求収益率すなわち資本コストのことである。したがって，投下資産収益率（Return On Investment Capital: ROIC）がたとえプラスであったとしても，それが資本コストを上回っていなければ価値を創造したことにはならないのである。

企業価値は投資家の観点からすれば負債（debt）と株主資本（equity）を時価ベースで評価した金額の合計である。負債額は時価と簿価でそれほど差のない場合はそのまま簿価を利用することが多い。一方，株主資本の時価総額は公開会社であれば株価×発行済株式数で計算できる。ただし，株価が適正に株主資本価値を表していることが前提となるし，当該会社が非公開会社である場合には，この方法は利用できない。

負債と株主資本の時価総額を測定しようとする方法は，貸借対照表の貸方（右側）からのアプローチといえるが，借方（左側）の資産サイドから価値総額を測定することが可能である。すなわち，会社が獲得する収益は資産の活用から発生するのであるから，当該資産が生み出すキャッシュ・フローに基づいて企業価値を測定しようとする考え方である。

(1) エンタープライズDCF法

エンタープライズDCF法では，事業価値を，当該会社が将来にわたって獲得する営業フリー・キャッシュ・フロー（Free Cash Flow: FCF）を加重平均資本コスト（Weighted Average Cost of Capital: WACC）で割り引いた現在価値合計として定義する。そして，短期保有目的の有価証券，非連結子会社株式，その他の資本投資などを含む非事業用資産の価値を算定して，その合計を企業価値とする。株主資本価値は，企業価値から資産に占める有利子負債などの株主以外に帰属する価値を差し引いて求める。

ここで，営業フリー・キャッシュ・フローとは，通常の営業活動から生み出されたキャッシュ・フローから投資に伴うキャッシュ・フローを控除したもの

をいう．具体的には，まず支払利息・営業権（のれん）の償却費など営業外損益及び税金控除前利益（Earnings Before Interest, Tax and Amortization: EBITA）を税引後に修正した，みなし税引後営業利益（Net Operating Profits Less Adjusted Tax: NOPLAT）を求める．エンタープライズDCF法ではキャッシュ・フローの計算にあたって負債の節税効果は含めずに，資本コストで調整する．営業フリー・キャッシュ・フローは，NOPLATから減価償却費のような現金支出を伴わない営業費用を加えたうえで，設備投資額と運転資本増加額を差し引いて求める．

すなわち，営業フリー・キャッシュ・フローとは，企業が資金提供者に自由に分配できる利益をキャッシュ・フロー・ベースで算出したものである．

$$\text{NOPLAT} = \text{EBITA} \times (1 - \text{実効税率}) \quad \cdots\cdots(1)$$

$$\text{FCF} = \text{NOPLAT} + \text{現金支出を伴わない営業費用}$$
$$- \text{設備投資額} - \text{運転資本増加額} \quad \cdots\cdots(2)$$

ここで，純投資額を(3)式のように定義すると，(2)式は(4)式のように表せる．

$$\text{純投資額} = \text{現金支出を伴わない営業費用}$$
$$- \text{設備投資額} - \text{運転資本増加額} \quad \cdots\cdots(3)$$

$$\text{FCF} = \text{NOPLAT} - \text{純投資額} \quad \cdots\cdots(4)$$

NOPLATから投資に充てられる割合を投資比率とすると，

$$\text{FCF} = \text{NOPLAT} - (\text{NOPLAT} \times \text{投資比率})$$
$$= \text{NOPLAT} \times (1 - \text{投資比率}) \quad \cdots\cdots(5)$$

となる．また，この企業のキャッシュ・フローの成長率（grows rate: g）は，この投資から得られる投下資産収益率（ROIC）と投資比率の積で表せる．

$g = \text{ROIC} \times 投資比率$ ……………………………………………(6)

[設例] NOPLATとFCFの成長率

図表5-3は，ある会社のNOPLATとFCFの関係を示したものである。この会社は，NOPLATの80%を投資に充ててその投資の投下資産収益率（ROIC）は20%である。

図表5-3 NOPLATとFCFの成長率

年度	NOPLAT	投資比率	純投資額	FCF
1	5,000万円	80%	4,000万円	1,000万円
2	5,800万円	80%	4,640万円	1,160万円
3	6,728万円	80%	5,382万円	1,346万円
4	7,804万円	80%	6,244万円	1,561万円
5	9,053万円	80%	7,243万円	1,811万円

第1年度のNOPLATの80%にあたる4,000万円が投資に充てられる。この投資は20%の収益率で次期のNOPLATを4,000万円×20%=800万円増加させて5,800万円となり，次期のNOPLATとFCFの成長率は投下資産収益率と投資比率の積の16%（20%×80%）となる。

事業価値（V）は(7)式のように，各期の営業フリー・キャッシュ・フローの現在価値合計として表される。

$$V = \sum_{t=1}^{\infty} \frac{FCF_t}{(1+WACC_t)^t}$$ ……………………………………(7)

そして，この事業価値に非事業価値を加えたものが企業価値であり，株主資本価値は，企業価値から負債価値を差し引いたものということになる。

企業価値＝事業価値＋非事業価値………………………………………(8)

株式資本価値＝企業価値－負債価値 …………………………………(9)

なお，(7)式で，各期のFCFとWACCが一定という仮定（成長のないモデル）を置くと，永久年金公式から(11)式となる。

$$V = \frac{FCF}{(1+WACC)^1} + \frac{FCF}{(1+WACC)^2} + \frac{FCF}{(1+WACC)^3} + \cdots \quad \cdots\cdots\cdots(10)$$

$$V = \frac{FCF}{WACC} \quad \cdots\cdots\cdots\cdots\cdots\cdots\cdots\cdots\cdots\cdots\cdots\cdots\cdots\cdots\cdots\cdots\cdots(11)$$

また，各期のFCFが一定の成長率（g）で成長する場合は，(13)式となる。

$$V = \frac{FCF_1}{(1+WACC)^1} + \frac{FCF_1 \cdot (1+g)}{(1+WACC)^2} + \frac{FCF_1 \cdot (1+g)^2}{(1+WACC)^3} + \cdots \quad \cdots\cdots\cdots(12)$$

$$V = \frac{FCF_1}{WACC-g} \quad \text{ただし，} WACC > g \cdots\cdots\cdots\cdots\cdots\cdots\cdots(13)$$

(2) バリュー・ドライバー

企業価値に大きな影響を与える要素は何であろうか。(5)式の投資比率に(6)式を代入すると，

$$FCF = NOPLAT \times \left(1 - \frac{g}{ROIC}\right) \quad \cdots\cdots\cdots\cdots\cdots\cdots\cdots(14)$$

となり，これをさらに(13)式に代入すると，

$$V = \frac{NOPLAT_1 \left(1 - \dfrac{g}{ROIC}\right)}{WACC-g} \quad \cdots\cdots\cdots\cdots\cdots\cdots\cdots(15)$$

となる。(15)式をバリュー・ドライバー式という。利益の成長率（g）と，投下資産に対するリターン（ROIC）こそが，キャッシュ・フロー，ひいては企業価値に大きな影響を与えるファクターであることがわかる。

(3) 継続価値の計算

(13)式の問題点は，成長率（g）がWACCより小さいという条件がつくことや，成長率が永久に変わらないということである。また，長期間にわたってバリュー・ドライバーの個別予測を行うことは困難でもある。そこで，通常は，一定期間内の成長を前提として単年度ごとの事業価値を算出し，その後の継続価値の計算に(13)式を使うという方法である。

$$継続価値_t = \frac{NOPLAT_{t+1}\left(1-\dfrac{g}{ROIC}\right)}{WACC-g} \quad \cdots\cdots(16)$$

[設例] 事業価値の計算

図表5-4はある会社のNOPLATとFCF及びFCFの現在価値を表したものである。この会社の投下資産収益率（ROIC）は20%である。また，投資比率は第3年度までは50%を維持し，第4年度は40%，第5年度以降は20%に削減する予定である。その結果，投下資産収益率（ROIC）は変わらないが投資比率の引き下げによってキャッシュ・フローの成長率は10%から4%まで低下する。

図表5-4 事業価値の計算

年度	NOPLAT	投資比率	純投資額	FCF	現在価値	成長率
1	5,000万円	50%	2,500万円	2,500万円	2,174万円	10%
2	6,000万円	50%	3,000万円	3,000万円	2,268万円	10%
3	7,200万円	50%	3,600万円	3,600万円	2,367万円	10%
4	8,640万円	40%	3,456万円	5,184万円	2,964万円	8%
5	10,368万円	20%	2,074万円	8,294万円		4%

図表の現在価値は，この会社の資本コスト（WACC）を15%として計算している。また，5年目以降の成長率が4%とすると，継続価値は(16)式より，

$$V_4 = \frac{FCF_5}{WACC-g} = \frac{8,294}{15\%-4\%} = 75,404 \text{万円}$$

となるので，この企業の事業価値は，

$$V = \frac{2,500}{(1+15\%)} + \frac{3,000}{(1+15\%)^2} + \frac{3,600}{(1+15\%)^3} + \frac{5,184}{(1+15\%)^4} + \frac{75,404}{(1+15\%)^4} = 85,177 \text{万円}$$

である。

(4) 財務レバレッジと資本コスト

現在価値を計算する場合に使用する資本コストは，加重平均資本コスト（WACC）で，(17)式によって求める。

$$WACC = \frac{D}{S+D} k_D (1-\tau) + \frac{S}{S+D} k_S \quad \cdots\cdots(17)$$

S は株主資本時価，D は負債時価，k_S は株主資本コスト，k_D は負債資本コスト，τ は法人税率である。また，株主資本コストをCAPM（Capital Asset Pricing Model）によって求める場合は(18)式に基づいて算出する。

$$E(R_i) = R_F + \beta_i [E(R_M) - R_F] \quad \cdots\cdots(18)$$

ここで，$E(R_i)$ は，株式 i の期待収益率，R_F は無危険利子率，β_i は株式 i の収益率と市場収益率との連動性を表すパラメータ，$E(R_M)$ は，市場全体の期待収益率である。通常，無危険利子率の推定には債務不履行のリスクのない国債の最終利回りを参考にする。また，β_i の推定には個別株式の投資収益率を市場ポートフォリオの収益率を使った下記の市場モデルに基づいて回帰分析を行う。

$$R_{i,t} = \alpha_i + \beta_i R_{M,t} + \varepsilon_{i,t} \quad \cdots\cdots(19)$$

ただし，分析対象会社が非公開会社である場合は，株主資本コストを直接測定することができない。この場合は，業界の平均 β と負債比率の平均から，いったん負債がない場合の β を計算し，それから当該会社の負債比率を適用して β 値を求めるという方法をとる。この方法は同一会社内の異なる事業部の評価にも応用可能である。

ポートフォリオ理論によれば,ポートフォリオの β はポートフォリオを構成するリスク資産のベータの加重平均である。したがって,株主資本価値 (S) と負債資本価値 (D) および負債のあるプロジェクトの価値 ($V_L = S_L + D_L$) のベータをそれぞれ β_S と β_D,β_L とすると,

$$\beta_L = \frac{D_L}{V_L} \cdot \beta_D + \frac{S_L}{V_L} \cdot \beta_S \quad \cdots\cdots(20)$$

となる。また,資本構成に関するMM命題によれば,負債のある会社の価値 (V_L) は,負債のない会社の価値 (V_U) よりも節税効果の現在価値分 ($\tau \cdot D$) 大きい。

$$V_L = V_U + \tau \cdot D_L \quad \cdots\cdots(21)$$

節税効果のリスクは負債のリスクと同じであるから,負債を伴うプロジェクトの β (β_L) は負債のないプロジェクトの β (β_U) と節税効果に対する負債の β との加重平均であると考えることもできる。

$$\beta_L = \frac{V_U}{V_L} \cdot \beta_U + \frac{\tau \cdot D_L}{V_L} \cdot \beta_D \quad \cdots\cdots(22)$$

(20)式と(22)式から,これを負債のある会社の株主資本 β_L について整理すると,

$$\beta_U = \beta_U + (1-\tau)(\beta_U - \beta_D)\frac{D_L}{S_L} \quad \cdots\cdots(23)$$

となる。ここで,負債が無リスクであれば $\beta_D = 0$ であるから,(23)式は(24)式で表すことができる。ただし,$\beta_S = \beta_L$ とする。

$$\beta_L = \beta_U \left(1 + (1-\tau)\frac{D_L}{S_L}\right) \quad \cdots\cdots(24)$$

したがって,(24)式から負債のない場合の β は,(25)式となる。

$$\beta_U = \beta_L \div \left(1 + (1-\tau)\frac{D_L}{S_L}\right) \quad \cdots\cdots(25)$$

(24)式から負債のある場合は右辺のカッコのなかは必ず1より大きくなるので,借入れを行うとプロジェクトのリスクは高まることがわかる。なお,負債

のないプロジェクトの β（β_U）を「アンレバード・ベータ（Unlevered Beta）」，負債のあるプロジェクトの β（β_L）を「レバード・ベータ（Levered Beta）」と呼ぶ。

[設例] 同一のリスクをもつ企業の買収

　A社の月次株式収益率をCAPMに基づいて月次市場収益率に回帰させてみたところ，A社の β は1.4であった。無危険利子率は5％，市場リスク・プレミアムは9％である。現時点での株主資本の市場価値は200億円，負債の市場価値は40億円であり，この負債のリスクはゼロであると考えられている。

　さて，A社は事業拡大のために同業のB社を買収しようと考えている。買収価格は60億円でこれを全額借入れによって賄う予定である。法人税率を40％として買収に成功した場合の株主資本コストを求めてみよう。

　まず，買収前のA社の株主資本コストは，CAPMより，

$$E(R) = 5\% + 1.4 \times 9\% = 17.6\%$$

である。また，この時点での負債比率は0.2（40億円÷200億円）なので，負債がないとした場合の β は(25)式より，

$$\beta_U = \beta_L \div \left(1 + (1-\tau)\frac{D}{S}\right) = 1.4 \div (1 + 0.6 \times 0.2) = 1.25$$

となる。B社買収後のレバレッジは負債が合計100億円になるため0.5（100億円÷200億円）に上昇する。そこで，買収後の β は(24)式より，

$$\beta_L = \beta_U \left(1 + (1-\tau)\frac{D}{S}\right) = 1.25 \times (1 + 0.6 \times 0.5) = 1.625$$

に上昇し，買収後の株主資本コストは，

$$E(R_i) = 5\% + 1.625 \times 9\% = 19.625\%$$

となる。

[設例] リスクの異なる会社の買収

　A社は自動車販売業を営む会社であるが，金融サービスに関わる会社への出資を考えている。金融サービス業界に属する会社のβの平均は0.74で，負債比率の平均は0.8である。買収資金の半額を借入れによって賄うとした場合の，被買収会社の株主資本コストを求めてみよう。ただし，無危険利子率は5％，市場リスク・プレミアムは9％，法人税率は40％である。

　まず，金融サービス業界の平均βから，負債のない場合のβを計算する。

$$\beta_U = \beta_L \div \left(1+(1-\tau)\frac{D}{S}\right) = 0.74 \div (1+0.6 \times 0.8) = 0.5 \quad\cdots\cdots\cdots\cdots\cdots\cdots$$

　次に，資金の半額を借入れによって賄うので負債・株主資本比率は1となり，この場合のβは，

$$\beta_L = \beta_U \left(1+(1-\tau)\frac{D}{S}\right) = 0.5 \times (1+0.6 \times 1.0) = 0.8 \quad\cdots\cdots\cdots\cdots\cdots\cdots$$

となる。したがって，被買収会社の株主資本コストは，

$$E(R_i) = 5\% + 0.8 \times 9\% = 12.2\% \quad\cdots\cdots\cdots\cdots\cdots\cdots\cdots\cdots\cdots\cdots\cdots\cdots$$

となる。

[設例] 部門売却

　ある会社はA事業部とB事業部の2つの事業部門を有しており，各事業部の価値と業界平均βおよび業界平均負債比率は図表5-5のとおりである。

　なお，負債資本コスト4％，無危険利子率2％，市場とリスク・プレミアム6％，法人税率40％とする。

図表5-5　部門売却の例

	事業価値	株主資本価値	負債資本価値	業界平均 β	業界平均負債比率 (D/S)
全　社	4,000億円	2,800億円	1,200億円		
A事業部	3,360億円	2,400億円	960億円	0.78	0.5
B事業部	640億円	400億円	240億円	1.42	0.7

まず，事業部ごとに会社全体の加重平均資本コスト（WACC）を求めてみよう。

① 事業部の β の計算

まず業界平均の β と負債比率から負債のない場合の β を求め，これをもとに事業部ごとの β を計算する。なお，負債は事業価値を基準に按分する。

(1) 業界の負債のない β の計算

A事業部の属する業界　　$\beta_U = 0.78 \div (1 + 0.6 \times 0.5) = 0.6$

B事業部の属する業界　　$\beta_U = 1.42 \div (1 + 0.6 \times 0.7) = 1.0$

(2) 事業部ごとの β の計算

A事業部　　$\beta_L = 0.6 \times \left(1 + 0.6 \times \dfrac{960}{2,400}\right) = 0.744$

B事業部　　$\beta_L = 1.0 \times \left(1 + 0.6 \times \dfrac{240}{400}\right) = 1.36$

② 事業部の資本コストの計算

(1) A事業部の資本コスト

株主資本コスト　　$E(R_i) = 2\% + 0.744 \times 6\% = 6.464\%$

加重平均資本コスト

$$WACC = \dfrac{2,400}{3,360} \times 6.464\% + \dfrac{960}{3,360} \times (1 - 40\%) \times 4\% \fallingdotseq 5.3\%$$

(2) B事業部の資本コスト

株主資本コスト　　$E(R_i) = 2\% + 1.36 \times 6\% = 10.16\%$

加重平均資本コスト

$$WACC = \frac{400}{640} \times 10.16\% + \frac{240}{640} \times (1-40\%) \times 4\% = 7.25\%$$

③ 会社全体の資本コストの計算

すでに事業部ごとの負債のないβがわかっているので、これを事業価値で按分して会社全体の負債のないβを計算する。

(1) 会社全体の負債のないβの計算

$$\beta_U = 0.6 \times \frac{3{,}360}{4{,}000} + 1.0 \times \frac{640}{4{,}000} = 0.664$$

(2) 会社全体の負債のあるβの計算

$$\beta_L = 0.664 \times \left(1 + 0.6 \times \frac{1{,}200}{2{,}800}\right) \fallingdotseq 0.835$$

(3) 会社全体の株主資本コストの計算

$$E(R_i) = 2\% + 0.835 \times 6\% = 7.01\%$$

(4) 会社全体の加重平均資本コスト

$$WACC = \frac{2{,}800}{4{,}000} \times 7.01\% + \frac{1{,}200}{4{,}000} \times (1-40\%) \times 4\% = 5.627\%$$

さて、この会社はB事業部を640億円で売却することを考えている。売却に成功したとして、売却によって得たキャッシュ・フローを全額負債の返済にあてた場合と、自社株買いした場合について、この会社の株主資本コストと加重平均資本コストを求めてみよう。

• 全額負債の返済にあてた場合

負債資本価値は560億円（1,200億円－640億円）に減少し、株主資本価値は2,800億円（3,360億円－560億円）になるので、負債比率は0.2（560/2,800）になる。

(1) B事業部売却後のA事業部の負債のあるβの計算

$$\beta_L = 0.6 \times (1 + 0.6 \times 0.2) = 0.672$$

(2) B事業部売却後のA事業部の株主資本コスト

$$E(R_i) = 2\% + 0.672 \times 6\% = 6.032\%$$

(3) B事業部売却後のA事業部の加重平均資本コスト

$$WACC = \frac{2,800}{2,800+560} \times 6.032\% + \frac{560}{2,800+560} \times (1-40\%) \times 4\% \fallingdotseq 5.4267\%$$

• 自社株買いした場合

株主資本価値は2,160億円（2,800億円 − 640億円）に減少し，負債資本価値は1,200億円のままであるから，負債比率は0.56（1,200/2,160）になる。

(1) B事業部売却後のA事業部の負債のあるβの計算

$$\beta_L = 0.6 \times (1 + 0.6 \times 0.56) \fallingdotseq 0.8$$

(2) B事業部売却後のA事業部の株主資本コスト

$$E(R_i) = 2\% + 0.8 \times 6\% = 6.8\%$$

(3) B事業部売却後のA事業部の加重平均資本コスト

$$WACC = \frac{2,160}{2,160+1,200} \times 6.8\% + \frac{1,200}{2,160+1,200} \times (1-40\%) \times 4\% \fallingdotseq 5.23\%$$

(5) エコノミック・プロフィット法

エンタープライズDCF法の欠点は，各年のキャッシュ・フローの額だけからでは業績の把握がむずかしい点にある。営業フリー・キャッシュ・フローの減少は，業績の悪化の結果であるかもしれないし，単に将来への投資が増加したことによるのかもしれない。そこで，ある期間に企業が創造する価値を以下

のように定義する。

$$EVA = 投下資産 \times (ROIC - WACC) \quad \cdots\cdots\cdots(26)$$

　エコノミック・プロフィットは，経済付加価値（Economic Value Added: EVA）[3]とも呼ばれる。(26)式の（ROIC-WACC）をEVAスプレッドという。つまり，EVAをプラスにするためには，EVAスプレッドをプラスにしなければならないということである。また，ROIC=NOPLAT/投下資産であるから，これを(26)式に代入すると，

$$\begin{aligned}EVA &= NOPLAT - (投下資産 \times WACC) \\ &= NOPLAT - 投下資産にかかるコスト\end{aligned} \quad \cdots\cdots(27)$$

となる。(27)式は換言すれば，経済付加価値をあげるためには，投下資産にかかるコスト（資金提供者の要求収益率）以上のキャッシュを生み出さなければならないということである。なお，EVAの考え方からは事業価値は次式で表される。

　事業価値＝投下資産＋将来のEVAの現在価値合計

$$事業価値_0 = 投下資産_0 + \sum_{t=1}^{\infty} \frac{投下資産_{t-1} \times (ROIC_t - WACC)}{(1+WACC)^t} \quad \cdots\cdots(28)$$

　ここで，注意すべき点は，投下資産は期首（前期末の投下資産）のものを使うということである。なお，将来のEVAの現在価値合計は，市場付加価値（MVA: Market Value Added）と呼ばれている。

　なお，エコノミック・プロフィット法での継続価値の計算には，次式を使う。

$$継続価値_t = \frac{EVA_{t+1}}{WACC} + \frac{NOPLAT_{t+1}\left(\frac{g}{ROIC}\right)(ROIC-WACC)}{WACC(WACC-g)} \quad \cdots(29)$$

(6) 利益マルティプル法

　企業価値評価のためには対象企業のROICやFCF，成長率といったデータの推定が必要になるが，将来予測は難しい。そこで，代替案として同業他社のデータを参考にして類似企業と利益マルティプルが同じとして企業価値を算定する場合がある。代表的なものとしてEV/EBITA倍率がある。EV=Vとして，(15)式のNOPLATに(1)式を代入して，両辺をEBITAで割ると，

$$\frac{EV}{EBITA} = \frac{(1-\tau)\left(1-\dfrac{g}{ROIC}\right)}{WACC-g} \quad \cdots\cdots(30)$$

となる。類似企業の企業価値がEBITAの何倍であるかを参考に，評価対象会社の企業価値を推定しようとするものである。

《注》

(1)　添田眞峰 (2004：14)。
(2)　完全親会社が交付する株式交換の対価相当額が，その純資産額の5分の1以下であれば，完全親会社において株主総会不要である。
(3)　EVAは，スターン・スチュワート社の登録商標である。

参考文献
伊藤邦雄 (2014)『新・企業価値評価』日本経済新聞出版社。
鈴木一功 (2004)『企業価値評価実践編』ダイヤモンド社。
添田眞峰 (2004)『プライベートエクイティ投資劇その理論と実務』シグマベイスキャピタル。
Damodaran, Aswath (1999) *Applied Corporate Finance A User's Manual*, John Wiley & Sons Inc.（三浦良造他訳，2001『コーポレート・ファイナンス戦略と応用』東洋経済新報社）。
McKinsey & Company (2005) *Valuation: Measuring and Managing the Value of Companies, 4/Ed.*（本田桂子他訳，2006『企業価値評価第4版上・下』ダイヤモンド社）。

第6章　経営財務流動性の情報分析

1．流動性とは

　流動性とは，一般にある資産を売却して現金化したい，あるいは他の資産と交換したい場合，その取引しやすさの程度（どのくらいの数量なら容易に取引可能か，取引相手を見つけ実際に取引を完了するのにどのくらいの時間を要するか，自分が考えていた適正な価格で取引できるかなど）を表す概念である。個性的で用途が限定されるような資産は流動性が低く，普遍的で多様な利用目的がある資産は流動性が高いと思われる。また，日常的な取引に関して，市場規模が大きく日々の売買量が多い資産ほど流動性は高いと考えられる。

　経営財務において流動性を扱う場合，それは資産の現金化あるいは現金化可能性と同義に捉えて差し支えないであろう。つまり，そこでは，企業が持続的・安定的に事業活動を継続していくために，将来において支払い義務のある負債に対してその支払いに充て得る資産をどれだけもっているか，きちんと支払いを行っていくことができるかどうかが重要な問題となるのである。

2．流動性を分析するための重要な財務諸表

　本節では，財務諸表に関する詳しい説明は会計学関係の文献や資料に譲るとして，流動性を分析するうえで必要最小限の知識についてのみ触れておくことにする。

(1) **貸借対照表**

図表6-1　FKK商会の要約連結貸借対照表
（平成X1年3月31日）　　　　　（単位：百万円）

資産の部		負債の部	
流動資産		流動負債	
現金および預金	42,000	支払手形・買掛金	19,000
受取手形・売掛金	29,000	短期借入金	9,000
棚卸資産	18,000	その他	48,000
その他	11,000	流動負債合計	76,000
流動資産合計	100,000	固定負債	
固定資産		固定負債合計	56,000
有形固定資産(建設仮勘定を除く)	50,000	負債合計	132,000
建設仮勘定	2,000	純資産の部	
無形固定資産	65,000	株主資本	71,000
投資その他の資産	19,000	評価・換算差額等	5,000
固定資産合計	136,000	少数株主持分	29,000
繰延資産	1,000	純資産合計	105,000
資産合計	237,000	負債・純資産合計	237,000

　貸借対照表（Balance Sheet）とは，決算日時点における会社の財政状態を表した報告書であり，会社が保有する資産と，会社が負担している負債，そしてその差額としての純資産が記載される。その際，資産は左側，負債と純資産は右側に記載される。

　財政状態とは，資本の調達源泉（負債と純資産）とその運用形態（資産）をいい，調達源泉とは，お金（資本）を誰あるいはどこからどのように調達してきたかを意味し，負債は銀行などの債権者から調達した資本，純資産は株主などからの出資により調達した資本を表す。また，運用形態とは，事業活動を行うために調達した資本をどのような資産に変えたかを表すものである。

　貸借対照表は，あくまでも決算日という特定の時点における資産，負債，純資産の残高を表したものなので，ある年度の貸借対照表をみただけでは，その会社の平均的な姿を見つけ出すことはむずかしいということに留意する必要がある。

　流動性の分析を行うにあたって貸借対照表で頭に入れておくべき重要な項目としては，流動資産，当座資産，固定資産，流動負債，固定負債，純資産（自

己資本）が挙げられる。流動という言葉は，先に述べたように現金化と同じ意味で捉えて良いと思われるが，単に資産を現金化するというだけではすべての資産が流動資産に分類されることになろう。そこで，事業活動の継続を前提に，1年以内に現金化される資産かどうかという基準（ワン・イヤー・ルール）で，流動と固定が区別される。すなわち，わかりやすく表すならば，

　　流動＝1年以内＝短期

　　固定＝1年以上＝長期

と考えて良いであろう。

　したがって，流動資産は1年以内に現金化可能な資産，固定資産は1年以上の長期にわたって使用する資産，流動負債は1年以内に支払い期限のくる負債，固定負債は支払い期限が1年以上先の時点である負債，となる。また，当座資産は，当座という言葉が示しているように即時（一両日中にも）現金化可能な資産を指し，純資産は株主からの出資金や過去からの利益の蓄積など返済義務のない資本を指す。

(2) 損益計算書

図表6-2　FKK商会の要約連結損益計算書
（平成X0年4月1日～平成X1年3月31日）　（単位：百万円）

売上高	204,000
売上原価	102,000
売上総利益	102,000
販売費及び一般管理費	90,000
営業利益	12,000
営業外収益	600
営業外費用	1,200
経常利益	11,400
特別利益	18,000
特別損失	1,600
税金等調整前当期純利益	27,800
法人税，住民税及び事業税等	7,300
少数株主利益等	1,600
当期純利益	18,900

損益計算書（Profit and Loss Statement）とは，一定の会計期間（1年，半年，四半期など）に経営活動を通じて発生したすべての収益とその収益を生み出すもととなるすべての費用を対応表示した報告書であり，その差額がプラスの時は利益，マイナスの時は損失となる。

損益計算書は，収益と費用とを会社の主要な活動別に区分することで，全体の収益と費用との差額である利益だけでなく，活動区分ごとの損益計算（本来の営業活動による損益，財務・金融活動による損益，臨時的・偶発的な事象による損益と税金の状況）もしており，この損益計算は企業会計の中心的課題であり，もっとも重要な意義をもっている。

流動性分析において損益計算書のなかで重要となる主な項目としては，営業利益，営業外収益，営業外費用が挙げられる。

営業利益とは，会社本来の営業活動によって生じる収益と費用を対応表示し，仕入・製造活動だけではく，それら製品を開発し，販売し，管理するという活動も含めた，営業活動全体の成果を示す重要な利益概念である。営業外損益は，資金の調達や余裕資金の運用といった財務・金融活動による収益と費用を表し，営業外収益には受取利息や受取配当金などが含まれ，営業外費用には支払利息や割引料などが含まれる。

(3) キャッシュ・フロー計算書

図表6-3　FKK商会の要約連結キャッシュ・フロー計算書
（平成X0年4月1日～平成X1年3月31日）　　（単位：百万円）

営業活動によるキャッシュ・フロー	
税金等調整前当期純利益	27,800
減価償却費	8,000
受取利息及び受取配当金	▲400
支払利息	800
売上債権の増減額（▲は増加）	▲800
棚卸資産の増減額（▲は増加）	▲1,200
仕入債務の増減額（▲は減少）	▲400
その他	▲12,800
小計	21,000

利息及び配当金の受取額	500
利息の支払額	▲1,000
法人税等の支払額	▲4,500
営業活動によるキャッシュ・フロー	16,000
投資活動によるキャッシュ・フロー	
有形及び無形固定資産の取得による支出	▲10,000
有形及び無形固定資産の売却による収入	300
投資有価証券の取得による支出	▲100
投資有価証券の売却による収入	100
貸付けによる支出	▲100
貸付金の回収による収入	2,000
その他	▲12,200
投資活動によるキャッシュ・フロー	▲20,000
財務活動によるキャッシュ・フロー	
短期借入金及びコマーシャル・ペーパーの増減額（▲は減少）	▲2,000
長期借入れによる収入	4,600
長期借入金の返済による支出	▲3,600
社債の発行による収入	0
社債の償還による支出	▲1,800
株式の発行による収入	27,000
自己株式の取得による支出	0
その他	▲1,200
財務活動によるキャッシュ・フロー	23,000
現金及び現金同等物の増減額（▲は減少）	19,000
現金及び現金同等物の期首残高	23,000
現金及び現金同等物の期末残高	42,000

　キャッシュ・フロー計算書（Cash Flow Statement）とは，会社の一定の会計期間におけるキャッシュ・フローの状況を利害関係者に報告するために作成される財務諸表である。

　キャッシュ・フロー計算書は，期首の資金残高が期末の資金残高に至った原因を直接的に明らかにすることで，企業の資金の流れを明らかにすることを目的として作成され，会社の事業活動により獲得した資金と支出した資金とを主要な活動別にまとめたものである。したがって，キャッシュ・フロー計算書は単年度だけをみるのではなく，過去数期間の推移をみることでその会社のキャッシュ・フローのトレンドを把握するとともに，会社の本業のビジネスからの現金創出傾向を判断することが可能になる。

一般的に，経営状況が良い会社は売上高・利益とも堅調に推移しており営業活動で稼いだ資金を事業拡大や新規事業のために投資していく傾向があるため，営業活動によるキャッシュ・フローがプラスになり，逆に投資活動によるキャッシュ・フローはマイナスになることが多い。さらに，余剰資金を使って借入金の早期返済を進めていくということも考えられるので，財務活動によるキャッシュ・フローもマイナスになる傾向がある。

　逆に，経営状況が良くない会社の場合は，事業活動により十分な利益を稼ぐことができず資金不足の状態に陥りやすいと考えられる。すると，なんとか資金繰りだけは楽にしようとするために銀行借入れなどにより資金調達を行うため，財務活動によるキャッシュ・フローはプラスになる。また，経営環境の厳しさを反映して，営業活動によるキャッシュ・フローはマイナスになり，積極的な事業活動の拡大も手控えられるので投資活動によるキャッシュ・フローもマイナスになる傾向が強い。

　前述のことからもわかるように，流動性の分析にあたっては支払い能力が問題視されるので，キャッシュ・フロー計算書においては営業活動によるキャッシュ・フローがもっとも重要な項目となる。というのも，経営状況が厳しい会社にとっては，新規の資金調達がむずかしい状況に追い込まれた場合，投資活動を手控えることで資金の社外流出を抑えた状態で，営業活動によるキャッシュ・フローがどのような状況にあるかが非常に重要だからである。

3．流動性の分析

(1) 流動比率

　流動比率とは，1年以内に支払い期限のくる負債に対してその支払いに充て得る資産をどれだけもっているのかをみる比率であり，会社の短期的な支払い能力を測る代表的な指標のひとつである。

　　　流動比率＝流動資産／流動負債×100［％］

流動比率が100％以上であれば，一応短期的な支払い能力が支払い義務をまかなっているということで，支払い余力があると推測できる。逆に，流動負債が流動資産を上回っている場合は，1年以内に現金化できる資産よりも1年以内に返済すべき負債のほうが多いため資金がショートする可能性があり，支払い能力に問題があると推測できる。

　流動比率は，貸借対照表から会社の支払い能力を判断する指標としては非常に実用性が高いといえるが，流動比率には，① 棚卸資産や前払い費用といった換金性の低い資産も支払い原資に含めてしまっていること，② そもそも貸借対照表は決算日時点の数字（ストック情報）であり，実際に入金されるタイミングおよび出金されるタイミングまでは考慮していない，といった問題がある。また，流動比率が100％を下回っていても，資金調達の目途が立っている場合や，消費者相手のスーパーのように現金商売で日銭の入る業種の場合は支払い能力において問題はないと判断される。このように，流動比率は非常に使い勝手はいいものの，企業の支払い能力をみる指標としては必ずしも万能ではないということに留意されたい。

　流動比率が高ければ高いほど会社の支払い能力は高く，一般に「2対1の原則」で理想的には200％以上あることが望ましいといわれている。実際には，業種ごとの差が大きいものの，120～180％くらいの会社が多く，100％を割っていると短期的な支払い能力に疑問がある会社ということになる。

(2) 当座比率

　当座比率とは，即時現金化可能な当座資産と流動負債の金額を比較することで，流動比率よりも厳密な短期的支払い能力を測る指標である。当座比率が100％を超えていれば，流動資産と流動負債の入出金のタイミングに関係なく充分な支払い能力があることになる。

　　　当座比率＝当座資産／流動負債×100［％］

　当座比率は英語でAcid-test ratio, Quick assets ratioといわれ，酸性試験

比率とも呼ばれる。なお，当座資産とは具体的に現預金や売掛債権，有価証券など資産のなかでも特に換金性の高いものがそれに該当する（流動資産と当座資産の区分については図表6-4を参照すること）。

一般に，会社の短期支払い能力をみる場合，第1義的には流動比率をみれば充分である。というのも，流動比率は棚卸資産を含めて計算するが，通常の経営状態にある会社であれば棚卸資産は1～2ヵ月で現金化されるからである。しかしながら，過剰在庫となっており棚卸資産が非常に多く積み上がっている会社の場合は現金化に時間を要するため，たとえ流動比率が200％以上あったとしても，過剰在庫を原因とする黒字倒産に陥るようなケースも考えられるので注意が必要である。このような場合には，流動比率の計算はあまり意味がなく当座比率を使う必要がある。

当座比率は100％以上であると短期的支払い能力に問題がないとされる。130～150％くらいあるとかなり良いと評価され，逆に70％以下になってくると注意が必要である。

図表6-4　会社の資産における流動資産と当座資産の区分

流動資産	現預金	流動資産	当座資産
	受取手形	流動資産	当座資産
	売掛金	流動資産	当座資産
	売買目的有価証券	流動資産	当座資産
	棚卸資産	流動資産	×
	繰延税金資産	流動資産	×
	その他の流動資産	流動資産	×
固定資産	建物等	×	×
	1年以内に期限の来る満期保有目的債権	×	当座資産

(3)　固定比率

固定比率は，固定資産と純資産（自己資本）とを比較したもので，会社の長期的な支払い能力を判定するための指標である。固定資産への投資は返済義務のない純資産（自己資本）でまかなうことが望ましいとの立場に立っている。

固定比率＝固定資産／純資産×100［％］

　固定資産への投下資金は，基本的に減価償却費か固定資産の売却・処分によって回収されると考えられる。したがって，事業の継続性を前提とすると，固定資産への投資はその資金が半永久的に固定化されることを意味する。その意味において，固定資産への投資は，返済義務のない純資産（自己資本）でまかなうことが望ましいのである。

　以上の説明から明らかなように，固定比率は100％を超えないのが理想とされ，純資産（自己資本）を超える固定資産への投資は望ましくないということになる。

(4) 固定長期適合率

　固定長期適合率とは，固定資産に投資した資金が長期資金でどれだけまかなわれているかをみるための指標である。上の固定比率のところで述べたように，本来固定資産への投資は返済義務のない純資産（自己資本）でまかなわれることが望ましいが，重厚長大型の装置産業などにあっては固定資産投資を全額純資産（自己資本）でまかなうことはむずかしいと思われるので，純資産だけではなく長期社債や長期借入金などを合わせた長期資金でまかなわれていれば良いとするものである。

固定長期適合率＝固定資産／（純資産＋固定負債）×100［％］

　このように，固定長期適合率は固定比率の補助許容比率といえ，この比率が100％以下であれば長期的支払い能力は十分に保たれていると判断できる。

　たとえば，ある会社が耐用年数10年の設備投資1億円を検討しているとしよう。このとき，銀行から返済期間10年の長期融資を受け投資資金をまかなうとすると，設備の稼働期間10年間で銀行借入れを返済すればよいため，それほど返済計画に無理がないように思われる。これに対して返済期間わずか1～2年の短期借入れで同じ設備を取得すると，1～2年で借入れを返済するには

無理があり，借換え融資をうける必要が出てくる。

このように，固定資産は長期間使用されるものであるため，同じく長期の借入れや社債，またはそもそも返済義務のない純資産（自己資本）の範囲内で投資が行われていないと資金繰りを圧迫することになる。したがって，固定資産の金額が純資産（自己資本）と固定負債の合計額を上回らない状態，すなわち固定長期適合比率が100％以下となっていることが望ましく，50〜80％程度であると，なお良いとされている。

(5) 自己資本比率

自己資本比率とは，総資本（総資産）のうちどの程度が純資産（自己資本）でまかなわれているか，その比率によって定義され，会社の長期的な支払い能力あるいは財務の安全性を示す指標である。

$$自己資本比率 = 自己資本 / 総資本 \times 100 \ [\%]$$

会社が調達した資本（貸借対照表の貸方側）のうち，主に株主からの出資である純資産（自己資本）に返済義務はないが，社債や銀行などからの借入金である負債（他人資本）には返済義務がある。したがって，自己資本比率が高い（総資本に占める純資産（自己資本）の割合が多い）ほど，その会社は返済不要の資本を元手に事業を行っているため財務安全性が高いと考えられる。

また，一般的に，主として株主からの出資金である純資産（自己資本）に対して，会社の業績が好調なときには株主に配当金を支払うなど利益の株主還元を行う必要があるが，業績が悪くなったときには配当金の支払いを見送ることができる。他方，社債や借入金に対しては，会社の業績が良くても悪くても関係なく元本の返済と利息の支払いを約定どおりに行う必要がある。したがって，純資産（自己資本）による資金調達は，業績が良いときには配当支払いや自社株買いなどで株主に還元する必要があるものの，業績が悪化した際には配当を支払わないこともできることから，資金繰りの安全弁としても優れているといえる。

さらに，純資産（自己資本）は，株主からの出資金と会社が過去に事業活動から稼ぎ出した利益の内部留保とで構成されており，純資産が多いということは過去の利益の蓄積が多いということも同時に示している場合が多い。したがって，自己資本比率が高いということは，その会社の競争力であったり，経営者の経営手腕，さらに財務基盤が安定している等々，いろいろな意味でその会社の安全性・健全性を示しているといえる。

　自己資本比率は，50％を超えているとかなり優良であるといわれる。この場合，純資産ですべての負債を返済できることになる。また，一般的に30～40％くらいでも財務安全性に問題はないと考えられる。

　もともと自己資本比率は株主資本比率とよばれ，貸借対照表の総資本に占める株主資本（自己資本）の比率を示す指標であった。しかし，会計基準の改正により，貸借対照表の資本の部に純粋な資本ではない新株予約権，少数株主持分といったものが含まれることになった。そこで，自己資本比率や自己資本利益率（ROE）の計算上これらをどう扱うのかが問題となったが，新株予約権と少数株主持分を控除した金額にもとづいて自己資本比率やROEを算定すべきとの指針が金融庁より出され，一定の解決が図られている。

　なお，近年では会社の財務安全性を示す指標としてデット・エクイティ・レシオが使われることも多くなっている。

　　デット・エクイティ・レシオ＝
　　　　有利子負債／純資産（自己資本）×100 ［％］

　以上，(1)流動比率，(2)当座比率，(3)固定比率，(4)固定長期適合率，(5)自己資本比率において，貸借対照表をベースにした流動性分析において重要な指標を紹介してきた。これらは，流動資産，流動負債，固定資産，固定負債，総資本，自己資本（純資産）の比率を扱っており，まさに貸借対照表が英語でBalance Sheetといわれる，その全体のバランスが上手く取れているかどうかをチェックするものであるといえる。

　以下では，損益計算書とキャッシュ・フロー計算書の項目も取り入れた形で

会社の支払い能力をみていくことにする。

(6) インタレスト・カバレッジ・レシオ

インタレスト・カバレッジ・レシオとは，利息の支払い能力をみようとする指標で，支払利息およびそれと同じような性格をもつ割引料に対して，その支払いの原資となる営業利益および受取利息・配当金が何倍あるかで表される。

インタレスト・カバレッジ・レシオ＝
（営業利益＋受取利息＋受取配当金）／（支払利息＋割引料）［倍］

インタレスト・カバレッジ・レシオとは，文字通りインタレスト（支払利息）をカバーするレシオ（倍率）という意味であり，どの程度余裕をもって支払利息と割引料をまかなえているかを示す指標である。

インタレスト・カバレッジ・レシオは，10倍以上が理想で，1倍以下の会計期間が数期続くと銀行から追加融資をうけることが困難になるなど，銀行融資や社債の格付けにおいて重視される倍率である。

(7) 手元流動性比率

手元流動性比率とは，ある時点において会社が月間売上高の何倍（何ヵ月分）のキャッシュを保有しているかを示す指標であり，資金運用の余裕度を表すものである。手元流動性比率は，その定義式から現預金月商比率とよばれることもある。

手元流動性比率＝（現預金＋短期有価証券）／（売上高÷12）［倍］

黒字倒産という言葉がよく知られているように，会社は損益が赤字でも資金繰りさえ問題なければ倒産しないが，黒字であっても資金繰りがつかなくなると倒産してしまうことがある。そのため，会社は，資金のすべてを事業活動に投下してしまうのではなく，もしもの場合に備えて一定の資金を運転資本として現金や普通預金などとして保有しておく必要がある。この現金や預金として

保有している資金の月間売上高（月商）に対する倍率が手元流動性比率である。

　この手元流動性比率は，会社の資金の安定性を測る指標としてかなり重視されている。具体的には，1倍以上であることをひとつの基準とし，高ければ高いほど倒産危険度が低く優良な会社といえる。しかし，手元流動性比率が必要以上に高いと会社の資金繰り的には安定するが，資金の運用効率が低下するという問題がある。

(8) 営業キャッシュ・フロー対流動負債比率

　営業キャッシュ・フロー対流動負債比率とは，営業活動によるキャッシュ・フローと流動負債を対応させて，会社の短期支払い能力を測ろうとする指標である。

　　営業キャッシュ・フロー対流動負債比率
　　　＝営業活動によるキャッシュ・フロー／流動負債×100［倍］

　営業キャッシュ・フロー対流動負債比率は，営業活動から生み出されるキャッシュ・フローにより，短期的な支払い義務である流動負債をどれだけまかなうことができるのかを示している。

　この指標は，貸借対照表から求められる当座比率に相当するものと解釈できる。これは，当座比率と同様に，その数値は大きいほど支払い能力が高くなるが，当座比率と比べると，より正確に流動負債の支払い能力を表しているといえる。というのも，たとえば受取手形や売掛金などの売上債権が増えると，当座比率が高くなり財務が安定しているようにみえる。しかしながら，実際には，代金の回収が困難な債権が含まれていたりすると，借入金の返済に充てるキャッシュが不足して資金ショートを起こす可能性があるからである。したがって，現実にキャッシュとしてある数値を使う方が，正確でより現実的，確実であるといえる。

(9) 営業キャッシュ・フロー対支払利息倍率

営業キャッシュ・フロー対支払利息倍率は，利息の支払い能力がどの程度あるかを営業活動によるキャッシュ・フローとの関連で測る指標である。

営業キャッシュ・フロー対支払利息倍率
　＝(営業活動によるキャッシュ・フロー＋受取利息)/(支払利息＋割引料)［倍］

この営業キャッシュ・フロー対支払利息倍率は，損益計算書から求められるインタレスト・カバレッジ・レシオを営業活動によるキャッシュ・フローで表したもので，営業利益を営業活動によるキャッシュ・フローに置き換えて計算する。

この倍率は，前述の営業キャッシュ・フロー対流動負債比率と同様，営業利益をもとにしたインタレスト・カバレッジ・レシオよりも，より正確に金融費用の支払い能力を表すことができ，この数値が大きいほど利息の返済に余裕があるといえる。

参考文献

桜井久勝（2015）『財務諸表分析（第6版）』中央経済社。
田中恒夫（2006）『企業評価論（第4版）』創成社。
森田松太郎（2009）『ビジネスゼミナール経営分析入門（第4版）』日本経済新聞出版社。

第7章　経営財務成果（収益性・回転性）の情報分析

1. 資本利益率

　一般に，会社の収益性を表す総合的な指標として資本利益率が用いられる。資本利益率は，会社が事業活動を行うために保有している資産（あるいは投下した資本）を使っていかに効率的に利益を稼ぎ出したかをみる指標である。

　　資本利益率＝利益／資本×100［％］

　ここで注意すべきことは，どのような資本または資産に対してどのような利益を対応させて収益性を測るかということである。会社の事業活動との関連では，総資産や経営資本とそれに対応する利益の比率を算出することが望ましい。また，会社への資金の出し手である株主や債権者の立場からすると，彼らに帰属する当期純利益や支払利息とそれに対応する資本の比率を導出して，収益性を分析すべきである。

(1)　自己資本利益率（*ROE*：Return on Equity）

　自己資本利益率（*ROE*）とは，会社の所有者である株主の持分を表す自己資本（純資産）に対してどれだけのリターン（当期純利益）が生み出されているかを示す指標である。

　　自己資本利益率＝当期純利益／自己資本(純資産)×100［％］

　株主重視の経営のもとでは株主利益の最大化が命題とされるため，株主資本である自己資本（純資産）に対して株主に帰属する利益である当期純利益がど

れだけ生み出されたかをみる ROE が非常に重視される傾向にある。

近年では多くの会社が ROE を経営目標のひとつに掲げており，ROE で 10～15％程度あるいはそれ以上に高い数値目標を挙げている会社が多い。一般的に，ROE は，10～15％だと「良い」，15％以上だと「かなり優良」，10％弱くらいで「普通」，5～6％以下になると「あまり良くない」とみなされる。

(2) 総資産（総資本）利益率（ROA：Return on Assets）

総資産利益率（ROA）は，事業に投下されている資産が利益をどれだけ獲得したかを示しており，事業の効率性と収益性を総合的に測る指標である。

総資産利益率＝利益／総資産×100 ［％］

ROA の分子の利益にどんな利益を使うかにはいろいろな考え方があるが，もっとも簡便な方法としては当期純利益を使うのが一般的である。というのは，会社の事業活動は，売上原価から法人税などに至るまですべてのコストを差し引いた後に実際に手許に残る利益の獲得を目的としているため，事業活動の効率性・収益性の判断も最終損益である当期純利益をベースに行うべきだと考えられるからである。当期純利益以外には，支払利息と法人税などを差し引く前の利益（Earnings Before Interest and Taxation: EBIT, 簡便法として"営業利益"）を使うべきとする考え方もある。その理由は，支払利息と法人税などを差し引く前の利益（営業利益）で ROA を計算すると，ROA と借入金利とを比較することで財務レバレッジの効果を明快に考察できるからである。

(3) 総資本事業利益率

事業利益とは，営業利益に金融収益を加えたものである。

事業利益＝営業利益＋受取利息・配当金（金融収益）

営業利益は会社本来の営業活動から生じた成果であり，一方，受取利息・配当金（金融収益）は，会社の財務活動の成果である。したがって，両者の合計

額である事業利益は，会社全体の経営成果を表す指標ということができる。ただし，有価証券の売却益は，決算操作のおそれがあるため事業利益の計算には含めないことに注意されたい。

これにより，事業利益は会社の経常的な経営活動からの収益力をあらわすこととなり，使用総資本との対比によって，企業活動全体での収益性を判断する際に利用されることになる。

$$総資本事業利益率＝事業利益／総資本\times 100 ［\%］$$

(4) 経営資本営業利益率

経営資本とは，会社に投下されている総資本のうち，生産活動ないし販売活動を中心とした会社本来の経営活動に運用されている資本をいう。具体的には，経営資本の金額は，会社の投下総資本（貸借対照表上の資産総額）から，会社本来の経営活動に直接的ないし有機的には関連しないと考えられる資本部分（(1) 建設仮勘定などの未稼働資産額，(2) 未利用の土地・建物や運休中の設備などの遊休資産額，(3) 関係会社有価証券など投資その他の資産額，(4) 繰延資産額）を控除して求められる。

$$経営資本＝総資本－（建設仮勘定＋遊休資産＋投資その他資産＋繰延資産）$$

経営資本営業利益率は，会社本来の事業活動に使われている経営資本に対して，会社本来の事業活動から得られる利益である営業利益がどれだけ生み出されるかという割合である。

$$経営資本営業利益率＝営業利益／経営資本\times 100 ［\%］$$

この比率は，会社本来の事業活動における使用資本と利益の関係を表しているという点において重要な収益性指標である。

2．財務レバレッジが ROE に及ぼす効果

　一般に，経営財務の分野では会社の資金調達手段として負債を利用することをレバレッジといい，全額自己資本（純資産）だけで資金調達されている会社よりも負債を利用している会社の財務指標の方が会社全体の収益性の変化に対して大きな影響をうけることをレバレッジ効果という。

　ROE は，自己資本（純資産）でどれだけの当期純利益を稼いだかを示す指標であるが，下記のように，総資産でどれだけの当期純利益を稼いだかを示す収益率と財務レバレッジを掛けた形に分解できる。

ROE ＝当期純利益／自己資本× 100 ［％］
　　　＝（当期純利益／総資産）×（総資産／自己資本）× 100 ［％］
　　　＝［総資産当期純利益率］×［財務レバレッジ］

この場合，総資産当期純利益率が同じ会社であっても，全額自己資本（純資産）で資金調達されている会社は ROE が総資産当期純利益率と等しくなるのに対して，たとえば必要資金の半分を負債で調達している会社の ROE は，総資産に占める負債と自己資本（純資産）の割合がそれぞれ50％となり財務レバレッジが2となるので，総資産当期純利益率の2倍になる。

　株主重視の経営のもとでは株主利益の最大化が命題とされるため，株主資本である自己資本を分母にする ROE が，ROA などの収益性指標より重視される傾向にある。しかし，上述のように，ROE は負債を増やして自己資本比率を下げることで意図的に高く見せることができるという欠点がある。他方，自己資本比率は，高ければ高いほど会社の安定性・安全性という観点から優れていると判断される。したがって，ROE は，株主資本の効率性を図る指標としては優れているが，有利子負債の増加リスクと背中合わせであることに十分留意する必要がある。

　以下では，財務レバレッジが ROE に及ぼす影響をわかりやすく示すために簡単なモデルを展開する。単純化のために，会社は本来の営業活動に必要な資産だけを保有しており，ROA を総資産に対する営業利益の割合と定義しよう。

また，負債に対する利子の支払いだけを考慮し，それ以外の営業外損益や特別損益はないものとする。

このとき，FKK商会の貸借対照表と損益計算書は，図表7−1と図表7−2のようになる。

図表7−1　FKK商会の貸借対照表

総資産利益率 ROA ← 総資産 A ｜ 負債 B → 利子率 r
　　　　　　　　　　　　　　　｜ 純資産 E → 自己資本利益率 ROE

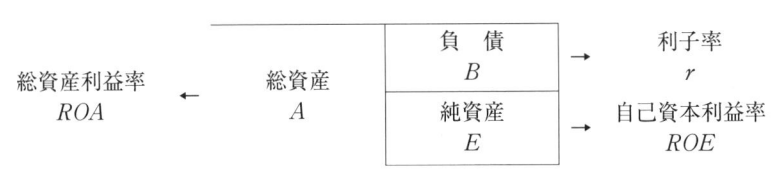

図表7−2　FKK商会の損益計算書（一部のみ抜粋）

営業利益	$A \cdot ROA$
支払利息	rB
経常利益	$A \cdot ROA - rB$
特別損益	0
税引き前当期純利益	$A \cdot ROA - rB$
法人税等	$t(A \cdot ROA - rB)$
当期純利益	$(1-t)(A \cdot ROA - rB)$

すなわち，図表7−1のようにFKK商会の総資産Aに対する営業利益率をROA，負債Bの利子率をr，自己資本（純資産）Eの利益率をROEとすると，図表7−2のようにFKK商会の営業利益は$A \cdot ROA$，支払利息はrBとなり，法人税率をtとすると当期純利益は$(1-t)(A \cdot ROA - rB)$となる。また，

［総資本］A＝［負債］B＋［自己資本（純資産）］E

であるから，FKK商会のROEは，次式のように表される。

$$\begin{aligned} ROE &= (1-t)(A \cdot ROA - rB)/E \\ &= (1-t)\{(B+E)ROA - rB\}/E \\ &= (1-t)ROA + \{(1-t)(ROA - r)\}B/E \end{aligned}$$

今，FKK商会が必要資金のすべてを自己資本（純資産）で調達していると

仮定すると，上式の B がゼロとなるので，自己資本利益率は税引後総資産利益率と等しくなる。FKK 商会が負債を利用していると上式右辺の第 2 項が効いてきて，自己資本利益率は，会社全体の収益性である ROA と財務レバレッジの影響をうけることになる。

(1) $ROA > r$ の場合

このとき FKK 商会の総資産利益率 ROA は利子率 r より高いので，財務レバレッジの効果がプラスに働き，ROE が大きくなる。この場合，さらに負債による資金調達を行いレバレッジを効かせて，事業を拡大すべきということになる。

(2) $ROA < r$ の場合

このとき FKK 商会の総資産利益率 ROA は利子率 r より低いので，財務レバレッジの効果がマイナスに働き，ROE が小さくなる。この場合，負債による資金調達を行いレバレッジを効かせて事業に投資したことが逆効果になっている。したがって，理論上は事業を縮小して負債を早期返済すべきということになる。

いずれの場合においても，レバレッジを効かせれば効かせるほど，総資産利益率の増減が自己資本利益率の増減に及ぼす影響は大きくなる。すなわち，本来の事業活動が順調に推移し ROA が利子率を上回っている限りは，事業活動の好調さによって財務内容の不安全性が覆い隠されるが，一旦事業活動が不振に陥り ROA が利子率を下回ることになると，収益性の急激な悪化に加えて従来からの財務内容の悪さも強調されることになる。

このように，会社の収益性を分析するうえにおいて ROE が高いことは非常に重要であるが，事業活動全体の収益性がどのようになっているか，財務内容の健全性・安全性はどうか，といったことも含めて総合的に判断することが肝要である。

3．売上高利益率

先に述べたように，一般に会社の収益性を表す総合的な指標として資本利益率が用いられるが，資本利益率は，利幅を表す売上高利益率（収益性）と資本の運用効率を測る資本回転率（効率性）の積に分解できる。

　　資本利益率＝売上高利益率（利益／売上高）×資本回転率（売上高／資本）

本節では売上高利益率について述べ，資本回転率と回転期間に関しては 5 節で触れることにする。

(1) 売上高総利益率

売上高総利益率は，俗に粗利○○％，マージン率○○％などといわれ，この比率が高いかどうかによって会社の収益力が決定されてしまうほど重要な比率である。

　　売上高総利益率＝売上総利益／売上高×100［％］

売上総利益は，商品または製品の売上高と原価との差額であり，会社の儲けのおおもととなる利益である。損益計算書の構造からして，この売上総利益は最終損益である当期純利益を算出するうえで最初に出てくる利益概念であり，ここから人件費や事務所家賃，租税公課等々を差引いていって最期に残ったものが当期純利益となる。したがって，その多寡はそれ以下の売上高利益率（売上高営業利益率，売上高経常利益率や売上高当期純利益率）の高低を大きく左右することになる。

なお，売上高総利益率が高ければ高いほど，会社は高付加価値の商品または製品を製造販売している優良企業といえるが，少ない利幅の商品または製品を大量販売することで売上総利益の絶対額を増やすという戦略もとりうることから，売上高総利益率は会社が採用している競争戦略を示しているともいえる。

また，そもそも業界や業種によって売上高総利益率は大きく異なるため，比

較の際には同業他社との比較や同じ会社の過年度の数値との比較をするなど注意する必要がある。一般に，小売業や卸売業は，利幅が非常に小さく売上高総利益率が数％しかなく，競争力の高い製品やサービスを提供している会社などは，利幅が大きく売上高総利益率が数10％に達するということも多い。

(2) 売上高営業利益率

売上高営業利益率は，売上高に占める営業利益の割合を示しており，経営分析においてその会社の収益性を知るための代表的な経営指標である。

売上高営業利益率＝営業利益／売上高×100 ［％］

一般に，本業以外の経営活動から生じた損益は営業外損益または特別損益として計上されるので，売上高は本業による収入総額，営業利益は本業の事業活動から得られた利益と考えて良い。さらに，営業利益は，売上総利益から販売費及び一般管理費を差し引いた金額であり，会社の本来の実力や管理効率を表す利益概念といえる。したがって，売上高営業利益率の数値が高ければ高い会社ほど本業で利益を生み出す力が高いということになり，連結決算においてもセグメント情報として事業別の営業利益が開示されるなど重要性の高い比率といえる。

(3) 売上高経常利益率

経常利益は，会社の通常の事業活動の成果であり正常な収益力を意味する。したがって，売上高経常利益率は，通常の経営活動を通して会社がどれだけの収益性をあげているかを表す指標である。

売上高経常利益率＝経常利益／売上高×100 ［％］

なお，この売上高経常利益率も，売上高総利益率や売上高営業利益率と同じように業種によるバラつきが大きいので，同業他社との比較や過年度の数値との比較によって分析されることが多い。

4．売上高と費用の関係

［売上高］−［費用］＝［利益］という関係にあることから，売上高利益率という収益性は，売上高費用比率という形で捉えられることもしばしばである。

(1) 売上高原価率

売上高原価率は，売上高と売上原価の割合を表しており，俗に原価○○％といわれている。

　売上高原価率＝売上原価／売上高×100［％］

この比率は，1−［売上高総利益率］＝［売上高原価率］という関係にあるので，売上高総利益率の補数として分析が行われる。

(2) 売上高販売費管理費比率

売上高販売費管理費比率は，売上高に対して販売費及び一般管理費がどの程度のウェートを占めているかを表す指標であり，会社内において管理可能な経費という観点から重要視される比率である。

　売上高販売費管理費比率＝販売費及び一般管理費／売上高×100［％］

この比率も業種毎の差が大きいので，同業他社との比較や過年度の数値との比較に使用されることが多い。また，販売費及び一般管理費のなかで特に大きなウェートを占める人件費（労務費，役員報酬，給料手当，福利厚生費，退職給与引当金など）に焦点を当て，売上高人件費比率をみることもある。

(3) 売上高利子負担率，売上高純金利負担率

どちらの比率も売上高と営業外損益の関係に着目した比率である。

売上高利子負担率＝支払利息・割引料／売上高×100　[％]

売上高純金利負担率

　＝（支払利息・割引料−受取利息・配当金）／売上高×100　[％]

これらの数値が高すぎると，債務不履行に陥ったり倒産に至る危険性があると判断されることがある。

5．資本回転率と回転期間

(1)　総資本回転率

　総資本回転率は，会社が使用している総資本の運用効率を示す指標であり，総資本が1年間に何回転したかをみることで把握される。

　総資本回転率＝売上高／総資本　[回]

　会社全体の総合的な収益性である資本利益率を高めるためには，収益性を表す売上高利益率とともに効率性を表す資本回転率の向上が必要であり，この倍率が高いほど資本の活動状況が活発であることを示している。

(2)　総資本回転期間

　総資本回転期間は総資本回転率の逆数として示され，総資本が新旧入れ替わるのに要する期間を表している。資本回転率は高いほうが望ましいので，その逆数である回転期間は短いほうが良いということになる。

　総資本回転期間＝総資本回転率の逆数＝総資本／売上高　[年]
　　＝総資産／売上高
　　＝（現預金＋受取手形・売掛金＋棚卸資産＋固定資産＋…）／売上高
　　＝現預金／売上高＋受取手形・売掛金／売上高＋棚卸資産／売上高
　　　＋固定資産／売上高＋…

上式のように，総資本回転期間は貸借対照表と分数の特徴を活かして個々の資産の回転期間の和として表現できることから，個々の資産の回転期間あるいは回転率を改善することが全体の運用効率を改善することにつながる。以下では，個々の資産の回転期間のなかで特に重視されるいくつかの項目について触れることにする。

(3) 売上債権回転期間

売上債権回転期間とは，商品やサービスを取引相手に提供してからその対価である売上債権を回収するまでにかかる期間を示した指標である。

売上債権回転期間 =（売掛金 + 受取手形）／売上高 × 365 ［日］

売上債権は，商品やサービスを取引相手に提供したが，まだ代金の回収が終わっていない状態にあるものを指すので，資金の効率化，早期回収による借入金の圧縮，取引相手の倒産などによる資金回収リスクの低減などの観点から，その期間が短ければ短いほど良いとされている。

売上債権の回収期間を示す売上債権回転期間は，売上の相手先が最終消費者で現金売上がほとんどの飲食業や小売業は相対的に短く，数日～20日前後が平均である。これに対して，卸売業，製造業のように売上のほとんどが会社相手の取引で，なおかつ手形決済が良く行われる業種，業界ほど売上債権回転期間は長くなり，60日～80日程度になる。

(4) 棚卸資産回転期間

会社の保有している棚卸資産（在庫）が何日で1回転するかをみる指標であり，在庫となっている商品（棚卸資産）の金額と販売された商品の売上高とを比較することによってその回転期間が算出される。

棚卸資産回転期間 = 棚卸資産／売上高 × 365 ［日］

棚卸資産回転期間は，会社が何日分の製造あるいは販売に相当する在庫を保

有しているかを示しているので，在庫管理のうえで非常に重要な指標となる。つまり，この回転期間は，短ければ短いほど在庫を仕入れて製造・販売されるまでの期間が短く資本効率的には良いとされるが，一方で，その分品切れによる機会損失リスクも高まることになる。逆に，回転期間が長い場合は過剰在庫，滞留在庫が存在している可能性を意味する。

このように，棚卸資産回転期間は，製品あるいは商品の種類別にみることにより，売れ筋商品，死に筋商品を判別するといった使い方もできる。したがって，常にこの指標に注意を払い，滞留在庫の有無，適正在庫の維持などに役立てることが重要である。

ちなみに，本章では，棚卸資産回転期間あるいは棚卸資産回転率は，他の項目との一貫性を考慮して売上高との関連で捉えているが，売上原価との対比で分析することもある。分析の目的や意図などの違いもあるが，日本では売上高を使う方法が一般的であり，アメリカでは売上原価を使うことが多いように思われる。

棚卸資産回転期間は，受注・着工から完成・引渡しに至る期間が長い業種にあっては40～50日，通常の製造業や小売業の場合は30日前後が平均的となっており，卸売業の場合は若干短く20日くらいの会社が多い。

(5) 固定資産回転期間

固定資産が会社によってどの程度効率的に利用されているかをみる指標が，固定資産回転期間である。

固定資産回転期間＝固定資産／売上高×365［日］

前述した売上債権や棚卸資産の回転期間は，日頃から会社側が十分な注意を払っていれば比較的短期間のうちに対処可能なものであるが，この固定資産回転期間は，短期間では対処が難しいあるいは周囲に大きな影響を及ぼすものであるといえる。というのも，固定資産は，会社が一旦投資を行うと長期安定的に利用する資産なので，この回転期間を短くするためには売上高を伸ばすか固

定資産を処分するしか方法がないからである。この意味において，工場の新設や生産設備の増強は特に慎重に行うことが要求される。

(6) 買入債務回転期間

　買入債務は，会社の資産ではなく負債に区分される項目であるが，売上債権との対比で重要視されているので，以下で簡単に触れることにする。

　買入債務とは買掛金や支払手形のことで，買入債務回転期間は売上高との関連で買入債務の支払いに何日かかるかを表す指標である。

　　買入債務回転期間＝（買掛金＋支払手形）／売上高×365［日］

　基本的に，買入債務回転期間は長ければ長いほど良いとされ，会社の資金繰りにプラスに働くことになる。しかしながら，この期間が長くなってくると，支払いに遅延が生じているとみることもできるため，会社の経営体力の低下の表れと判断される場合もありえる。さらに，あまり長すぎると取引先の資金繰りを圧迫したり信頼関係を損なうことにもなりかねないため，将来の商談や契約において不利になることも考えられる。したがって，買入債務回転期間は，基本は長い方が良いが，長すぎるのもそれはそれで問題だということになる。

　ここでは，買入債務回転期間は売上高を用いて求めているが，棚卸資産回転期間と同じように，売上原価（仕入）を用いて分析することもある。電力，ガス，鉄道や通信など，売上貢献に占める固定資産の割合が高く買入債務の元になる原材料費などの仕入の割合が小さい業種では，買入債務と比較して売上高が大きくなるため，買入債務回転期間も非常に短くなる傾向がある。しかしながら，これらの業種の買入債務回転期間を売上高に代えて売上原価（仕入）で求めた場合，他業種と比較してそれほど大きな差異はみられなくなる。このように，回転期間あるいは回転率を分析する場合には，売上高ではなく売上原価との対比で検討した方が有効なケースもあることに十分留意すべきである。

(7) 買入債務回転期間と売上債権回転期間

　原材料や部品・商品を仕入れたことにより買入債務が生じ，商品やサービスを売り上げたことで売上債権が生じたとしよう。買入債務の支払い期限が来た時にまだ売上債権を回収できていない場合，その会社は支払代金に充てるための資金が必要となる。このため多くの会社では，ある程度の資金がないと経営が立ち行かなくなる。

　会社は継続的に事業活動を営んでいるので，原材料や部品・商品を仕入れることで次々と買入債務が発生し，また買入債務の支払い期限も次々とやってくる。もし売上債権の回収期間が長くなると，現金がなかなか入ってこないので，会社経営を安定的に継続していくためには，資金の流出と流入の金額およびタイミングをみながら，一定程度の運転資金が必要となる。このとき，売上債権の回収期間が短ければ短いほど必要資金が少なくて済み，資金調達コストを低く抑えることができる。つまり，買入債務の支払い期限は長く，売上債権の回収期間は短く，が資金繰りにおいては理想である。

　逆に，もし仮に売上債権の回収期間が買入債務の支払期間よりも短く，金額的にも十分な資金回収が行えていれば，その会社は基本的に手元に資金がなくても運営ができることになる。小売業などで資金繰りが強いのは，消費者への即現金販売の強みがあるからである。買入債務回転期間と売上債権回転期間は，会社間の信用供与の状態がどのようになっているかを把握するために利用され，資金繰りの観点からどちらも非常に重要な指標であるが，買入債務回転期間はより長く，売上債権回転期間はより短くが理想で，売上債権回転期間が買入債務回転期間よりも短い場合はいっそう好ましいと判断することができる。

　以上のことから，同じ企業グループに属する会社間の取引であったり親密な取引関係にある会社間では，資金的に余裕のある会社がわざと売上債権の回収を遅らせたり買入債務の支払いを短くすることで，取引相手の資金繰りを楽にすることもある。

　また，一般的に，経済環境が悪化し不況になると資金コストの圧縮や資金回

収リスクを低減させる目的で売上債権の回収が急がれ，経済環境が好転し景気が良くなると売上債権の回収を急ぐ必要がなくなる。買入債務についても同様のことがいえ，全体として，好況期には会社間の信用供与が拡大し，不況期には信用供与が収縮する傾向にある。

参考文献

桜井久勝（2015）『財務諸表分析（第6版）』中央経済社。

田中恒夫（2006）『企業評価論（第4版)』創成社。

森田松太郎（2009）『ビジネスゼミナール経営分析入門（第4版）』日本経済新聞出版社。

第8章　経営財務分配性の情報分析[1]
―ステークホルダーとしての経営者への成果分配の観点から―

1．経営成果の分配性

　経営学において，株式会社の経営成果の分配性は非常に重要な問題のひとつである。従来，これを経営財務の世界で議論する際に中心になっていたのが，配当政策であった。つまり1980年代までは，「成果配分政策」ではなく，「配当政策」という名称が用いられ，当時は現在でいう「ステークホルダー」という概念が希薄で発展しておらず，株式会社はいかに配当するか，ということを「配当政策」の名のもとに議論していたのである（小山 2011）。

　次に経営分析の観点から経営成果の分配性を検討する場合に重要な手法は付加価値分析である。付加価値は企業の生産活動を通して新たに創出されたものであるが，付加価値分析には以下のような2つの重要な機能がある。第1に，それは企業の生産性分析において効率性を評価するうえで大きな役割を果たしている。第2に，生産や販売といった経営活動を通して創造した付加価値が，どのように分配されているかを検討するための重要なツールである。企業部門の付加価値は，労働者に対する人件費，債権者や株主に対する資本コスト，政府に対する税金の3つに分解でき，各々が付加価値全体に占める割合は，労働分配率，資本分配率，租税分配率と呼ばれる（日向 2001）。付加価値分析により，企業が創造した付加価値が，企業を取り巻くステークホルダーにどのような割合で分配されたかを把握することにより，各々のステークホルダーの当該企業における重要度を把握することができる。企業の生産活動は，経営者，従業員，株主，債権者，取引先などのステークホルダーがもつさまざまな価値ならびに性質の組み合わせによって行われ，その結果として利益が創出される。

そこで経営成果である付加価値の最大化を図り，ステークホルダーへそれを適正に分配することは，企業価値を向上させるために必要不可欠であると考えられる。

このような経営分配性の問題で，特に近年，世界的に注目を集めているのが，ステークホルダーとしての経営者への分配である**経営者報酬**の問題である。これは，欧米において経済学，経営学，法学などのあらゆる領域から研究されており，アメリカにおいては1980年代以降の急激な経営者報酬の変化が契機となって，多くの研究成果が蓄積されるようになった。

また現実の世界でも，経営者報酬は2000年代に発生したエンロン・ワールドコム事件ならびにサブプライムローン問題に端を発した世界金融危機の発生要因のひとつとして考えられており，世界的な関心を集めている。欧米においては経営者報酬に関する数多くの規制強化が実施されて，現在でもなお議論が重ねられており，日本においても無視できる問題ではなくなってきている。

そこで本章では，経営成果分配性の問題のなかから，経営者報酬を取り上げる。最初に経営成果分配としての経営者報酬の重要性についてコーポレート・ガバナンスの観点から論じる。次に近年，過度なインセンティブを付与した経営者報酬への批判的な高まりから国際的な枠組みで経営者報酬への規制が強化されている。この点をふまえて，欧米の経営者報酬規制について説明する。第3節では，最適な長期インセンティブのあり方について，理論モデルを用いてストック・オプションの問題点を明らかにしながら，複合型株式報酬が望ましいことを提示する。最後に今後の経営者報酬情報の内容の高度化について考察する。

2．経営成果分配としての経営者報酬の重要性

上述したように，経営成果の分配は現在きわめて重要な問題となっている。これまでは配当政策ならびに付加価値分析が経営成果の分配を考察する際に中心となるトピックであった。その後，コーポレート・ガバナンスとCSR

（Corporate Social Responsibility）への重要度の高まりとともに，現代ではステークホルダー全体の枠組みでの成果分配が近年注目を集めている。たとえば帝人は，以下のようにステークホルダーへの付加価値配分率を開示している[2]。

今後，このようなステークホルダーへの成果分配の重要度はさらに高まり，帝人のような情報開示を実施する企業が増加することが予想される。

また，その問題はコーポレート・ガバナンスの枠組みのなかで考察されることが多い。コーポレート・ガバナンスの定義については確立されていないが，これはコーポレート・ガバナンスをどのような観点から捉えるかということと深く関連している。企業の内部機関の相互牽制による経営者の暴走を食い止めるブレーキの役割や，株主ならびに債権者などのステークホルダーによる企業経営に対する牽制の機能，資本市場からのコントロールなど，さまざまな要素が議論の対象となっている。たとえば，コーポレート・ガバナンスの定義に関して，東京証券取引所により作成された上場会社コーポレート・ガバナンス原則では「コーポレート・ガバナンスは企業統治と訳され，一般に企業活動を律する枠組みのことを意味する」と説明している。このように，コーポレート・ガバナンスは主にモニタリングの観点から議論されることが多いが，企業価値

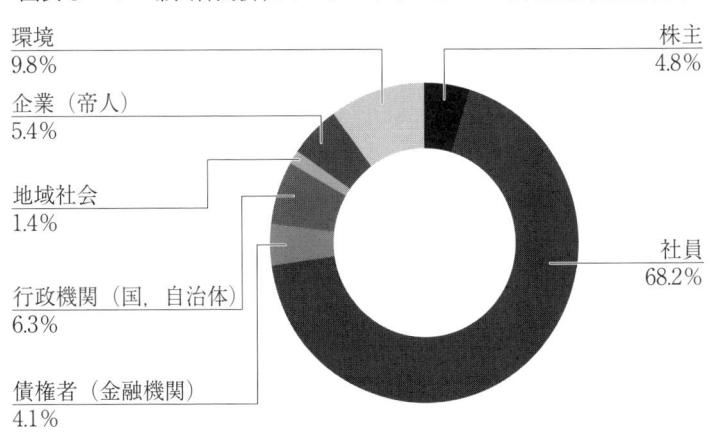

図表8-1　帝人株式会社のステークホルダーへの付加価値配分比率

- 環境　9.8%
- 企業（帝人）　5.4%
- 地域社会　1.4%
- 行政機関（国，自治体）　6.3%
- 債権者（金融機関）　4.1%
- 株主　4.8%
- 社員　68.2%

出所）帝人ホームページ，http://www.teijin.co.jp/csr/economy/（2014年11月5日閲覧）

の創造という観点からは，ステークホルダーへの成果分配の最適化の問題もきわめて重要である。つまり，企業は競争優位性を確保するために，企業とステークホルダーとの間の調和を図りながら，さまざまな経営資源を用いることにより企業価値を創造させなければならない。たとえば，営業利益と金融収益は，債権者，政府・地方公共団体，株主に配分される。債権者に利息が，政府・地方自治体に税金が支払われて，最後に残された当期純利益から株主へ成果分配が行われる。株主は，他のステークホルダーへの分配が行われた後に残る利益を受け取ることになるが，これは配当政策の問題として長く議論されてきた。

また，経済学の立場から中村（2013）は，「企業を契約の集合体とみなしたとき，コーポレート・ガバナンスは，その集合体の部分集合とみなすことが出来る。広義には，ステークホルダー全体の経済厚生を最大化する組織設計に関する契約がそれに該当する。狭義には，株主価値最大化に関する組織設計の契約がコーポレート・ガバナンスだと言える。特に経済学では，狭義に解釈したコーポレート・ガバナンスの議論が主流である」と述べている。2007年の世界金融危機が発生するまでは後者の議論が主流であったが，それ以降はステークホルダー全体の経済厚生の最大化を目的としたコーポレート・ガバナンスの設計に関しても注目度が高まっている。

このような枠組みのなかで，ステークホルダーとしての経営者への成果分配である経営者報酬は非常に重要な経営要素と考えられる。意思決定の早さと柔軟な経営戦略の遂行が求められる現代の経営環境においては，経営者の行動が企業価値に多大な影響を及ぼすようになっている。これは，経営者の行動を最適化するための重要な装置として考えられる経営者報酬の役割がこれまで以上にないほどに高まっていることを意味する。

経営者報酬の重要性については，株主と経営者の利益が異なることから発生するエージェンシー問題の観点からも論じられることが多い。エージェンシー問題を分析した代表的な研究としては，Jensen and Meckling（1976）があげられる。株主は企業の経営資源の利用についての意思決定を経営者に委託して

いる。情報の非対称性が存在する場合には，株主が経営者の行動を完全に把握することはできない。そのため，株主は株主利益を最大化するような経営を望むが，他方，経営者は自己の効用を最大化するような経営を実施する可能性がある。したがって，株主をプリンシパルとし，経営者をエージェントとするような関係においては，株主と経営者との利害が一致せず，また環境の不確実性の存在によって，単にその成果だけでは経営者の行動が評価できないために，もし株主が自らの利害に沿った行動を経営者がとることを希望するとすれば，株主は経営者の行動を何らかの方法で監視するようなシステム（モニタリング・システム）や，経営者が株主の利害に沿って行動するように動機付けるシステム（インセンティブ・システム）を構築するという対策を立てねばならない（小山 2011）。そこで後者のような問題を解決する手段として，経営者報酬と企業業績を連動させることにより株主と経営者との利害を一致させることが考えられる。つまり業績連動型のインセンティブ報酬の導入により，経営者は株主利益に沿った経営を実施することになり，株主に対して多くの効用をもたらすかもしれない。このような経営者報酬に関する研究は欧米において活発に行われており，数多くの研究成果が蓄積されるようになっている[3]。

　代表的な研究として，Holmstrom（1979：82）は経営者と株主の間のエージェンシー問題が存在するとき，インセンティブ報酬によって，企業業績が高められることを示している。彼によれば，事後的なパフォーマンスが経営者の努力水準を示す十分統計量ならば，経営者報酬体系を企業業績に連動させて設計し，導入することがプリンシパルにとって望ましいと指摘している。

　Core et al.（1999）では，ガバナンス構造の弱さはエージェンシー問題を深刻なものにし，これにより経営者報酬が過剰になり，企業業績を悪化させることを示している。

　経営者報酬の業績連動度について，Jensen and Murphy（1990）は，企業業績の変化分と経営者報酬の変化分との間の関係を検証しており，株主価値が 1,000 ドル変化すると CEO の報酬は 3.25 ドル変化することを明らかにした。

　以上のように経営者報酬は多くの研究者の関心を集めているが，この理由と

して，経営者報酬が株主とは異なる利害をもつ経営者を株主の利益に沿って行動させるための重要なコーポレート・ガバナンスのメカニズムのひとつであることがあげられる。つまり，上述したように経営者報酬は株主と経営者との利害を一致させることによりエージェンシー・コストを下げる点ならびに経営者へ適正なインセンティブを付与することによりモチベーションを高めて企業価値の向上に寄与することが期待されている。さらに，最適な経営者報酬体系の設計は経営者の過度なリスクテイク行動を抑制かつ不当な業務執行を抑止しながら，経営成果の経営者への過剰な分配を防止し，企業価値向上へ資するものになるはずであろう。

しかしながら，上記の期待とは裏腹に経営者報酬はときに企業価値の毀損の大きな要因となりうることもある。上述したように，過度な経営者報酬が引き金となったと考えられるエンロン・ワールドコム事件ならびにサブプライムローンに端を発した世界金融危機などの経済事件が2000年代に発生しており，企業価値の大幅な低下だけではなく，企業が破綻することもあった。その後，世界中で経営者報酬に関する情報開示と株主権限の強化を柱とする規制改革がたびたび実施されており，これは経営者報酬が世界的な経済問題として扱われていることを示すものである。この点からも，経営成果分配の最適化の問題のなかでも経営者報酬の重要性が浮き彫りにされてくる。

3．経営者報酬への規制強化

エンロン・ワールドコム事件と2000年代後半の世界金融危機は，多くの複雑な要因が絡み合い発生したものであると考えられるが，双方の事件に共通しているのは経営者報酬の問題である。特に世界金融危機後に，欧米金融機関の高リスク志向の経営を促した過度なインセンティブを付与した経営者報酬の是正必要性から，国際的に経営者報酬規制の強化が求められるようになった。2008年11月のG7ワシントン・サミットで採択された行動計画に基づき，2009年4月，FSF（Financial Stability Forum，現 FSB: Financial Stability Board）[4]

が「健全な報酬慣行に関する FSF 原則及びその実施基準の適用状況」を策定し，以降この原則を基に経営者報酬に関する議論が進められてきた。本節では最初に，経営者報酬に関する規制の変化が顕著なアメリカでの事例をあげた後に，欧州での規制強化を情報開示と株主の権限の観点から説明し，各国の比較を行う。

(1) アメリカの経営報酬制度の規制強化

アメリカでは，経営者の業績連動型報酬については，2001年のエンロン・ワールドコム事件において役員が多額の業績連動型報酬を受け取るために不正経理を行ったことをきっかけに，公開企業会計改革・投資者保護法（Public Company Accounting Reform and Investor Protection Act），いわゆる **SOX 法**（The Sarbanes-Oxley Act of 2002）[5] が制定された。CEO（Chief Executive Officer），CFO（Chief Financial Officer）に対し，自社の財務報告が適正に作成されていることなどについての宣誓書を個人署名にて作成し，会社の会計情報・その他の四半期報告書・年次報告書とともに米国証券取引委員会（Securities and Exchange Commission：以下，SEC）に提出する必要があり，虚偽の開示内容にたいしては，刑務所への収監もありうる重い責任が課せられるようになった。これにより，取締役による会計操作による過大利益計上には，一定の抑止効果をもつようになった（大村 2008）。また，この304条（クローバック条項）に基づき，公開会社が不正行為による財務報告義務の重大な違反により，財務諸表の修正再表示が求められた場合には，CEO および CFO は，当該財務書類を最初に公表した時から12ヵ月間に会社から受け取ったすべての賞与，インセンティブ報酬，株式報酬および当該12ヵ月間の株式売却益を，会社に返還しなければならないとした[6]。

その後2006年に，ストック・オプションの不正会計処理問題が発生し，経営者報酬に対する批判が再び高まっていった。具体的にはストック・オプションの付与日をより株価の低い期日にさかのぼることにより報酬額をかさ上げするなどの不正会計処理問題が発生したことから，取締役会に設置されている報

酬委員会が機能していないとの非難の声があがり，報酬規制がSECにより強化された。具体策としては，主に①役員報酬の情報開示強化，② SAY ON PAY（役員報酬に関する株主承認議決）の義務付け，③巨額報酬に対する課税強化，などが検討された。このなかで実現したのは①の情報開示の強化であり，具体的には，SECが報酬上位5名の過去3年分の情報開示などを求める新規則が2006年7月に採択された（西川 2009）。

しかしながら，以上のような規制強化が実施されたのにもかかわらず，2007年に過度なインセンティブが付与された経営者報酬が原因のひとつと考えられる世界金融危機が発生した。特に金融機関の経営者報酬体系が，高リスク経営の大きな要因になったと考えられたため，経営者報酬の適正化を実現するためのコーポレート・ガバナンス改革が行われた。2010年7月に金融改革法（ドッド＝フランク・ウォール街改革及び消費者保護に関する法律：Dodd-Frank Wall Street Reform and Consumer Protection Act：以下，DF法）が制定され，法文上はコーポレート・ガバナンスの一部改善があった。経営者報酬に関する点で，これは，すべてのアメリカ上場企業にSAY ON PAYの実施を義務付け，報酬決定プロセスにおいて，株主の意思をより直接的に反映させることを意図しており，成果分配としての経営者報酬の適正性を確保させるためのものであると考えられる。

また注目すべきは，SECが以下のことを証券取引所に義務付ける規則を制定したことである。報酬委員会の独立性が確保されていることを株式の上場要件とすることと下記の2点を全証券の上場要件とすることである（三菱UFJリサーチ＆コンサルティング 2014）。

① 財務諸表において報告される業績に基づいて支給されるインセンティブベースの報酬に係る方針が開示されていること
② 不正確な財務諸表に基づいてインセンティブベースの報酬が役員に支払われた場合，財務諸表訂正に先立つ3年度分について，過剰に支払った報酬を回収すること

特に①は，業績連動型のインセンティブ付与の経営者報酬が適正であるか否

かの評価をするうえで重要である。また②は，経営者の不正な行動を抑止する効果が期待される。

　以上のアメリカにおける規制強化の中核は株主権限と情報開示の強化であり，これは株主のみならず他のステークホルダーからのモニタリングを強化するうえでも非常に有効であると考えられる。

(2) 欧州の報酬規制と各国比較

　経営者報酬の規制強化は欧州においても進められている。これはアメリカと同様に経営者報酬の決定にあたり株主の関与と経営者報酬についての情報開示を一層強める点にある。

　イギリスの経営者報酬規制を中心に述べるが，理由としてはこれがEUの報酬規制にも大きな影響を与えているからである。イギリスでは1980年代後半から1990年代にかけて高額な経営者報酬が大きな問題となっていた。イギリスは1990年代から，**キャドバリー報告書**[7]や**グリーンブリー報告書**[8]で代表される各種報告書[9]，これらを総合して規則化した統合規範，そして上場会社に統合規範の遵守を義務付けた上場規則，さらにかかる規則を強化するために実施された会社法の改正と，EUに先行して，規制の拡充・強化が行われており，菊田（2008）はEUにおける法規制の，かかる分野におけるイギリスへの近接化傾向がみられると述べている。注目すべきは1995年にグリーンブリー報告書を発表したグリーンブリー委員会での主な検討項目が，取締役の報酬の決定方法の見直しと，報酬情報の開示の改善であることであり，他の欧州の国々よりも早い段階で経営者報酬について多くの議論がなされていた。SAY ON PAYについては，すでに1999年に検討されており，2002年に導入された。具体的には株主の権限をさらに強化するものとして経営者報酬報告規則（Directors' Remuneration Report Regulations：以下，DRRR）が2002年に導入された。これは上場企業（quoted company）の取締役に，経営者報酬報告書（Directors' Remuneration Report：以下，DRR）の作成・開示義務を課したものである。DRRRによれば，企業はDRRを自己の開示情報として位置付け，株

主総会において勧告決議（advisory vote）に付すこととなる。このようにSAY ON PAYの導入は，同時に報酬情報開示の強化を促す。なぜならば，株主が経営者報酬の適正度を判断するためには，正確かつ詳細な報酬情報が必要であるからである。しかしながら，これは拘束力がないために，結果的に経営者報酬の高額化を抑制することができず，実効性に大きな疑問が投げかけられた。このため，会社法が改正されて，上場企業のSAY ON PAYについて拘束的決議の導入と情報開示の強化が図られた。

　欧州委員会も，EU各国にSAY ON PAYの拘束的決議の導入を提案している。たとえばスイスにおいては，2013年3月，経営者報酬にたいして株主権限の強化を目的とした法案をめぐって国民投票が実施され，7割近い賛成多数で可決となり，SAY ON PAYの拘束的決議が導入された。

　ドイツでは，1989年以降，会社法，コーポレートガバナンス・コード，会計基準などを通じて大幅な報酬規制改革を行い，報酬制度の設計と透明性の向上に大きな変化をもたらした（阿部 2014）。

　以上のように欧州においても経営者報酬に対しての株主権限の強化が実施されており，経営者は株主に対して自らの報酬の適正性を明確に説明する必要があり，このことは同時に報酬情報開示の高度化がさらに求められるようになっていることを意味する。

　図表8-2は，アメリカ，ドイツ，イギリス，日本の経営者報酬規制を4つの項目に分類して整理したものである。具体的には，個別報酬開示により，経営者の報酬額が適正か否かのモニタリングができるようになる。また報酬方針の策定と決定については，項目要素を規制化し，経営者報酬の目的，報酬要素，インセンティブの仕組み，報酬の決定プロセスなどの詳細が開示されており（阿部 2014），これにより報酬額の妥当性を判断し，中長期の業績と報酬の関連を確認することが可能になる。今後，このなかでも重要度が高まるのが，決定プロセスの開示と経営者報酬のインセンティブの仕組みであると思われる。前者については**報酬委員会**などの報酬を決定する機関の独立性と透明性が求められるということである。後者については，株式を利用した長期インセンティブ

図表8-2　経営者報酬規制の各国比較

	アメリカ	ドイツ	イギリス	日　本
報酬方針の開示	○ SECルール	○	○ 会社法	○　委員会設置会社は強制 ×　監査役設置会社は任意 会社法（事業報告） 金商法（有価証券報告書）
個別報酬開示	○ CEO, CFOおよびその他上位3名 SECルール	○ 監督役会およびマネジメントボード全員	○ 社内外取締役全員 会社法	○　1億円以上の取締役についてのみ開示が強制 ×　それ以外は任意 金商法（有価証券報告書） 会社法（事業報告）
報酬委員会による報酬方針の策定と決定	○ SECルール	○ （監督役会による決定）	○ 会社法	○　委員会設置会社 ×　監査役設置会社
方針への勧告的投票（SAY ON PAY）	○ DF法	○ （会社法による規定）	○ 会社法	×　上限金額のみを株主総会で決議 会社法

出所）阿部（2014：29）をもとに筆者作成

の設計が適正であるかのモニタリングが強化されることが予想される。たとえば，Smith and Watts（1992）が指摘したように，投資機会の豊富な成長企業ほど，株式価値と連動した長期インセンティブ報酬が多くなることが予想される。成長企業の長期インセンティブの設計について，リスクテイクの度合いが高すぎる場合でも低すぎる場合でも，株主から批判が出る可能性が高まる。あるいは，当該企業の属する産業の特性から，長期インセンティブの設計にも違いがみられるようになり，これが企業価値の向上とリンクしているか否か，さらにリスクテイクの程度についてなども株主のみならず他のステークホルダーからの評価が一層厳しくなることが予想される。つまり経営者報酬の体系が，企業評価のなかに組み込まれることにより，市場価値に影響を及ぼすことが考えられる。これにより経営者報酬と企業の長期的成長との関連を明確に開示することが要請されるようになり，最適な経営者報酬体系は企業価値の向上に繋

がるであろう。そこで次節において，経営者報酬体系のなかでもっとも企業価値に影響を与えると思われる株式を利用した長期インセンティブについて検討を試みる。

4. 最適な株式を用いた長期インセンティブ

(1) 理論的考察

本節では最適な経営者報酬体系のあり方を，株式を使用する長期インセンティブについてシンプルなモデルを用いることによって検討する。理由として，株式型報酬はエージェンシー問題と深く関連があり，企業価値におよぼす影響が大きいと考えられるからである。経営者報酬に関する情報開示において重要なことは報酬額の開示よりも，どのような算定方法と基準で経営者報酬が支給されているかを明らかにすることであり，これは経営者行動を監視し，規律付けるための本質的な課題となる（乙武 2010）。特に株式型報酬はエージェンシー問題を解決するうえで重要な要素であり，この設計を最適化し，長期インセンティブの仕組みと企業価値向上との関係をわかりやすい言葉で説明することによって，株主などのステークホルダーから理解を得ることが必要になる。

経営者報酬は，①固定報酬（基本報酬），②年次賞与（短期インセンティブ），③長期インセンティブの3つに区分される。これらのなかでも，③は会計利益に基づく報酬と株価に基づく報酬とに分かれ，特に後者はエージェンシー問題を解決するうえでも重要な要素であり，代表的なインセンティブとしては，ストック・オプション，株式報酬型ストック・オプション，譲渡制限株式 (Restricted Share：以下，RS)，パフォーマンス・シェア (Performance Share：以下，PS) などがあげられる[10]。RSは株式そのものを報酬として付与し，通常3年程度の譲渡制限期間を設定する仕組みであり，PSは業績目標の達成度に応じて株式を付与する制度である[11]。1990年代まで株価に基づく報酬の中心となっていたのがストック・オプションであった。しかしながら，過度なストック・オプション付与への批判が高まったために，ストック・オプションの

あり方が再考されるようになった。このことからストック・オプション以外の株式報酬を導入する企業が急増しているが[12]，その仕組みは自社株式の付与と近い。そこで本節では，清水・堀内（2003）の単純なストック・オプションの理論モデルに依拠した境・任（2007）のモデルを提示することによって，ストック・オプションの問題点を浮き彫りにする。次にストック・オプションに加えて自社株式保有の導入により最適な報酬体系が構築されることを説明することによって，近年多様化しつつある株式報酬型の長期インセンティブの合理性を明らかにする。

(2) ストック・オプションのみを付与するケース

いま，ある企業が存在するが，議論を単純化するために，株主と経営者はリスク中立であると仮定する。経営者は株主より経営を委託されているが，経営者には努力するかしないかの2つの選択肢がある。ただし，経営者が努力して経営を行った場合，企業価値は確実に高い価値V_Hを実現できるが，経営者が努力しない場合には，企業価値は確率pでV_Hを実現できるが，確率$(1-p)$ではV_Lしか実現できない（$V_L < V_H$）。ただし努力する場合にはCのコストがかかり，一方，経営者にとって努力しなければコストはゼロとなる。また，株主は経営者の努力の水準を観察できないが，期末の企業価値を観察できると想定する。

ここでは3期間モデルを想定するが，$t=0$期において，株主は経営者と新株予約権付与率$a(0 \leq a \leq 1)$のストック・オプション報酬契約を「最終提案方式」で締結する。その行使価格は$t=0$期の株価のV_0と仮定する。$t=1$期では，経営者は努力するか努力しないかの選択を行い，経営業務を遂行する。$t=2$期で，企業価値が実現されて，経営者はストック・オプションの権利を行使できる。収益がV_Hであるとき，経営者の報酬は$W_H = a(V_H - V_0)$となる。しかしながら収益がV_Lであるとき，経営者はストック・オプションを行使しないために，経営者の報酬は$W_L = 0$となる。また経営者の留保効用はゼロであると仮定しよう。

ここでは，経営者が努力をした方が企業価値は高まり，株主に対してだけではなく，社会的な厚生 (Y^*, Y_0) も高まると仮定する。経営者が努力する場合の社会の経済的厚生は，以下のような式で示される。

$$Y^* = V_H - C > Y_0 = pV_H + (1-p)V_L \quad \cdots\cdots(1)$$

これを，書き換えると，

$$(1-p)(V_H - V_L) > C$$

となる。

次に経営者のインセンティブ整合性条件，つまり経営者を努力させるための条件は，

$$W_H - C \geq pW_H + (1-p)W_L$$

である。これを整理すると，

$$(1-p)(W_H - W_L) \geq C$$

となる。

さて，ここで株主利益の最大化問題を分析し，最適な経営者報酬体系を明らかにする。

$$\max_{W_H, W_L} V_H - W_H$$
$$\text{Subject to } (1-p)(W_H - W_L) \geq C \quad (IC)$$
$$W_H - C \geq 0 \quad (PC)$$

上記の式で，IC はインセンティブ整合性条件，PC は参加制約条件をあらわしている。本来，PC 式により $W_H = C$ のときに，株主利益の最大化が達成されて，IC 式により $W_L = -pC/(1-p) < 0$ となる。しかしながらストック・オプション付与の場合，その非負性により，$W_L = 0$ となる。$W_L = 0$ を IC 式に

代入して,

$$W_H^* = C/(1-p) \quad \cdots\cdots\cdots\cdots\cdots\cdots\cdots\cdots\cdots\cdots\cdots\cdots\cdots\cdots\cdots(2)$$

となる。これにより,最適な新株予約権の付与率 a は,

$$a = C/\{((1-p)(V_H-V_0))\} \quad \cdots\cdots\cdots\cdots\cdots\cdots\cdots\cdots\cdots\cdots(3)$$

となる。

図表8-3は無差別曲線,インセンティブ整合性条件,参加制約条件を描いたものである。インセンティブ整合性条件はIC線の下方の領域であり,参加制約条件はPC線の右側の領域である。また,株主の無差別曲線はPC線と平行しているが,右側に行けば行くほど,株主の効用 $(V_H - W_H)$ は減少する。したがって,W_L の非負性を考慮しなければ,理論上最大化問題の解は,IC線とPC線の交点である F 点となる。しかしながら,W_L の非負性により,F 点は実行不可能になり,実際の最適解はE点となる。その場合の最適な報酬体系は,

$$W_H^* = C/(1-p)$$
$$W_L^* = 0$$

である。

図表8-3の E 点では,インセンティブ整合性条件は等号で成立しているが,参加制約条件は等号で成立していない。すなわち,$0<p<1$ ゆえ,$W_H^* = C/(1-p) > C$ となる。このときに経営者の留保利益がゼロであるにもかかわらず,彼は正の利益を獲得することになる。他方,株主の利益 Y は,

$$Y = V_H - W_H^* = V_H - C/(1-p) \quad \cdots\cdots\cdots\cdots\cdots\cdots\cdots\cdots\cdots(4)$$

となり,努力する場合の株主の利益よりも低くなっていることは明白である。

言い換えれば,株主は経営者のインセンティブを引き出すために,より高い付与率のストック・オプションを与え,より高い報酬を経営者に支払わざるをえないのである。これは現実の世界でもみられる現象で,株主の利益は,理想

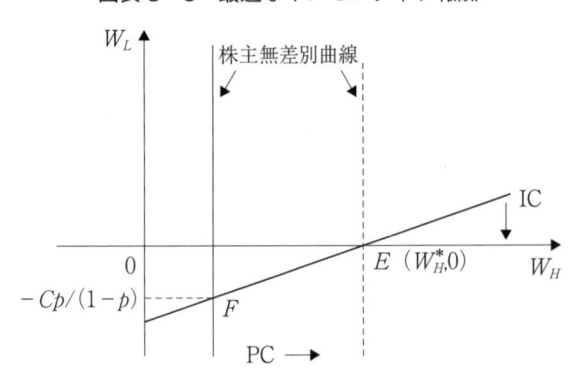

図表8-3 最適なインセンティブ報酬

出所）清水・堀内（2003：109）をもとに筆者作成

の状態より低下することは明白である。特に，(2)，(3)式により，pが高ければ，つまり経営者が努力しなくても運が良くて高い収益が実現される確率が高くなれば，株主は，より一層高いストック・オプション報酬W_H^*（高い付与率a）を支払って経営者にインセンティブを与えて努力を引き出すしかない。そこで株主はストック・オプションを付与しないで，経営者に対して固定報酬制度を導入するかもしれない。経営者の留保利益がゼロであると仮定し，固定報酬ゼロを支給した場合の株主の期待利益は以下のようになる。

$$Y_0 = pV_H + (1-p)V_L \quad \cdots\cdots(5)$$

この場合には，社会的厚生もY_0と等しい。

したがって，株主は$Y > Y_0$の場合に，ストック・オプションを導入したほうが利益は高まり，一方$Y < Y_0$のときには導入しないほうがよい。(4)式と(5)式により，ストック・オプションに関する株主の意思決定を整理すると以下のようになる。

$$(1-p)^2(V_H - V_L) > C のとき，ストック・オプションを導入する \quad \cdots\cdots(6)$$

第8章 経営財務分配性の情報分析 171

図表8-4 ストック・オプションの導入に関する意思決定

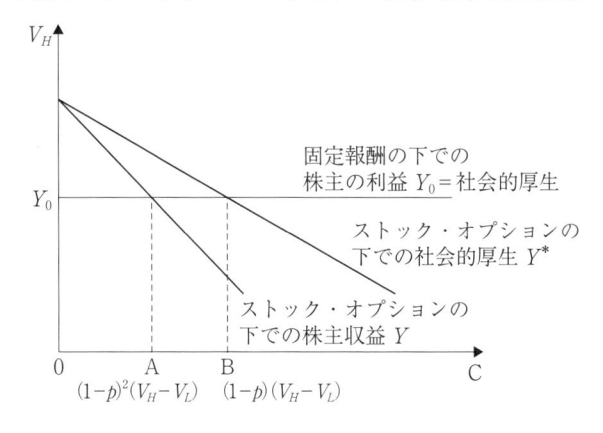

```
      V_H│
         │╲
         │ ╲
         │  ╲       固定報酬の下での
         │   ╲      株主の利益 Y_0 = 社会的厚生
      Y_0├────╲─────────╲
         │  ╲  ╲         ╲  ストック・オプションの
         │   ╲  ╲         ╲ 下での社会的厚生 Y*
         │    ╲  ╲         ╲
         │     ╲  ╲ ストック・オプションの
         │      ╲  ╲ 下での株主収益 Y
         │       ╲  ╲
         └────────┴───┴──────────→ C
         0        A   B
              (1-p)²(V_H-V_L)  (1-p)(V_H-V_L)
```

出所）清水・堀内（2003）p.112 をもとに筆者作成

$(1-p)^2(V_H - V_L) < C$ のとき，ストック・オプションを導入しない ……(7)

つまり，努力のコスト C が低い場合，または p が小さい場合にはストック・オプションが導入されて，C と p が高ければそれを導入しないほうが株主の利益になることが理解できる。

しかしながら，すでに述べたように努力をすることは社会的にも最適であるから，(7)式が成立する場合には，努力が最適にもかかわらず，ストック・オプションが付与されることはなく，株主の期待利益は $Y_0 = pV_H + (1-p)V_L$ となり，社会的厚生も Y_0 となる。経営者が努力する場合の社会的厚生は $V_H - C$ となるが，それは Y_0 よりも大きいため，その差だけのエージェンシー・コストが発生していることになる。つまり，実現された社会的厚生はセカンドベストの解であり，社会的非効率性が発生していることを意味する。

つまり，本来ストック・オプションの導入が最適な社会的厚生をもたらすにもかかわらず，株主にとって導入の際の期待利益が小さいならば，固定報酬システムが導入されることになり，最適な社会的厚生の水準が実現できない。図表8-4の0Aの領域は，株主がストック・オプションを導入する領域であり，

経営者は努力を選択し，社会的な厚生は最適な水準となる。しかしながら AB の領域では，努力が社会的に望まれるのにもかかわらず，株主はストック・オプションを経営者に付与せず，最適な社会的厚生の水準が実現不可能となる。

以上のことからも，株主は経営者が努力を怠ることを認識したうえで，ストック・オプションを導入しないほうが利益になる状況が存在することを理解するであろう。つまり，経営者が努力をしなくても高い業績を達成する可能性がある場合の最適な経営者報酬は，企業業績の上昇に連動した高額の報酬体系だけではなく，低業績時には減額が十分行われる罰則の仕組みも同時に担保できるような制度設計が必要となる。ストック・オプションによって，経営者の努力を引き出すためには，企業業績の向上を実現した場合の報酬を高めることが必要になり，いわゆる超過利潤を結果的に与えることになる。

(3) ストック・オプションと自社株式付与のケース

ここでは，清水・堀内 (2003) の理論をさらに発展させて，ストック・オプションに経営者への自社株式付与を追加した場合の複合型株式報酬の分析を行う。

$t=0$ 期に，株主は経営者にストック・オプションだけではなく，自社株式も付与する。つまり，経営者報酬は自社株という形でも支給されることになる。株主は付与率 b の自社株式を価格 V_0 で経営者に付与する。ストック・オプションと異なる点は，$t=2$ 期において，企業業績の高低に関係なく，その時点で自社株の清算が実行されるという点にある。企業価値が V_H のとき，経営者の自社株とストック・オプションの合計は $W_H = (a_1+b)(V_H - V_0)$ となる。ここではストック・オプション単独の経営者報酬と区別して，この場合の新株予約権の付与率を a_1 とする。逆に企業価値が V_L のときには，経営者の報酬合計は $W_L = b(1-p)(V_L - V_0)$ となり，マイナスである。つまり，業績が悪化した場合に，経営者は損失を被ることになる。

ここで，株主利益最大化の問題を考える。

$$\max_{W_H, W_L} V_H - W_H$$
$$\text{Subject to } (1-p)(W_H - W_L) \geq C \qquad (IC)$$
$$W_H - C \geq 0 \qquad (PC)$$

PC 式を IC 式に代入すれば，

$$(1-p)(C - W_L) \geq C$$

となる。したがって，

$$W_L \leq -pC/(1-p)$$

である。

これにより，経営者に与える自社株比率は，

$$b = pC/[(1-p)^2(V_0 - V_L)] \cdots\cdots(8)$$

となる。

そして $a_1 + b = C/(V_H - V_0)$ により，最適なストック・オプション報酬の新株予約権付与率は，

$$a_1 = C/(V_H - V_0) - b = C/(V_H - V_0) - pC/[(1-p)^2(V_0 - V_L)] \cdots\cdots(9)$$

となる。

式 (3) の $a = C/[(1-p)(V_H - V_0)]$ かつ $(1-p) < 1$ より，明らかに，

$$a_1 + b < a \cdots\cdots(10)$$

が成り立つ。

つまり，ストック・オプション単独よりも自社株付与も加えた方が，より少ない報酬で株主は経営者の努力を引き出すことが可能となると同時に，ストック・オプションだけの場合よりも，株主の利益は増大する。

図表8-3を用いて説明すれば，複合型株式報酬システムの下では，最適解はICとPCの交点Fである。そのとき$W_L = -pC/(1-p)$，$W_H = C$であるため，株主の利益はE点より大きい。株主の利益は，以下のようになる。

$$Y = V_H - W_H = V_H - C \quad \cdots\cdots\cdots\cdots\cdots\cdots\cdots\cdots\cdots\cdots\cdots\cdots\cdots\cdots\cdots\cdots\cdots\cdots\cdots\cdots (11)$$

式(11)と式(1)により，現在の株主の利益は，最適な社会的厚生Y^*と一致する。それゆえ，株主は上記の複合型株式報酬を経営者と契約し，固定報酬だけを導入することはない。つまり図表8-4においては，0B領域の全体に渡って，最適な報酬体系が設計され，最適な社会的厚生も達成されるのである。

むろん，業績連動報酬がそれほどきつくは設計されず，やや緩和されて設計されたとしても，経営者に与える複合型株式報酬額はストック・オプション単独のそれよりは少なくて済む。さらに株主が固定報酬だけを提示する可能性が大幅に減少することになり，株主利益も増大し，最適な社会的厚生状況に近付くことになる。これを図表8-4で示せば，株主の収益線が最適な社会厚生線に近付き，0A領域が大幅に増大し，AB領域が大幅に減少する。

以上のことにより，複合型株式報酬の長期インセンティブを用いれば，経営者への過度な支払いの問題が解消されて，株主は常に経営者のインセンティブを引き出すことが可能になる。そのため企業価値も高まり，社会的厚生も最適になることが明らかとなった[13]。これは現実の世界でも，アメリカで2000年代にストック・オプションの付与対象者の絞込みや新規付与数の削減が行われて，複合型株式報酬の長期インセンティブ報酬の導入が増加している状況と整合的である。具体的には，ストック・オプションに加えてRSと一定業績の達成を条件とするPSが多くの欧米上場企業に導入されている。たとえばアメリカ大手製造業において，これら2ないし3つの組み合わせで，PSがほぼすべての企業で採用されて長期インセンティブの中心となっており，アメリカ大手金融機関においても支払上限を設定したPSが主流になっている（阿部 2014）。ドイツのDAX30社においても，PSが中心であり，複合型株式報酬の長期インセンティブを採用している欧米上場企業は急増している。また近

年，日本においても，日本版 RS/PS の受け皿として信託を活用した報酬体系が開発されて，いくつかの日本企業で導入されるようになってきている。このような長期インセンティブの採用の動きは国際的に強まることが予想される。

　今後，重要なことは，このような長期インセンティブと企業価値向上の関係性を情報開示することである。目標となるリターンを獲得するためのリスクの程度を推測させるような情報の開示と，経営者の過度なリスク選好を抑止するような仕組みを担保することも必要である。

5．経営者報酬情報の内容の高度化

　本章は，経営成果分配の最適化の問題として経営者報酬の重要性を明らかにした後で，欧米の情報開示と株主権限の強化を柱とした経営者報酬の規制強化について説明し，最適な株式利用の長期インセンティブについて分析した。この結果，長期インセンティブについては複合型株式報酬の設計が理論的に最適であることを示した。実際に，欧米上場企業は，ストック・オプション以外にRS ならびに PS をミックスさせて長期インセンティブを導入しており，企業の持続的な成長への長期コミットを高める経営者報酬の構築を試行錯誤しながら追求している。同時に規制強化のなかでも SAY ON PAY の導入の高まりと相俟って，欧米上場企業の経営者報酬に関する情報開示が積極的に推進されており，今後この流れは続くであろう。これは，株主のみならず他のステークホルダーからの理解を求めるという点でも重要である。

　最後に経営者報酬の重要度はさらに高まり，経営者への成果分配に対するモニタリングは国際的に強化されると考えられる。これにより経営者報酬情報の内容は高度化し，情報の受け手である株主などのステークホルダーのリテラシーも高まっていくと思われる。経営者報酬情報の内容については，経営者報酬の目的，報酬要素，インセンティブの仕組み，報酬の決定プロセスなどの詳細が開示される必要があるが，特に株式を利用した長期インセンティブが企業価値創造と整合性があるかどうかを明確に説明する必要がある。なぜならば，

株主が株式を利用した長期インセンティブについて精度の高い分析と評価をすることが可能になってはじめて，株主と経営者の間のエージェンシー問題が緩和されることになり，企業価値が向上するからである。

《注》

(1) 本章の執筆に当たっては，ペイ・ガバナンス日本株式会社の阿部直彦氏，帝塚山大学の宮本順二朗教授からたくさんの有意義なコメントをいただきました。心より御礼申し上げます。

(2) 同社は他に，ステークホルダーへの付加価値配分表，ステークホルダーへの付加価値配分額の推移についても開示している。詳しくは帝人株式会社のホームページを参照のこと (http://www.teijin.co.jp/csr/economy/)。

(3) 経営者報酬に関するサーベイについては，坂和・渡辺 (2010)，中村 (2012) を参照せよ。

(4) 金融市場の監視や情報交換を目的として1999年に創設された国際的なフォーラムであり，主要国の中央銀行，財務当局，金融監督当局ならびに世界銀行やIMFなどの国際機関が参加している。2009年に金融安定理事会 (FSB: Financial Stability Board) に改組され，組織体制が強化された。

(5) SOX法はすべての上場企業に対して，財務報告，運用，関連資産についての内部統制の実施と，当該内部統制の有効性の評価を正式な文書で証券取引委員会 (Securities and Exchange Commission: SEC) に提出すること，また，内部統制の有用性や企業財務に影響を与えかねない不正や損失が発生する可能性について定期的な開示を行うことを義務づけている。

(6) 取戻しの執行主体はSECとされている。

(7) 1980年代に企業不祥事 (BCCI銀行，マクスウェルなど) が続発した背景から，企業不祥事を防止して良好な経営環境の整備に取り組むため，エイドリアン・キャドバリー卿を委員長とするキャドバリー委員会が設置されたが，この委員会が1992年に公表した報告書のこと。これは世界的にも先駆的なコーポレート・ガバナンス規範であり，キャドバリー委員会およびグリーンブリー委員会，ハンペル委員会の各報告書を統合して，1998年に統合規範が公表された。これは財務報告評議会 (Financial Reporting Council: FRC) が所管し，上場規則にも採用されている。

(8) 1995年1月に，CBI (Confederation of British Industry) の委託を受けて設立されたグリーンブリー委員会による報告書のこと。グリーンブリー委員会は，取締役の報酬体系の見直しと報酬に関する情報開示の強化を勧告した。

(9) キャドバリー委員会報告書・グリーンブリー委員会報告書・ハンペル委員会報告書についての翻訳として八田進二・橋本尚 (2000)，それぞれの論点の考察

として，日本コーポレート・ガバナンス・フォーラム編（2001）を参照せよ。
⑽　2年以上の会計機関に対応する業績連動報酬は，長期インセンティブと総称される。詳しくは，阿部（2014：26）を参照せよ。
⑾　詳しくは，阿部（2014：26）を参照せよ。
⑿　ストック・オプションの費用化も，ストック・オプションの導入が低下した要因としてあげられる。
⒀　本章の分析では，議論を単純化するため，経営者の固定報酬をゼロにした。固定報酬（経営者の留保賃金）の変数をモデルのなかに取り入れても，結果は本質的に変わらない。

参考文献

阿部直彦（2014）「コーポレート・ガバナンスの視点からみた経営者報酬のあり方」『旬刊商事法務』No. 2048：24-34。

Core, J., R. Holthausen and D. Larcker (1999) "Corporate governance, chief executive Officer compensation, and firm performance," *Journal of Financial Economics*, Vol. 51: 371-406.

Emily Chasan, "European Commission Proposes Binding Say-on-Pay," *THE WALL STREET JOURNAL*, April 9, 2014.
http://blogs.wsj.com/cfo/2014/04/09/european-commission-proposes-binding-say-on-pay/ (accessed October 7, 2014)

橋本基美（2003）「英国における社外取締役の役割—コーポレート・ガバナンスに関する『ヒッグス報告書』について—」『資本市場クォータリー』Vol. 6, No. 4。

八田進二・橋本尚（2000）『英国のコーポレート・ガバナンス』白桃書房。

Holmstrom, B. (1979) "Moral hazard and observability," *Bell Journal of Economics*, Vol. 10: 74-91.

Holmstrom, B. (1982) "Moral hazard in teams," *Bell Journal of Economics*, Vol. 13: 324-340.

日向雄士（2001）「付加価値分配の現状と企業を巡る問題」『ニッセイ基礎研REPORT』9月号：16-19。

Jensen, M. and K. Murphy, 1990, "Performance Pay and Top-management Incentives," *Journal of Political Economy*, Vol. 98：225-264.

Jensen, M. and W. Meckling (1976) "Theory of the firm: Managerial behavior, agency costs, and ownership structure," *Journal of Financial Economics*, Vol. 3: 305-360.

Kaplan, S. N. (1994) "Top executive rewards and firm performance: A comparison of Japan and the United States," *Journal of Political Economy*, Vol. 102, pp.510-

546.

小山明宏（2011）『経営財務論』創成社。

菊田秀雄（2008）「EUにおける取締役報酬規制をめぐる近時の動向―EUおよびイギリスにおける展開を中心に―」『駿河台法学』第22巻，第1号。

草野真樹（2014）「公正価値評価の拡大と会計の契約支援機能」『金融研究』第33巻，第1号。

黒沼悦郎（2006）『アメリカ証券取引法 第2版』弘文堂。

三菱UFJリサーチ＆コンサルティング（2014）「諸外国における金融制度の概要」三菱UFJリサーチ＆コンサルティング。

宮本順二郎（2012）「経営者報酬と企業成果についての実証分析―そのパイロット調査の結果―」帝塚山大学経営情報学部 Discussion Paper Series。

中村友哉（2013）「経営者報酬に関する研究動向」『FSA リサーチ・レビュー』第7号，金融庁金融研究センター。

日本コーポレート・ガバナンス・フォーラム編（2001）『コーポレート・ガバナンス―英国の企業改革―』商事法務研究会。

西川珠子（2009）「米国における役員報酬規制強化―政府による金融支援対象企業から全上場企業に適用拡大へ―」『みずほ米州インサイト』2009年8月11日，みずほ総合研究所。

大久保拓也（2003）「イギリスの上場会社における取締役の報酬に対する新たな規制」『法政論叢』39(2)：1-13。

大村浩靖（2008）「制度的側面からみたコーポレートガバナンス論」『視点』12月号，三菱UFJ信託銀行。

乙武正太（2010）「経営者報酬と利益の構成要素の実証的関係」『証券アナリストジャーナル』Vol. 48, No. 6：24-33。

境睦・任雲（2007）「経営者株式報酬制度のメリットと問題点―今後の日本企業における経営者報酬制度の最適化に向けて―」『桜美林大学経営政策論集』Vol. 6, No. 2：1-22。

坂本恒夫・佐久間信夫編（1998）『企業集団支配とコーポレート・ガバナンス』文眞堂。

坂和秀晃・渡辺直樹（2009）「経営者報酬と取締役会の経営監視機能についての検証」『金融経済研究』第29号：66-82。

坂和秀晃・渡辺直樹（2010）「経営者報酬と企業パフォーマンスに関するサーベイ」『証券アナリスト』Vol48, No. 6：66-82。

清水克俊・堀内昭義（2003）『インセンティブの経済学』有斐閣。

白井正人（2008）「役員報酬―これからの業績連動の在り方」『労政時報』第3728号：76-89。

Smith, C. W. and R. L. Watts (1992) "The investment opportunity set and corporate financing, dividend, and compensation policies," *Journal of Financial*

Economics, Vol. 32: 263-92.

鈴木裕（2012）「企業ガバナンス改革の国際動向—引き続き経営者報酬問題へ高い関心—」『大和総研調査年報』2012年夏季号，Vol. 7：76-87。

東京証券取引所（2012）「上場会社コーポレート・ガバナンス原則2009年12月22日改定版」。

戸井佳奈子（2011）「なぜ米国金融機関の過度なリスクテイク行動は許されたのか—社会風土や価値観に焦点を当てて—」『現代ビジネス学科学会誌（電子版）』第1号：20-32。
http://www.yasuda-u.ac.jp/top/course/business/cbs/2010cbs/paper_toi.pdf（2014年10月25日閲覧）

上田谷恒久（2011）「イギリス新会社法におけるコーポレート・ガバナンス規律」『武蔵野大学政治経済研究所年報』3号：41-83。

吉田博（2011）「会社役員の報酬情報の戦略的課題—コーポレート・コミュニケーションの視点から—」『京都マネジメント・レビュー』第18号：123-138。

Xu, P. (1997) "Executive salaries as tournament prizes and executive bonuses as managerial incentives in Japan," *Journal of the Japanese and International Economies*, Vol. 11: 319-46.

第9章　経営資金運用・調達決定のための会計情報分析；その可能性と限界

1. 日本企業の株主実態

　日本の企業では，単独でその企業の経営支配権をもって，その支配力を発揮できるほどの株式を保有している株主の存在はみられない。新聞，テレビなどのマスコミでもしばしば大株主が取り上げられているが，彼らの株式保有割合は，わずか3％から5％程度のものである。大株主の割合を示す大株主名簿をみても，わずか数％ずつを保有している株主が数多く並んで示されている程度である[1]。

　日本の上場企業では，一般に株式保有の状況が広範になっている。そのなかで，株式持合いと親子上場は，その代表的なケースである。株式持合いの株主とは，そもそも当該企業の経営者によって作り上げられた株主であり，いわゆるサイレントパートナー（物言わぬ株主）という存在である。また，親子上場株主とは，当該企業グループの支配関係そのものを示しているからである。

　なお，株式持合いの株主の役割としては，現経営陣に敵対的な株主の発言およびその行動の影響を遮断させることが考えられる。そして，その株式の持分割合においては，それぞれ提出できる議題の種類が細かく定められている。ただし，会社経営に対する影響は，持分割合が大きくほど大きくなっている。さらに，現経営陣による自社株の保有については，経営に対する金銭的なインセンティブとしては重要な要因になる。経営実践では当該企業の規模が大きくなるにつれてブロック所有の諸費用は高くなるため，企業の資金的制約条件より役員個人が大株主になるのは事実上むずかしくなっている。そもそも，役員保有の自社株は，その保有比率にかかわらず企業経営に与える影響は大きいもの

図表9-1：持分割合と「できること」

持分割合	提出できる議題の種類
3分の2以上	株主総会での多数決において，残りすべての議題を成立させることができる（他社との合併，事業売却，会社名変更，会社の解散など）
2分の1以上	株主総会での多数決において，多くの議題を成立させることができる（取締役の選出・解任，取締役の報酬決定，配当額決定など）
3分の1以上	株主総会でいくつかの議題の成立を阻止できる（拒否権をもつ）
10%	会社の解散を裁判所に請求できる（解散すべきかどうかは裁判所が判断している）
3%	株主総会を開くように経営陣に請求できる
1%	株主総会への議題を提案する

出所）筆者作成

である（図表9-1参照）。

2. 経営者の意思決定とFSの構成

　すべての企業経営（ビジネス）については，会計基準に基づいて作成される財務諸表（Financial Statement，以下，FSと略称）に，その経営成果を「数字」でまとめる。それは，株主や債権者など投資家に対して，当該企業の経営実態を知らせ（自らもその実態を知る），将来に向けてより健全な企業へと成長を図るためである。しかしながら，資本市場に株式を上場していない企業（非上場企業）のほとんどは，その経営内容もそれほど複雑でないため，資金の調達については主として金融機関（銀行）からの借入金に依存する傾向が強いのが一般的である。

　通常，ビジネスを展開する過程では，キャッシュによる取引がそのほとんどである。このビジネス取引の受取や支払を，主要な支出項目と回収項目に分けてそれをキャッシュで捉えると，ビジネス上のキャッシュの流れを簡単にモデル化することができる。しかしながら，すべてのビジネス取引がキャッシュをベースにしているわけではない。このキャッシュをベースにしないビジネス取引が，企業経営の健全性，透明性および経営分析をより複雑にしているのである。

企業規模に関係なく，すべての企業経営者は，どのように投資決定をするのか，その投資に必要な資金をどのように調達するかが問われる。ファイナンス問題は，ファイナンスに携わる財務担当者だけの関心に留まらず，すべての企業経営陣（幹部社員を含む）が共有しなければならない重要なテーマである。ファイナンスで扱う数字は，競争主義に基づく経済合理性を基盤として，資本市場でいかに顧客の価値を創出するか，あるいは顧客のニーズを競合企業の提供する顧客価値以上のもので満足させるかを，投資家に客観的な真実として示すものでなければならない。つまり，投資家を満足させてはじめてファイナンス数字として捉えることができるのである。しかしながら，財務担当者をはじめ企業経営幹部が，自社の生産現場を本当に見ているのか，あるいは現場での真の問題を理解しているかについては，大いに疑問がある。しばしば，日本の製造企業で致命的な経営結果を示しているのは，こうしたファイナンス数字を無視したことがその原因ではないか思われる。

　ビジネスにおけるさまざまな意思決定は，大企業の経営幹部が果たす役割以上に個々人のもつ役割が大きいといっても過言ではない。たとえ企業規模が小さくても，さまざまな意思決定を一人または数人で果たす可能性は高くなるから，まさにアントレプレナー（起業家）は企業価値の創出者なのである。彼らは，明日のキャッシュ・フロー（CF）獲得の実現を確信し，今日の投資を決定しているのである。

　企業経営（ビジネス）の基本コンセプトは，利益の最大化を図る（企業価値の最大化を目指す）ためのさまざまな意思決定の流れとして捉えられる。企業経営者の役割は，そのため以下の3つの側面に集約される。

① 資本投資の決定（おもにキャピタル・バジェティング）：企業の長期資本投資案を策定し，具体化，管理していく一連のプロセスに重点をおく。
② 運転資本の管理（おもにワーキング・キャピタル・マネジメント）：在庫や売掛債務といった企業の短期資産と，そうした資産への投資資金や支払債務など，日々の営業活動に関連して発生する資産と負債の管理に重点をおく。

③ 長期資金の調達（おもにキャピタル・ストラクチャー）：長期資本投資に必要な資金をどのように調達するかに重点をおく。

こうした3つの側面に関係した意思決定を効率的，効果的に図ることによって，経済的価値の創出に貢献していくことが，ファイナンスの中心課題になっている（図表9-2参照）。

通常，企業の資本投資という場合には，固定資産への投資に関する意思決定のプロセスを指しているが，このプロセスでは，投資案件が将来の「営業活動」を通して計上することができるキャッシュ・フロー（予想ベネフィット）とプロジェクトに対する当初の投資額（必要支出額）がこうした投資基準のベースになる。なかでも，DCF（ディスカウンテッド・キャッシュ・フロー：Discounted Cash-Flow）法によるプロジェクト採否の決定はその代表である。このDCF法による資本投資の決定は，企業の持続的な成長の「カギ」になっている[2]。現在のプロジェクトへの投資額と，投資したプロジェクトによる将来営業活動を通しての期待キャッシュ・フローとの比較で，その期待キャッシュ・フローの現在価値の合計が現在のプロジェクトへの投資額を上回るこの

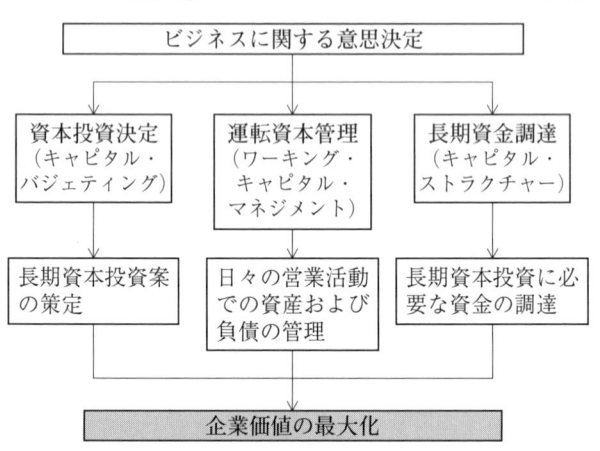

図表9-2　価値創出プロセスにおけるファイナンスの役割

```
            ビジネスに関する意思決定
        ┌───────────┼───────────┐
   資本投資決定      運転資本管理      長期資金調達
  （キャピタル・   （ワーキング・   （キャピタル・
   バジェティング）  キャピタル・    ストラクチャー）
                   マネジメント）
        │              │              │
   長期資本投資案   日々の営業活動   長期資本投資に必
   の策定         での資産および   要な資金の調達
                  負債の管理
        └──────────────┼──────────────┘
                  企業価値の最大化
```

出所）土井（2003）をもとに筆者作成

差額を正味現在価値（Net Present Value: NPV）といい，収益が高く，魅力ある投資対象であるといえる（NPV＞0）。一方，現在の投資ベースの効率性の測定では，会計的に捉えた投下資本利益率（総資産利益率，株主資本利益率）が判断基準のベースになる。したがって，株主価値の創出にどのような貢献をするかといった観点からは，新規投資案件の経済的価値の測定と既存投資ベースを会計的に捉えた価値の測定という，両者間の違いを調整することによって，投資活動を効率的，効果的に図っていくことが重要になる（図表9-3参照）。

資産への投資が決まり，投資に必要な資金が調達されると，こうした資産をできる限り効率的に管理運営していかなければならない。既存の資産の管理に関するファイナンスの役割としては，主として流動資産の管理に重点がおかれている。つまり，運転資本の管理がその中心である[3]。この運転資本管理では，貸借対照表上（B/S）の流動資産と流動負債を効率的に，かつ効果的に管理することによって，資産の収益性の最大化を図ると同時に，負債に対する支払額を最小に抑える企業の経営管理能力が要求されるのである。

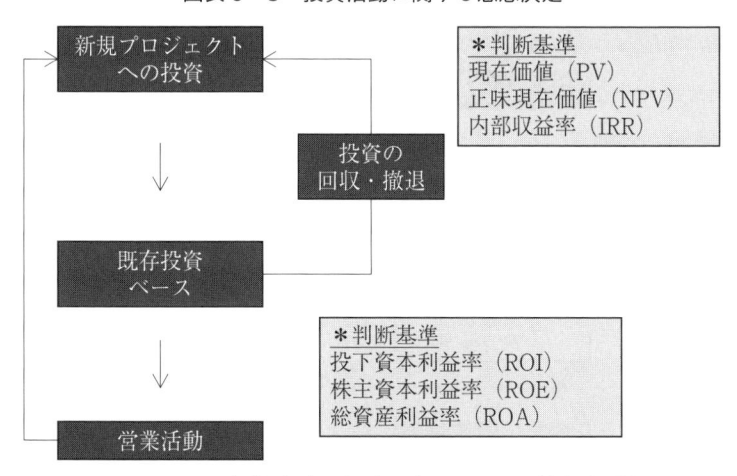

図表9-3　投資活動に関する意思決定

＊判断基準
現在価値（PV）
正味現在価値（NPV）
内部収益率（IRR）

＊判断基準
投下資本利益率（ROI）
株主資本利益率（ROE）
総資産利益率（ROA）

矢印は（→）は，キャッシュの流れを示している。

出所）土井（2003）をもとに筆者作成

営業活動に関する戦略や諸決定では，1年以内に現金化される資産への投資資金をどのように効率的に運用していくかが中心課題である。こうした諸決定において，標的市場の選定，その市場の顧客ニーズを競合企業以上の満足に結び付けるには，価格設定とモノ・サービスが提供する便益の適切な組み合わせを図ることが重要になる。こうした組み合わせの選定には，価格変動の影響，販売数量ならびにモノ・サービスの収益性の両者間のバランスを図りえる経営能力が要求されることになる。その際の判断基準としては，収入とコストがどのように効率的に管理されているかを示すさまざまな手法，たとえば営業上の収益比率が会計上の比率であるのに対し，企業のリエンジニアリングや価値をベースにしたマネジメントを重要視するファイナンスの立場からは，アクティビティー分析が重要になってくる。企業の特定機能に関わる物的活動を段階的に明確することによって，各段階のコストとベネフィットの経済的分析を図ることになる（図表9-4参照）[4]。

また，資金調達上の意思決定は，資産への投資（企業内投資）に必要な資金をどのように調達するかである。企業がその資金を必要とする場合，利益の配

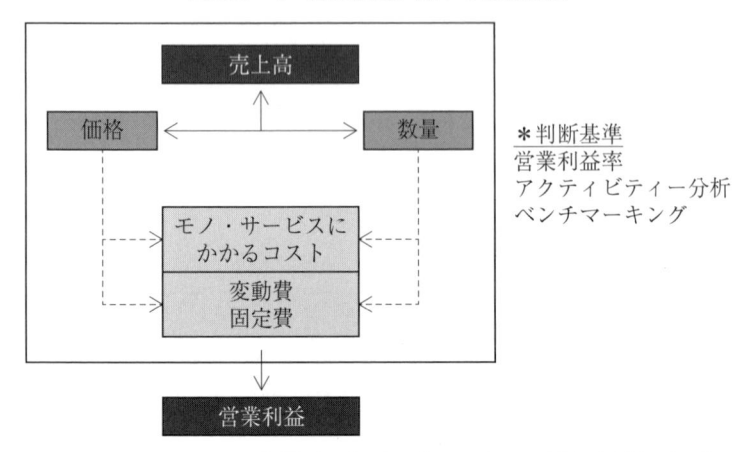

図表9-4　営業活動に関する意思決定

＊判断基準
営業利益率
アクティビティー分析
ベンチマーキング

矢印（→）は，キャッシュの流れを示している。

出所）土井（2003）をもとに筆者作成

分を前提にしながら資本市場から資金を調達するか,あるいは特定期間中に契約した支払額の返済を約束して資金を金融機関などから借りてくるかどうかを決めることである。前者の場合には投資家が株式を取得して株主(株主資本,Equity)になることで,企業の所有権の一部を取得することになる。後者の場合には,投資家は資金の貸し手(債権者)になり,企業にはその借入金(他人資本,Debt)に対する彼らへの支払返済義務が発生することになる。こうした企業の中・長期の資金調達の選択は,通常,資本構成の決定と呼ばれている。新株を発行して増資をするか,借入れに依存するかなど,資本の調達にはさまざまな組み合わせが可能になる。資本を借り入れる場合,中・長期資金は社債を発行して資本市場から調達するか,銀行から借り入れるか,あるいは国内通貨の円で資金を借りるか,外国通貨(たとえば,ドル)で借りるかなどのさまざまな選択肢がある。その際,企業にとってもっとも資金調達コストを抑えることができる最良な資金調達源泉の組み合わせをいかに図っていくか,ということに重点がおかれることになる。営業利益の配分,株主への配当金,借入金の利子返済などを計上することによって,最終的に内部留保(FCFとしての残余利益)を確保することで,それをビジネスの再投資資金に充てることができるようになる。

なお,利益配分決定に関する判断基準は,1株当たりの利益およびキャッシュ・フローや企業の株主と資金借入先への支払能力によって示される。さらに,戦略的に組み入れられた資本構成からみた判断基準としては,株主資本利益率(ROE),資本コスト(cost of capital),株主価値(=企業価値-負債の価値)の創出概念などがあげられることになる。いずれにせよ,会計的に捉えた判断基準とキャッシュ・フローをベースにした判断基準においては,それぞれの区別が重要になるが,価値創出のベースがキャッシュ・フローの最大化にあるとともに,FSの構成をしっかりと理解しておく必要がある。

そのため,ここで,企業の目指すFCFと株主が一番興味を示す税引後利益の両面で適正なマネジメントなるものが不可欠になることを,FSのひとつであるキャッシュ・フロー計算書(C/S)を用いてみておくことにしよう。

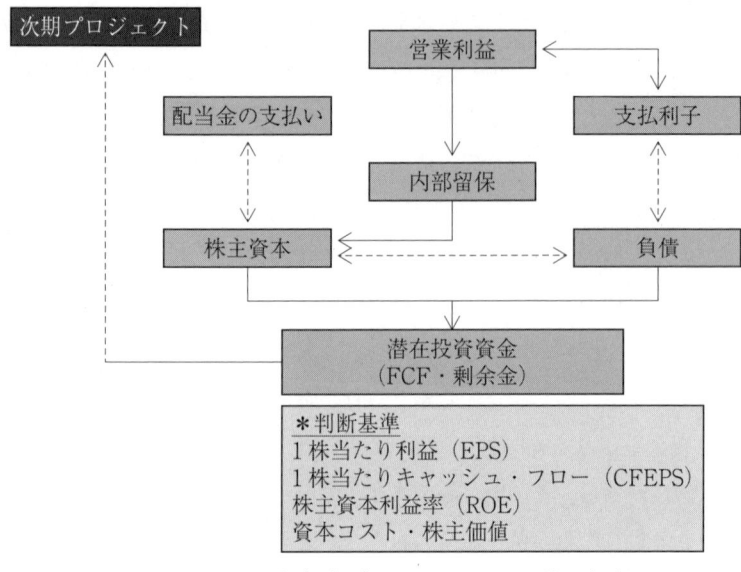

図表 9-5　資金調達に関する意思決定

```
次期プロジェクト

営業利益
配当金の支払い　　支払利子
内部留保
株主資本　　　　　負債
潜在投資資金
(FCF・剰余金)

＊判断基準
1株当たり利益（EPS）
1株当たりキャッシュ・フロー（CFEPS）
株主資本利益率（ROE）
資本コスト・株主価値
```

矢印（→）は，キャッシュの流れを示している。

出所）土井（2003）をもとに筆者作成

　キャッシュ・フロー計算書では，営業活動・投資活動・財務活動という主要な経営活動別にキャッシュ・フローの流れを表示する。なお，ここでの資金概念は「現金および現金同等物」である。この現金同等物とは，容易に換金可能であり，かつ価値の変動については僅かなリスクしか負わない短期投資を意味している。なお，市場性のある株式は換金が容易であっても，価値変動リスクがあるために，現金同等物には含まれない。

　キャッシュ・フロー計算書による分析の基本的考え方をわかりやすくするために，ここでは，原則として企業から外部へのキャッシュの流れを（－）記号で示し，外部から企業内へのキャッシュの流れを（＋）記号で示している。これにより，企業の営業・投資・財務活動のどの活動がプラスのキャッシュ・フローを生み出し，どの活動がマイナスのキャッシュ・フローを生じさせているかを把握することができる。この観点から，経営活動の実態を把握するために，

図表9-6　企業の営業・投資・財務活動別のキャッシュ・フロー循環

活動	①	②	③	④	⑤	⑥	⑦	⑧
営業	＋	＋	＋	＋	－	－	－	－
投資	＋	＋	－	－	＋	－	＋	－
財務	＋	－	－	＋	＋	＋	－	－

出所）　筆者作成

　企業の活動別のキャッシュ・フロー循環を分類すると，ひとつの活動にそれぞれ2つのパターンがあるので，3つの活動では合計8つのパターンとなる（図表9-6参照）。

　まず，注目してほしいのは，営業活動におけるキャッシュ・フローである。この営業活動キャッシュ・フロー（以下，CF1と表記する）は，企業の本業からの現金創出能力をみるうえでもっとも重要な指標になっているからである。たとえば，CF1の＋が金額的に十分大きいとすれば（パターン表での＋は，あくまでも方向だけであり，大きさではない），企業にとっては新規事業への投資を行ったり，過去に調達した資本の利子返済をしたり，あるいは配当への支払いなどをするに足る十分な余剰資金を生み出していることを意味することになる。正常な経営活動を行っている企業では，CF1は＋で表示されるはずである。もし，CF1が－になっている場合には，その穴埋めのために既に行っている投資を中止したり，外部から新たに資本を調達しなければ，企業の現金残高は減少し，資金繰りが行き詰まる可能性が高くなることは否定できない。

　つぎに，投資活動によるキャッシュ・フロー（＝CF2）は，将来CFを生み出す能力を高めるために経営資源をどの程度投下したのか，あるいは過去に行った投資をどの程度中止したのかを明らかにすることができる。このCF2がCF1によって充足できるかどうかは，企業の財務活動に影響を与える。つまり，CF2がCF1によって充足されている場合には，余剰資金で有利子負債を返済することや，株主価値を高めるために自社株買いを行うこともある。このように，正常な投資活動がされている企業のCF2は－で表示される。しかしながら，このCF2が＋記号の場合は何を意味しているのか。

　それは，その状態の恒常性にもよるが，その企業の状況がすでに成長を終え

て，成熟段階を迎えている成熟産業に属しているか，あるいはリストラを加速するためにこれまで投資して使用していた資産を売却させているケースであると考えることもできる。

CFSでは，経営者の意思決定行動とその成果がストレートに反映されるため，それを利用することによって企業経営の実態についての理解を高めることができるのである。

そこで，営業・投資・財務活動のキャッシュ・フロー循環を類型化し，それぞれの企業の一般的特性について，読者の皆さんには，①から⑧のパターンは，企業がどのような状況に置かれているのかを，是非検討してもらいたい。

3．グローバリゼーションとFSの展開

1990年代に入り，企業活動においても資本の動きにおいても，グローバリゼーションがかなりの勢いで進展しつつある。現在では，個人投資家レベルにおいてもインターネットを通して外国企業のFSに容易にアクセス可能な時代になっている。このグローバリゼーションによるボーダレスな情報共有と情報技術（IT）による業務プロセスの革新（イノベーション）および企業構造の変化，IR（Investor Relations：インベスター・リレーションズ，投資家向け広報）の組織的取り組みによる企業情報開示の進展の影響を受けて，経営分析として取り組むべき領域が一挙に広範となり，その分析すべき情報も膨大になっている。

現在，企業の財務報告作成においてひとつの世界基準が注目されている。その基準とは，国際財務報告基準（International Financial Reporting Standards: IFRS）といわれるもので，企業の財政状態や経営成績を表すための世界会計基準である。日本を含め世界100ヵ国以上が採用，あるいは将来的に採用することを表明しているものである。

世界中で利用可能な単一の会計基準を作成することによって，どこの国の企業であっても「共通のモノサシ」で，企業の実態を把握できることになる。この世界共通概念フレームワークが構築されるに当たっては，1978年にアメリ

カの財務会計基準審議会（Financial Accounting Standards Board: FASB）が大きく影響しているといわれている。経済活動のグローバル化が大きく進展した1980年代には，企業が行う事業活動の国際化と資金調達の国際化に加えて，証券投資の国際化も同時に進展したため，国際的な財務報告基準の重要性がますます高まってきた。

1980年代末から1990年代にかけて，証券監督者国際機構と国際会計基準委員会を中心にして，多国間での公募による資金調達を通じた効率的な資金配分を推進する試みが強力に推し進められることになった。これは，各国の会計基準の相違を除去しようとするためのものであった。このアプローチによって，多くの国々の会計基準設定主体に大きな影響を及ぼすことになり，国際会計基準審議会（International Accounting Standards Board: IASB）の前身機関に当たる国際会計基準委員会（International Accounting Standards Committee: IASC）も，1989年に「財務諸表の作成表示に関する枠組み」と題する概念フレームワークを公表することになった。そして，2004年7月には，日本でも企業会計基準委員会（Accounting Standards Board of Japan: ASBJ）が「財務会計の概念フレームワーク」と題する文書を討議資料として提示することで一部が修正され，2006年12月に確定している。

この概念フレームワークは，いずれも財務報告の目的を規定することから出発し，その目的を達成するために会計情報が具備すべき質的要件を明示している。さらに，その質的要件から財務諸表の構成要素とそれらの認識・測定の基準を導出して，ひとつの大きな枠組みを構成し，この枠組みのなかで各種の取引に関する具体的な会計基準を形成しようとするものである。

現在，世界各国では，IFRSとのコンバージェンス（共通化）を進めている。このコンバージェンスとは，自国の会計基準とIFRSに差異がないよう自国の会計基準を修正していくことを意味している。会計基準に関わるコンバージェンスについては，日本では長くタブー視されてきたものである。具体的に取り組むべき課題として認識されるようになったのは，民間の会計基準設定主体である企業会計基準委員会が2005年にIASBとのコンバージェンス作業を開始

してから，2007年に2011年6月という期日目標を設定することで合意（東京合意）したものである。会計基準のコンバージェンスが必要とされた最大の要因は，経済活動のグローバル化にあるといって良いと思われる。というのも，会計基準の違いが資金の効率的流れを阻害するという認識が国際社会全体に広まったからである。2009年9月にASBJは計画を更新し，一部前倒しで作業を完了させている。そのため，金融庁でも2010年3月期から，日本企業に連結財務諸表におけるIFRSの適用を認めている。

なお，2009年6月に公表した「わが国における国際会計基準の取り扱いについて（中間報告）」では，2012年までにIFRSの強制適用の是非とその実施期間を判断する方針を公表している。2015年からの日本企業に対するIFRSの強制適用はされないようであるが，任意適用の積上げを図ることが重要であるとされている。

1973年に設立されたIASCは，2001年に迅速な基準設定をめざし，常勤メンバー（理事）を中心とする現在のIASBに改組されている。これは，独立した民間機関であり，現在15名の理事がいる。改組前のIASCが作成した基準

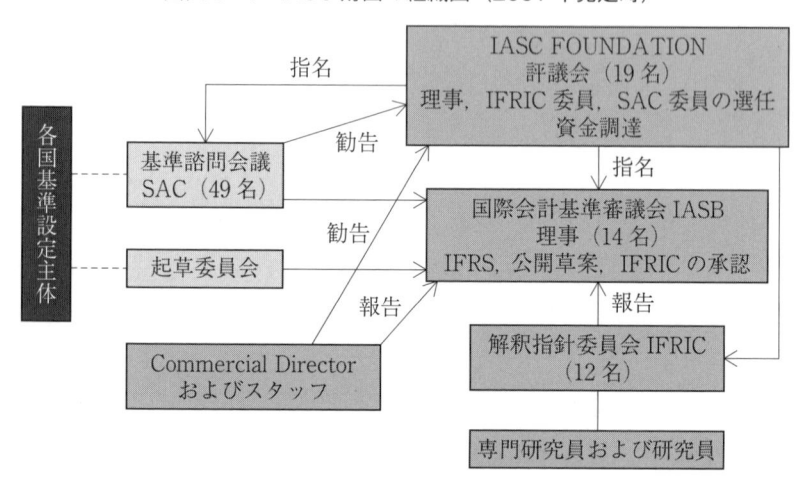

図表9-7　IASC財団の組織図（2001年発足時）

出所）『会計基準のコンバージェンス』（体系現代会計学第4巻）

は，国際会計基準（International Accounting Standards: IAS）と呼ばれるものであり，現在においても有効なものになっている。このように改組された IASB によって設定された IFRS と，改組前の IASC によって設定された IAS，IFRS 解釈指針委員会とその前身である解釈指針委員会により発表された解釈指針，これらのすべてを総称して「IFRS」と呼んでいる。

現在までに使用されている日本の会計基準に代わってこの IFRS が適用されることになると，日本の企業や投資家などには大きな影響が出てくるといわれているが，IFRS と日本の会計基準とではどこが違ってくるのであろうか（図表9－7参照）。

4．パラダイム・シフトと FS の限界

そもそも財務会計（制度会計）では，その確固たる体系と規範性を有している，いわば「剛的（ハード）構造」をその本質的な特徴にしているために，そのフレームを拡大（拡張）していくには，その特徴を活かすことができるが，フレームワークをいきなり変化させることに対してはその特徴を生かしづらいものである。そこで，この財務会計と対峙する，管理会計の特徴をみると，管理会計は優れて「時代と環境の変化に対応する」ことを求めることで自らを変化させることができる「柔的（ソフト）構造」をその特徴としているものである。財務会計が頻繁に変わることで規範性を保てなくなる恐れがあるため，それを管理会計の状況適合性によってカバーしているので，投資家は企業が作成する FS を財務会計と管理会計とで分析可能な会計情報として，これまでは受け入れてきた。

しかしながら，企業が所属する経済社会には，今大きなパラダイム・シフト（これまでの常識を打ち破る価値観の劇的な変化）が発生しているために，これまで議論されている財務会計と管理会計の「間」の問題，システムと会計の「間」の問題や戦略と会計の「間」の問題のように，その「間」の境界を意識していたところから，一挙に「間」の境界を意識しない「間」の問題へと展開

しているものと思われる。経営者と投資家の「間」の問題では，その境界を意識しない「間」での対策として，これまでのFS（企業の作成していた会計情報）を展開させていくことによって対応させることはできる。これは財務会計を基本とするFSだけでも対応可能ということである。

　従業員とその働きの「間」を，その境界を意識しない「間」として捉えていくことになれば従前の管理会計の柔軟性だけでも不十分である。ゆえに，財務会計と管理会計の間を意識しないとともに，部分的，小手先的な改善方式ではなく，全体的，トータル思考に基づいた財務・管理会計のハードとソフト機能を統合した考え方を基盤とした新しいFSが必要になるので，これまでのFSを展開させていくだけでは限界にきていると言わざるを得ない。

　本節では，現在社会・経済のパラダイム・シフトによって新たな「間」の問題への対応に当たっては，従前までのFS分析ではその限界がきていることと，その新たな「間」の問題に対応するための対策として，管理会計以上の柔軟な構造をその特徴にもった新たな考え方を組み入れた新しい視点からの統合的なFSを作成する必要性を強調することにしたい（あくまでも試論的ではあるが）。

　現在，日本の多くの企業は，事業の社会的側面に関わるなかで，社会貢献活動に積極的に参加するとともに，自然環境保護に対する取り組みにおいても一段とその重要性を高めている。日本の環境省など（規制当局）のみならず，投資家など（株主・債権者）からの要請が厳しさを増すなかで，「環境報告書」を作成する企業も急増している。この動きに拍車をかけたのは，環境省によって公表された「環境会計」および「環境報告書」に関する一連のガイドラインである。資本市場への参加者が，こうした環境情報を利用し始め，企業の自然環境配慮への実態を企業評価尺度のひとつにあげ，それを重視し始めている。

　そこでは，エコ・ファンドなる投資信託までもが設定されるようになり，現在では複数のファンドが作られている。つまり，現代社会は，環境および社会的責任に対する企業の姿勢が評価される時代および社会関連情報や環境情報の質が問われる時代を迎えているのである。そこで，環境報告書や企業の社会貢

献活動への積極的な取り組みとしての社会的投資を組み入れたFSの作成は，確かにこれまでのFSの新たな展開を示したものである。しかしながら，こうした企業のCSRを通じて関わってきた地球環境問題や社会問題は，もはや企業業務（本業）の「脇」に置いたり「盾」にしたりするというものではなく，その本業の前提として見つめ直すべきものになっている。この見直しがパラダイム・シフトによるもうひとつの影響として捉えることができる。企業を取り巻くさまざまな環境変化への対応として，企業はその根本的な事業環境の変化によって，その存在意義を大きく問われるとともに，企業のステークホルダー（利害関係者）との関係性においても大きな変化が生じるなど，今まさに企業経営の大転換期を迎えているのである。

かつて，哲学者アリストテレスは，「人間」とは，自分一人では生きていけないとしながらも，一方で思いのまま自由に生きたがるもの（ポリス的な動物）として，人間を定義している。つまり，人間は社会で協力関係を維持するとともに，他者との利害を調整しなければならないのである。そのために，社会の維持・発展というプロセスにおいて，「共通の」公共的問題が発生する可能性はかなり高くなる。この問題を解決する際に必要となる意思決定は政治的解決手段といわれている。こうした政治的問題解決で共有すべき目的としてあげられているのが，「共通善（common good）」である。

従来の競争主義では，経済合理性を基盤とした企業の市場価値を最大化させることが営利企業の目的とされ，「利益」を生まない業務に「ヒト」を付けることは共通善として認めていなかった。つまり，企業内で働く従業員らはひとつの「個」であり組織の一員として，企業に従属することが前提となっていた。これまでの競争主義での戦略論の枠組みでは，組織が「上位＝主人」で，その個人は「下位＝雇い人」という関係になっていたといえる。また，株主優先主義では，経営者という「個」でさえ企業の主権者たる株主の代行者に過ぎない存在であった。そのため，個人やその社外にあるネットワークなど，社会的一員としての「個」の側面およびその重要性については，従来の競争主義（経済合理性）の枠組みでは，取り上げられていなかったし，その必要性を考えてい

なかったのである。それは、社会─企業─個人の関係が、かつては安定した構造（入れ子構造）を形成していたからである。この構造とは、日本のような相互信頼性が他国に比べて高い国には当てはまるものであり、個人は企業に属することで社会に属し、家族は社会に育てられ、企業に貢献するという関係を示すものである[5]。しかしながら、このような安定構造にも揺らぎが見え始めた。これにはいくつかの原因が考えられるが、若年層の高失業率やニートの急増などもそのひとつの現象である。

パラダイム・シフトの影響は、企業の無形資産（intangible assets）に対する関心にその広がりを見せ始めている。これにより、企業価値の決定因子が、これまでの有形資産の「見える富」から無形資産の「見えざる富」へと転化しているのである。これは、これまでのモノづくりに対応していた有形資産（tangible assets）に代替し、ヒトづくりに対応すべく知的資産（intellectual assets）および人的資本の利用によって、無形の知的資本価値を企業の本質的な企業価値として、それを向上させる考え方である。これはグローバルに見て、知識社会への変化を徐々にではあるが本格化なものへなりつつある状況を示している。この視点の変化を経営に引き寄せたものが多元型経営モデルである。

このモデルでは、経営活動におけるこれまでの競争主義における基本姿勢を、目に見える最終製品よりも目に見えない企業特有の資源およびその能力開発に向けていくことを重視している。そして、知識社会で改めて注目されるのが社会的共同体（コミュニティ）である。前述した地球環境問題にとどまらず、社会や経済のサステナビリティを目的とする経営理念（社会的に共有された美徳に基づく持続的成長）は、これから多くの経済的活動の中核的な課題のひとつとして位置付けられる。こうした変化に総合的に対応するモデルは、知識創造経営モデルと呼ばれている[6]。

そのために、従業員の企業内での生活状況（仕事をする意味とは）をみて、働く意味とは何か、従業員の知的生産性をどのように評価すべきかなど、新たに経営を「知」で据えていくことになる知識経営の体系化を図っていく必要がある。ゆえに、これまでの競争主義の枠内で経済合理性の追求を目的とした企

業価値評価を前提にしている従来のFSフレームワークでは，この新たな知識創造経営評価には対応できないのである。つまり，この対応では，新たな視点でFSを作成していく必要があり，従来のFS分析の限界を指摘していることになる。

ここで，従業員が「働く」とはどのような意味であるかを明らかにしているストーリーを紹介しておこう。このストーリーには，一人の女性と工事現場で働いている三人の男性が登場してくる。

〈ストーリー〉

ある日の朝，一人の女性が散歩の途中で工事中の建設現場に差し掛かったとき，そこで三人の男が働いている姿を見た。彼女は何らかの好奇心に駆られ，働いているうちの一人の男に次のような質問をした。「何をなさっているのですか？」，するとその男は，明らかにその質問を不快に感じて怒鳴り声で，「見りゃわかるだろう。レンガを並べているんだよ！」，と答えた。彼女は，「へぇそうなんだ」，と思いつつも，今度はその横にいる二人目の男に先と同様の質問をした。すると，その彼は不快でも何でもなく，ただ淡々と彼の仕事を説明した。「高さ10mのレンガの壁をつくっているんだ。幅は30m，厚さが45cmもある壁をね」と言い終わると，一人目の男に向かって「おい，壁の端のレンガが飛び出しているぞ。やり直せよ」と言い放った。彼女は，「へぇそうなんだ」と思ったが，何か釈然としなかったのか，ついに三人目の男にもこれまでとまったく同じ質問を繰り返した。どう見ても，前の二人とまったく同じ作業をしているように見えたにもかかわらず，彼女の質問に対して三人目の男は次のように答えた。「ああ，よくぞ聞いてくれたね，娘さん。ぼくはね，未だかつてないほど立派な大聖堂を建てているんだよ！」と。さらに，もっと何かを説明しようとした途端に，先の二人の男たちの言い争う声が急に大きくなったため，その三人目の男は自分の言いたいことを止めて，二人の男らに向けて次のように言い放った。「おいおい，どうして揉めているんだ。どうせその端は内部の壁の角になるんだよ。だから，最後の仕上げには全体にしっくいが塗られるんだから外部からは見えなくなるよ。だから揉めていないで，さっさと次の作業（段階）に移っていこうや」，というものであった。

このストーリーから，人が「働く」という意味を理解することができましたか。一人目の男のように，自分の仕事を，ただレンガを並べるような「モノ」だと感じていることから，ストーリーが終わる頃（最後の三人目の男が発言するとき）には，未だかつてない大聖堂を建設する「コト」のために仕事をするという気持ちへ，仕事をする意味が変化していることがわかった。つまり，組織の目標全体と，自分の仕事がそれにどう関わっているかを把握していれば，その仕事の「質」を上げられることになるのではないでしょうか。

このストーリーで三人目の男の答えは，ストーリーの聞き手が駆り立てられるほどの将来像をいきいきと描く「ビジョン」になっている。つまり，ビジョンを明らかにするにはそのストーリー性が欠かせない要素になっていると解釈できる。たとえば，「ナンバーワンになろう！」と，単に訴えるだけのストーリーでは，聞き手が駆り立てられるものにはなっていない。

「モノ」づくりに重点を置いた付加価値創造を主張する短期的視点からは，従来の「モノサシ」を使って普遍的な正しさを追求していくべきところのみに，生産性の向上が実現できるものと思い込まれていた。このことは，二番目の男の発言を指している。彼は，設計図どおりの仕事をこなしていくことでスキルアップさせることに重点をおき，その設計図は決して間違っているという発想はないし，あるいはそもそも発想をしないということになる。つまり，二番目の男には，より生産効率を高めることにつながる設計図があれば，いつもそれに従ってしっかりと仕事をしていきたいと考えているのである。彼にとっては，「競争に勝つというだけのビジョン」があれば十分なのである。しかしながら，三番目の男はそのビジョンでは仕事ができず，本気で仕事に取り組めるビジョンを自らが示している点が重要なポイントである。つまり，ビジョンとは，三番目の彼のようにきわめて個人的なものであっても構わないということである。この点に，彼が描いてみせた未来が存在し，聞き手にとっても自分の将来の姿をそのビジョンから投影できるようになるのである。

ビジョンは，ともすれば高尚だったり，あるいは大胆だったりして，とても

達成できない夢物語と受け取られる恐れが少なくない。それはそれで価値あるビジョンの証拠ともいえるものであるが，相手がその実現を信じなければ（自分の脳裏にそのイメージが浮かんでこなければ），相手からの協力を得ることはむずかしいといわざるをえない。このように，ヒトの潜在能力を高めることを主軸に，知識活動を基盤とした「知識創造性」の開発とその「場」の構築を重要な課題として位置付けている企業は，徐々にではあるが，増加している。

これまでは企業内投資として有形資産の構築（モノづくり）からヒトづくりのために用いる「人的資本」の組み込みが重要視されている。つまり，ヒトを育てる「カネ」を臨時的な措置として準備するのではなく，経常的に投下資本として組み入れているのである。これを，企業内部にいる従業員の目線で考えれば，彼らにとって働くとは，仕事をする意味を考えるにふさわしい環境整備がされることになることを意味している。自社は「働きがいのある職場」であることを担保できることを，知的生産性として再定義するとともに，自由で闊達な行動を支持できるように，内部の人間が視点を変えてFSを新しい形に変えていくべきである。そして，この新FSの作成は，知識社会にふさわしい企

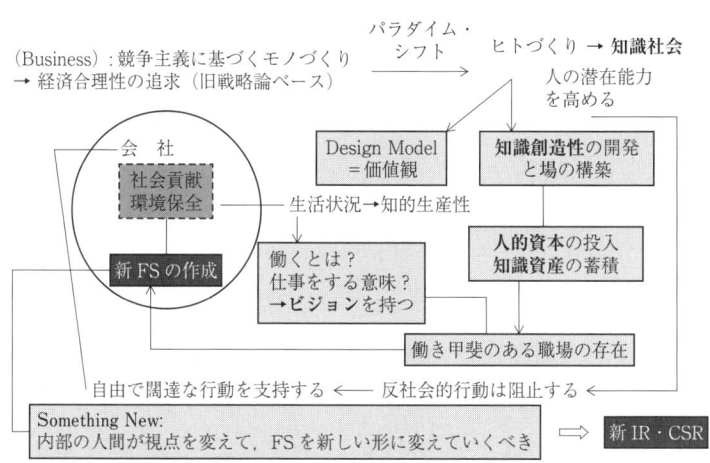

図表9−8　パラダイム・シフトによる新FS作成への流れ

出所）2011年日本経営財務研究学会西日本部会　安田義郎報告資料

業投資および社会貢献のあり方（個人—企業—社会の新たなIR, CSR関係）を構築していくことになるものと期待している。これまでの流れについてまとめたのが図表9-8である。

　この新FSの作成に当たり，経営者は一体どのようなことに意識を集中しなければならないのかを最後にみておこう。

　企業のインサイダーとして，経営者はそもそも，その企業の本源的価値（intrinsic value）を把握しなければならない立場にある。これまでのFS作成では，この本質的なる価値，いわば正確な企業価値の把握を，本当に投資家に向けて発信して（IR活動の一環という意味で）いたのであろうか。

　前節までにみてきたように，双方向のコミュニケーションの質および量を充実させることや資本市場の情報の非対称性を緩和して，理論的株価とその時価との乖離を埋めることに機能することになるIRは，会計（財務会計を中心に）情報としての説明責任と企業が求めている「資本コスト」低減に対して，かなり重要な活動をしているものとして評価することができる。この意味では，従来のFSは，外向けには本当によくできているものであったといえる。

　フィードバックというレンズの固定化，企業経営者が自分たちで表現したい，外面を重視する，一意的に解釈できる，数字表現だから客観性がある，などを含めて作成されてきた従来のFSは，投資家らには効率的なイメージを与えていた。だから，そのFSのもつ機能が多様化（環境保全，社会貢献にも寄与できる）すればするほど，それに伴って企業パフォーマンスも高くなっていると判断しがちになっていたのである。しかしながら，パラダイム・シフトの影響を受け，企業内部の人間が視点を変えてFSを新しい形に変えていくべきことをみてきたように，これまでのFS評価にたいするなかで，われわれは一意的に解釈できるという点について見直す必要がある。結論からいえば，FSにおいても解釈の多義性をもたせるということである。

　競争主義に基づく市場価値の最大化では，経済合理性を基盤にしているため利益を生まない業務に「ヒト」を付けることはできないとされている。これは，短期的視点に基づく「モノ」づくり重点による付加価値創造を主張しているも

のである。この主張では，従来の価値尺度を測る「モノサシ」を使ったもので，企業目的をこの付加価値創造を起点とする企業価値の最大化を共通善としている。これを普遍的に正しいとする（これが仮に過信だとしても）ことは，これを主張している彼にとっては何も否定する理由にならない。したがって，彼らは普遍的な正しさを示す従来のモノサシを使うことに何のためらいもなく「Yes」と答え，企業の生産効率を高めるのに役立つ従来のFSとのその整合性をさらに追求することになる（これは，先のストーリーの二番目の男と同じである）。こうした状況において，彼らに，あえて従来のモノサシを使うことに対して「No」といわせるにはどうしたら良いか。そのために，本来FSの数字がもっている意味について，その解釈の多義性をFSに組み入れることが必要になる。つまり，パラダイム・シフトによって知識社会への移行が現実味を帯びてくることに対して，その社会が「学習する社会 (learning society)」，「学習する組織〈企業〉(learning organization)」，「学習する地域 (learning community)」を含んだ社会になっていることを想定しなければならない。こうした社会的価値観の変化を受けて，企業内で働く従業員の夢を実現できる「場」の構築と彼らの知識・アイデアが活かされる労働状況のなかで知的生産性が向上していく。つまり，単なるレンガ積み職人としてのワーカーではなく知識を活かせるナレッジワーカーもこれからの従業員のあり方として新しく組み合わせることが必要になる。しかしながら，この組み合わせは，これまでは不可能なものであるとされていた。この不可能な組み合わせに挑戦していくことで，これまでまったくみてこなかった不確実さを追求することになる。これによって，より正しい内容をもった経営（現実性の追求）を数字に示していくことが重要になってくる。この際，従来の一意的な解釈を共通善とする従来のモノサシとの不適合によって，FS解釈にある種のジレンマを生み出すことになる。これはFS自身に責任があるのではない。FSにたいする価値判断によるジレンマなのである（図表9-9参照）。

　いつの時代にも，より良い社会を目指して常に変革させていかなければならないとして地道に行動している人たちはいる。そうした彼らの目的・目標が達

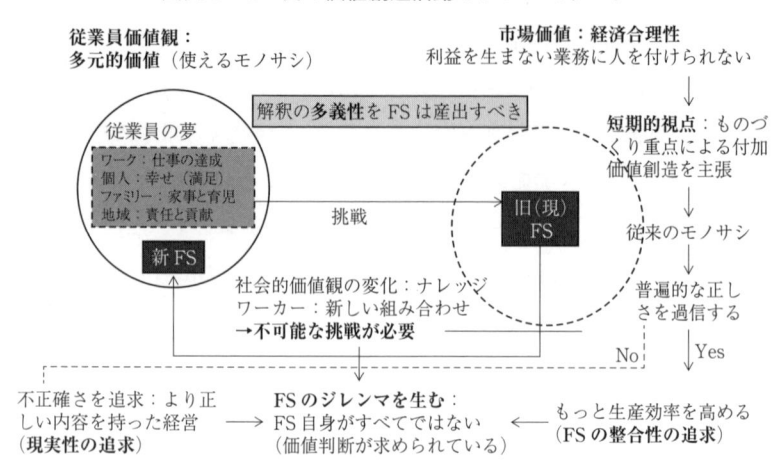

図表9-9 真の価値創造活動のフレームワーク

従業員価値観：
多元的価値（使えるモノサシ）

市場価値：経済合理性
利益を生まない業務に人を付けられない

解釈の多義性をFSは産出すべき

従業員の夢
- ワーク：仕事の達成
- 個人：幸せ（満足）
- ファミリー：家事と育児
- 地域：責任と貢献

新FS　←挑戦→　旧(現)FS

短期的視点：ものづくり重点による付加価値創造を主張

従来のモノサシ

普遍的な正しさを過信する

社会的価値観の変化：ナレッジワーカー：新しい組み合わせ
→不可能な挑戦が必要

No / Yes

不正確さを追求：より正しい内容を持った経営
（現実性の追求）
→ FSのジレンマを生む：FS自身がすべてではない
（価値判断が求められている）
← もっと生産効率を高める
（FSの整合性の追求）

出所）2011年日本経営財務研究学会西日本部会　安田義郎報告資料

成されるのは，単なるパフォーマンス（演技）でなく，地に足がついた持続的な活動が行われてこそ，それが実現の運びとなる。日々の生活で，小さな改善の積み重ねを継続して行うことで，より良い社会へ脱皮することができるようになる。これが，大きな視野で社会的意義とは何かを考えさてくれることにつながる。こうした考えが，徐々に社会的な大きなうねりを創出するとともに，「自分を変え，社会を変えていく」活動の原動力になっていくのである。〈この行動は，ボトムアップ型イノベーションとよばれている。日本では，このボトムアップのソーシャル・イノベーションの傾向が強いが，欧米では「ノブレス・オブリージュ（仏：noblesse oblige）」（直訳：位高ければ徳高かるべし）にみられるように，私心のない無私と自己犠牲の精神があるからこそ，社会的な地位の高い人は尊敬されるがごとく，いわばもつ者からもたざる者へというトップダウン型の傾向が強くなっていることもある〉。ところで，「紙鍋」というものがあるが，京都の懐石料理を本物としている人たちは，料理人としてのプライドが邪魔をして，この紙鍋を「鍋料理」とすることを決して受け入れようとはしない。一般に，自分が普遍だと信じていればいるほど，あえて自分をローカルだとはみなすようなものはほとんどいない。この意味からすると，現在，

日本のいろいろな地域でその賑わいが注目され始めている，いわゆるＢ級グルメの存在こそ，「料理」というカテゴリーにおいては，真の価値観を問うものとしてふさわしいものであると思われる。

　多様な価値観をもつ従業員が，自分の意見や考えを表明できる状況があれば，その「場」は従業員の多元的価値をさらに醸成することになる。かつては，雲ひとつない大空のなかで有視化できていたものが，現在では，乱気流のなかを飛ばなければならない状況と同じである。対立している価値観のどちらかに収斂されるのではなく，状況に応じて最適な結びつけを見いだすことが真の価値創造活動なのである。今は，問題の解答探しではなく，問題づくりをする時である。思い立ったら吉日のように，やってみたいと感じた時には，その結果を恐れず，まずやってみることが大切である。これまで不可能だと思われたものへの挑戦をしていくこと，これは単なる「モノ」づくりではなく，その「モノ」をつくるための「ビジョン」をもった「コト」づくりに変えていくことである[7]。そのため，短期的視点での価値創造ではなく，長期的（サステナブル）な知識創造活動への切り替えをすべき時である。なお，この切り替えには，行動の機敏さだけでなく，学習方法を変えていくことも含まれている[8]。

　経営者（企業内の経営陣）は，大きな予算で精緻なシステムを組んだところで，人間の努力や可能性を引き出すことはできない。全人的な評価（ビジネスの世界で一番嫌われてきた「幸せ」とか「善」という価値基準による評価を積極的に行うこと）で対応することが求められる。これが，人的資本の投入であり知識資産の蓄積となる。そもそも企業経営者（Board）は，片手間にできる職業ではない。有名人を連れてきて，いわゆる飾りものとして，経営者を存在させることはあってはならない。なぜならば，従業員が今どのような知的生産性を向上させようとしているのか。その「場」における学習効果はどのようなものになっているのか。その効果を上げていくには何が問題になっているのか。どのような教材を使うかで学習効果は変わるのか。従業員のみならず，経営者も何とか彼らの潜在意識を引き出したいと思っている。そのため，経営者は常に自分たちは何者であるか，その存在理由を問うことや従業員らの話を聞

くこと（対話すること）が必要になる。

　不可能と思われたものへの挑戦をしていくためにいろいろな誤解や価値観の違いによる対立は避けられない。企業内部の新たな FS を作成していくために新たな価値尺度を導入しなければならない。その際，従来のモノサシでこの新しい価値を測ろうとすると，ほとんどの人はそこには何も見えていないという，まるである種の「錯覚」をしてしまいがちである。この錯覚とは，まさに問題の先送りである。従業員らは企業の現在の状況（現場，現物，現実）からそこに「問題」があることを提示している（会議室にゾウがいる）にもかかわらず，経営者らは誰もその事実（問題がある＝ゾウがいる）ことには触れない。たまたま，会議室に「お茶を持って来た」秘書が，会議室にゾウがいることに驚いたとしても，「私たちにはゾウは見えない」と答えたり，「あなたは，どうして会議室にゾウがいると訊くのですか」と質問を返したりしているのである。したがって，異なったモノサシ（価値観）でないと，経営者らには会議室にゾウがいることをまったく証明できないことになっているのである（図表9-10参照）。

　ゆえに，経営者にはありのままの現実を直観し，「善い」目的を作るとともに，対話の「場」をタイムリーに設置していくことが必要である。だから，思

図表9-10　あなたの見ている本当の現実

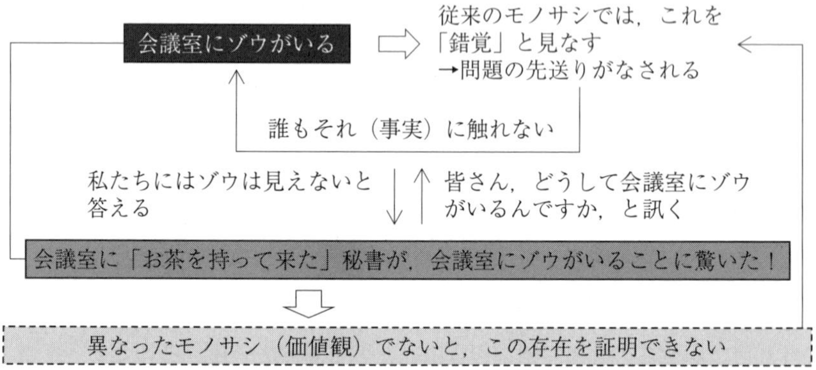

出所）2011年日本経営財務研究学会西日本部会　安田義郎報告資料

い切って不可能な挑戦ができるように，いつでもその方向へ「舵取り」ができるマネジメント体制とそれを支えるファイナンス支援のあり方を意識しておくことが重要である。このファイナンス支援こそ，企業内部の新たなFSを作成する重要な基盤となる。ゆえに，新たなFSでは，まさに知識創造活動支援ファイナンス（Human Resource Finance: HRF）という新たなフレームワークをもつことが期待される[9]。

《注》

(1) このような株主構成になっている企業は，欧米企業でもよくみられるが，これらは「分散所有型企業」と呼ばれている。

(2) DCFは，事業を行うことによって生み出される外部資金提供者（株主，銀行などの債権者）に対して分配可能な将来FCFを，株主資本と負債の加重平均資本コスト（Weighted Average Cost of Capital: WACC）で現在価値に割り引くことによって，評価対象企業の事業価値を算定する評価手法である。

(3) 運転資本の定義は，流動資産と流動負債の差額であるネット運転資本を指す場合と，流動資産のすべてを対象にするグロス運転資本に分けられる。前者のネット運転資本の概念は，企業会計の立場から流動性をみる上でのひとつの捉え方である。一方，マネジメントの観点からは，流動資産と流動負債の正味の差額を管理することにはあまり意味がない。

(4) アクティビティー分析は，①アクティビティーが生産資源を消費しコストを発生させる，②プロダクト（製品やサービス）がアクティビティーを消費するという2つの前提のもとにアクティビティーないし作業を削減し，原価管理をはかることである。それらの削減には，①一律30％方式によるコストないしコスト・ドライバー数の削減，②付加価値を生まないアクティビティーないし作業の重点的削除などがある。一方，ベンチマーキングとは，製品，サービス，プロセス，慣行を継続的に測定し，パフォーマンスの良い競合他社やその他の優良企業のパフォーマンスと比較することである。

(5) そもそも入れ子とは，同様の形状の大きさの異なる容器などを順になかに入れたものをいう。重箱や杯などの入れ子細工が有名。入れ子としてよく知られたものに，ロシアのマトリョーシカ人形がある。

(6) 知識創造経営のエコシステムの中枢として知識創造理論がある。この理論および知識創造プロセスの概念については，野中・紺野（2003）で詳細に取り上げているので，そちらを参照されたい。

(7) 不可能な挑戦をしている実例としては，ハーレーダビッドソンのケースとノキアのケースをあげることができるが，今回は紙幅の関係上詳細については割

愛している。

(8) たとえば，なでしこジャパンに対する真の評価とは，試合に勝っている（ワールドカップでの優勝）ということではなく，彼女たちの「努力」（量の多さはもちろん，質の高さが半端ではない）を称えることにある。

(9) この HRF フレームワークについては，管理会計的アプローチを一部含んでいるが，今のところ筆者のオリジナルイメージによるものである。

参考文献

アリストテレス著，高田三郎訳（1971）『ニコマスコ倫理学』岩波文庫。

安西祐一郎（2011）『心と脳―認知科学入門』岩波新書。

Berk, J., and D. Peter (2011) *Corporate Finance*, 2nd ed., Prentice Hall.（久保田敬一・芹田敏夫・竹原均・德永俊史訳，2011『コーポレートファイナンス入門編（第2版）』ピアソン社）。

Drucker, P. E. (2005) "Managing Oneself," *Harvard Business Review*, Jan.

土井秀生（2003）『ビジネス・ファイナンス』中央経済社。

Garth, S., A. Shepard and J. Podolny (2001) *Strategic Management*, John Wiley & Sons. Inc.（石倉洋子，2002『戦略経営論』東洋経済新報社）。

ガースナー，L. V.，山岡洋一・高遠裕子訳（2002）『巨像も踊る』日本経済新聞社。

平松一夫・辻山栄子（責任編集）（2011）『会計基準のコンバージェンス』（体系現代会計学［第4巻］）中央経済社。

市村昭三編，安田義郎他（1994）『財務管理論』創成社。

伊藤邦雄・桜井久勝（責任編集）（2011）『会計情報の有用性』（体系現代会計学［第3巻］）中央経済社。

James, M. (2002) *Behavioural Finance*, John Wiley & Sons. Inc.（真壁昭夫監訳，川西諭・栗田昌孝訳，2005『行動ファイナンスの実践―投資家心理が動かす金融市場を読む―』ダイヤモンド社）。

河田信（1996）『プロダクト管理会計―生産システムと会計の新しい枠組み―』中央経済社。

キャロル，S. D. 著，今西康子訳（2008）『「やればできる！」の研究』草思社。

楠木建（2010）『ストーリーとしての競争戦略―強い企業の条件』東洋経済新報社。

コリンズ，J. C. 著，山岡洋一訳（2001）『ビジョナリー・カンパニー2 飛躍の法則』日経BP社。

近藤一仁・柳良平（2013）『企業価値評価改善のための財務・IR & SR 戦略』中央経済社。

ミンツバーグ，H., J. ランベル，B. アルストランド著，齋藤嘉則監訳（1999）『戦略サファリ―戦略マネジメント・ガイドブック』東洋経済新報社。

日本経営分析学会編（2005）『経営分析辞典：経営分析―その伝統と革新―』税務経理協会。

新田敬祐（2000）「株式持合と企業経営：株主構成の影響に関する実証分析」『証券アナリスト・ジャーナル』第38巻，第2号，日本証券アナリスト協会。

新田敬祐（2008）「株主構成の変容とその影響」『ニッセイ基礎研REPORT』2008年2月号。

野中郁次郎・紺野登（2003）『知識創造の方法論―ナレッジワーカーの作法―』東洋経済新報社。

野中郁次郎・紺野登（2012）『知識創造経営のプリンシプル―賢慮資本主義の実践論』東洋経済新報社。

大塚宗春・宮本順二朗編『ビジネス・ファイナンス論』学文社。

オットー・シャーマー，C. 著，中土井僚・由佐美加子訳（2001）『U理論―過去や偏見にとらわれず，本当に必要な「変化」を生み出す技術』英治出版。

ポーター，M. E. 著，土岐坤・服部照夫・中辻万治訳（1980）『競争の戦略』ダイヤモンド社。

ライシュ，R. 著，雨宮寛・今井章子訳（2008）『暴走する資本主義』東洋経済新報社。

Stiglitz, J. E. (2012) *The Price of Inequality*, W. W. North & Company, Inc.（楡井浩一・峰村利哉訳，2012『世界の99％を貧困にする経済』徳間書店）。

齋藤静樹・徳賀芳弘（責任編集）（2011）『企業会計の基礎概念』（体系現代会計学［第1巻］）中央経済社。

サンデル，M. 著，鬼澤忍訳（2010）『これからの〈正義〉の話をしよう―いまを生き延びるための哲学』早川書房。

スミス，P. 著，栗木さつき訳（2013）『リーダーはストーリーを語りなさい』日本経済新聞出版社。

髙橋文郎（2001）『実践コーポレート・ファイナンス―企業価値を高める戦略的財務―』ダイヤモンド社。

安田義郎（2006）『現代企業のM&A投資戦略』創成社。

第10章　危機における経営財務の分析手法
― CSR情報のモデル展開 ―*

1. 危機におけるCSR情報分析

　経営財務（managerial finance）とは，「経営者が財務上の問題を解決するための手法に係る財務のひとつの領域である」（Gitman 2014）と定義しておく。本章の研究は，経営者が財務上の危機に陥ったときにどのように再生を図っていったらよいのかについてひとつのアプローチを提示するものである。われわれは，東日本大震災で被災したのち再生した企業に焦点を合わせて，当該企業に共通する企業特性を検討した。その結果，企業が危機のとき社会的責任（Corporate Social Responsibility, CSR）をどのように果たしているか，すなわち，企業の再生への考え方，姿勢，行動が再生できるかどうかの指標となっていることに気がついた。そして，われわれは，中小企業の再生を考えたときに，ひとつの戦略として経営者が社会的責任をどのように考えているかが再生基準のキーポイントになると考えた。

　そこで，本章では，再生可能かどうかを判断するために，中小企業におけるCSR情報を測定するひとつのモデル化を試みる。すなわち，われわれは，太田再生条件モデル（2013）をKanji-Chopra CSR model（2010）に適用し，修正版Kanji-Chopra CSRモデルとしてのOta-Nakashima CSR modelを提示する。このOta-Nakashima CSR modelを適用して算出したCSR指数がどれくらいあれば，企業は再生可能かどうか判断でき，「企業は，自然災害，社会災害，金融危機などの危機においてどのように社会的責任を果たすべきか」という命題の回答を導くことができる。

2．復興・再生と CSR

　東日本大震災は，わが国の企業，特に中小企業に大きな影響を与えた。東京商工リサーチ（2014）によると，2011年の直接型倒産は40件，間接型倒産は504件，2012年の直接型倒産は32件，間接型倒産は458件，2013年の直接型倒産は34件，間接型倒産は298件，2014年の直接型倒産は9件，間接型倒産は77件であり，震災から4年が経ち，倒産件数自体は減少しているものの，現在もまだ倒産は発生しているのが現状である。

　太田（2013）は，大震災時における倒産の構造的特徴を明らかにするとともに，岩手，宮城，福島の東北3県で大震災により倒産危機から復興を目指した18社について事例分析を行うことによって，復興・再生[1]に必要な条件を見出した。太田（2013）は，企業の再生条件として，①地域企業として「自覚」と「使命感」を強くもっている，②強いリーダーシップをもっている，③従業員のモラルの高さがあること，④ステークホルダーとの強い結びつきがあることの4つを提示したのである。すなわち，太田（2013）は，企業は利害関係者との相互依存関係のなかで企業活動を行っているので，①環境問題の視点から経済，社会的問題に協力して取り組むことによって社会を持続的に発展させている，②企業は社会の一員としての役割を期待され，社会的責任を果たしている，③社会を構成するさまざまな人びとが企業と独自の利害関係を有し，ステークホルダーとして責任を果たしている，こうした条件をクリアしている企業が被災しても再生したことを明らかにした。

　近年，企業は，地球規模のサステナビリティ（sustainability: 持続可能性）への高まりもあり，財務業績だけではなく社会的責任（Corporate Social Responsibility: CSR）にも注力している。ここで，CSRを定義しておきたい。McWilliams and Siegel（2001：117）に依拠すると，CSRとは，「企業が，企業の関心や法規制によって要請されていることを超越して，ある社会的に良いと思われる行動」のことである。このCSRに対する関心や要請は，1960年代ごろからアメリカで起こり始めた。企業は社会的公器であり，経済的利益を追求

するだけではなく,社会・環境にたいしても責任を果たすべきであるという考え方が国際的に浸透し,企業は,しだいに社会的責任を果たすようになっていった[2]。こうしたCSRに対して関心が集まる状況の中,学究的世界では,CSRと財務業績との関連性を検討する研究が行われるようになっていった。しかしながら,2008年における世界的な金融危機は,経営環境や企業活動自体の変化をも余儀なくし,企業は,金融危機を乗り切るために全体的なコスト削減や戦略的計画を制限し始め,CSRプロジェクト自体も同様に削減するようになってしまった。それに伴い,研究領域では,金融危機以降,危機におけるCSRに特に焦点が合わせられるようになっていった。

太田(2013)が提示した再生条件は,1960年代ごろからアメリカではじまったCSR基準と合致しているようであり,これまでのCSR理論を再生に適用できるのではないかと考えたのが本章のMOTIVATIONである。本章では,危機において再生した企業の社会的責任を考察し,再生に必要な社会的責任を算出するモデルを構築する。すなわち,われわれは,太田再生条件モデル(2013)をKanji-Chopra CSR model(2010)に適用し,自然災害などのような危機的状況における社会的責任指数を測定するための修正版Kanji-Chopra CSRモデル(Ota-Nakashima CSR model)として,Ota-Nakashima CSR modelを構築した。このOta-Nakashima CSR modelによって,社会的責任指数を測定すれば,当該企業が再生可能かどうかを判断することが可能となる。再生した企業の社会的責任を考察しておくことは,災害などの危機に直面した場合,企業にとって復興・再生へ向かっていく際の指針や手がかりとなると考えている。

本章の貢献としては,次のことをあげることができる。まず第1に,文献研究をとおして企業は危機においてCSRをどのように実施できるのかを検討している点である。第2に,太田再生条件モデル(2013)に依拠して,危機における社会的責任を測定するモデル,Ota-Nakashima CSR modelを構築し,危機の状況下におけるCSRを測定できる汎用性のあるモデルを展開したことである。近年,環境保護やサステナビリティに関する関心の高まりに伴い,財務業績だけではなく社会的責任を果たすことがステークホルダーから求められるよ

うになっている。しかしながら，CSR は自発的な開示にすぎず，また統一的な開示形式も存在していない。したがって，ステークホルダーが各企業のCSR を測定することは実際には難しい。Ota-Nakashima CSR model から算出した各企業のCSR 指数は，企業が危機において再生可能であるかどうかの指標となり，ステークホルダーにとって有用となるであろう。

　本章は，次のような構成となっている。第2節でCSR 実務と危機との関連に関する先行研究を考察する。第3節で，Kanji-Chopra CSR モデル（2010）を考察する。第4節において，太田（2013）の再生条件モデルを概略する。第5節でOta-Nakashima CSR model の概要を示す。最後に，結論と将来研究を述べる。

3．企業の社会的責任と危機

　企業の事業活動が国際的に展開され，企業の規模，影響力が拡大された1960年代ごろから規模の拡大化とともに，企業の社会的責任が着目されるようになってきた（Lantos 2001）。CSR がビジネス上でも，研究上でも関心を集めている理由は次のとおりである。第1に，会計不正や企業不祥事が増加し，経営理念の模索が企業でなされていること，第2に，企業活動の国際化が進展するにつれて，企業は経済的便益だけではなく，地域社会レベルにおいて人的資源にも敬意を払うようになってきたこと，第3に，環境保全が経営に導入され，企業は，地球環境のサステナビリティにも気を配るようになってきたこと，第4に，企業のステークホルダーの範囲が以前よりも拡大し，現在の企業のステークホルダーには，投資者および債権者だけではなく，従業員，地域社会，顧客などが含まれるようになってきた（Jacob 2012：262）。そして，新しいステークホルダーであるNPO，消費者のCSR への意識が高まってきたことを，示すことができる。

　世界中でのCSR に対する関心の高まりを背景に，企業は，戦略にCSR を組み入れ，社会的責任の需要に前向きに反応するようになっていった（Souto

2009：39）。こうして，CSRの実務が進展するにつれて，CSRのビジネスに対する影響に関する実証研究も世界中で蓄積されるようになってきた。Orlitzky et al.（2003）および Mishra and Suar（2010）は，CSRと財務業績との間に正の関連性があることを示している[3]。一方で，Barnea and Rubin（2010）は，内部者の所有権とレバレッジはCSRとは負の関連性があることを示している。こうした負の関連性というのは，CSR実務がビジネス上追加的負荷となっていることを示すものである（Yelkikalan and Kose 2012：294）。CSRと財務業績との関連性に関する研究は，いわゆるリーマン・ショックといわれる2008年の金融危機以前には，通常の営業状況におけるコストとして検討されてきた。ところが，金融危機以降は，CSRは，企業にとってコストがかかり収益性を減少させるものである（Giannarakis and Theotokas, 2011）と示されるようにもなってきた。2008年以降，企業は，コスト削減や戦略的計画を実施し始め，CSRのプロジェクト自体が減少してきている（Stoian 2013：333）。

Arevalo and Aravind（2010）は，国際連合グローバルコンパクト（the United National Global Compact: UNGC）[4]をビジネス戦略に適用した企業が，財務上の減少や経済的なショックによる影響を受けていないという結果を示し，CSR基準が，事業を改良する際に重要な出発点となることを強調している。彼らは，また，CSR基準が危機における財務業績を改善していることを示している。

Carroll（1991）は，CSRのフレームワークをピラミッドとして，経済的責任，法的責任，倫理的責任，社会的責任の4つに区分している。Yelkikalan and Kose（2012）は，Carroll（1991）のピラミッドを用いて危機がCSRに与える影響を説明している。彼らは，CSR実務が危機に対してどのように反応するかは，企業がCSRをピラミッドのどの次元としてとらえるかに依存するという（Yelkikalan and Kose 2012：295-296）。

それでは，企業は，危機においてどのように社会的責任に対応していけばよいのだろうか。CSR実務と危機における関連性に関する多くの研究が金融危機以降，この命題に関して結論を導出するために蓄積されてきた。危機のとき，

ある企業は，組織が確実に生き残ること，収益性を維持すること，損失を最小化することを求める。すなわち，企業は，危機による脅威に立ち向かって生き残るためにさまざまな方法に頼って，Carroll (1991) のピラミッドの底辺に位置する経済的責任を満たすことを最優先する (Yelkikalan and Kose 2012：297)。したがって，Yelkikalan and Kose (2012：297) は，危機を脅威として反応した場合には，CSRピラミッドの底辺に位置する経済的責任に対応しているという。

一方，Souto (2009) は，危機のときに何が必要であるかを示すことによって，危機は機会となり，CSR実務のニーズと危機のときに必要なものとはかなり類似していることを言及している。さらに，Hsu (2006) は，一般大衆は，企業が危機において社会的責任を実施していることを認識すればするほど，企業をより支援しようとすることを示した。そして，危機において社会的責任を実施していない企業は，危機時におけるコミュニケーションに失敗することになるという。すなわち，企業の社会的責任は，一般大衆に対する危機時におけるコミュニケーションと正の関連性があるといえる (Hsu 2006：ix)。

Stoian (2013) およびYelkikalan and Kose (2012) が示しているように，危機を経済活動にたいする脅威と認知している企業は，CSRにたいするコストに対して予防策をとっているが，少なくとも低いレベルではあるもののCSR活動を通して責任を果たしている。危機を機会かつ脅威と両方として認知する戦略は，金融危機において事業を継続することを助け，長期的な収益も確実となる。図表10-1は，企業が危機をどのようにとらえ，CSRのどの社会的責任に注力するのかを示している。

東日本大震災によって被災したが再生した企業は，大震災という危機にあっても，逆に危機だからこそ，被災中小企業にとって事業を維持することが社会的責任であるとして，社会的な責任を果たす目的意識を持ち続けていたのではないかとみる。再生した企業の社会的責任それぞれの特性を明らかにすることは，今後，災害などの危機に直面した場合，企業がどのように復興・再生へ向かっていけばいいのかに関する指針や手がかりとなると考える。CSRをビジ

図表 10−1　危機における企業の CSR

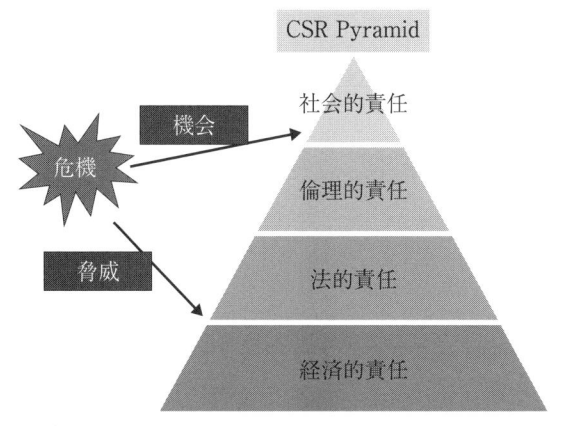

CSR Pyramid
- 社会的責任
- 倫理的責任
- 法的責任
- 経済的責任

機会 → （上部へ）
脅威 → （下部へ）
危機

出所）Carroll（1991 および Yelkikalan and Kose（2012：296）に依拠して著者が作成した。

ネス好機として用いることが，危機において事業を優良な状態にし，企業のファンダメンタル価値を本質的な革新により優位な状態へ転化させて危機によってもたらされる環境に打ち勝つことができるという（Souto 2009; Yelkikalan and Kose 2012：297）。被災再生企業は，こうした CSR 戦略理論をまさに実践していたといえる。

4．Kanji-Chopra CSR モデル

　企業の社会的責任を数量的に測定することが重要となってきた。しかしながら，実際のところ，企業の社会的責任を測定することはむずかしい。そこで，Kanji and Chopra（2010）は，企業の社会的責任を測定するフレームワークの必要性を示して階層的なアプローチで CSR を測定する model を構築した。本節では，Kanji-Chopra CSR model（2010）を考察する。
　Kanji-Chopra CSR model（2010）は，Kanji-Chopra の循環的マトリックスが基礎となっている。この 循環的マトリックスというのは，CSR をマトリックスで捉え，循環しながら責任を果たしていくという考え方である。すなわち，

CSRは，統合された事業活動の構成要素である，経済，環境，倫理，社会的投資がそれぞれ社会に対して貢献するものと考えられている（Kanji and Chopra 2010：120）。Kanji-ChopraのCSR循環的マトリックスを示したものが図表10-2である。

Kanji and Chopra（2010）は，このCSR循環的マトリックスに基づいて，Kanji-Chopra CSR model（2010）を考案した。Kanji-Chopra CSR model（2010）では，階層的かつシステムモデリングアプローチに基づいた新しい社会的責任指数（corporate social responsibility index）が導入された。この社会的責任指数は，潜在的な変数で構成される。当該モデルは，図表10-3で示されているように，社会的責任指数を社会的責任および投資指数，倫理および人的資源指数，コーポレート・ガバナンスおよび経済的責任指数，環境保護およびサステナビリティ指数，に区分されている。すなわち，組織の戦略的計画システム，社会的使命，従業員のモラル，経済的責任，環境保護とサステナビリティがKanji-Chopra CSR model（2010）の潜在的な変数であり，以下で概略する。

組織の戦略的計画システム：経営者の質は，事業過程を通した戦略的計画システムに依存するという。すなわち，その戦略的計画システムとは，以下のことを実施するための方針や手続があるかを検証する。組織は，倫理的人的資源を認識，測定，監督および管理しているかどうか，社会経済的なトレンドや社会的面を評価しているかどうか，要請されている財務業績やガバナンスを開示しているかどうか，社会的責任を監督および管理する，適切な内部報告システムを実施しているかどうか，地域社会の安全や発展にたいして貢献する，従業員の人権に敬意を払っているか（Kanji and Chopra 2010：124）。

社会的使命と社会的投資：これは，職場やコミュニティの改善を言及するものである。社会的使命とは人権の保護に関わることであり，社会のインフラを整備し，サステナビリティを創出する目的を掲げて，技術，スキルや教育の移転を通してコミュニティの向上に貢献することである。すなわち，企業が以下のことを実施しているかを検討する。企業は，活動の透明性および公開性を意識しているかどうか，不正や財務上の無責任を防止するシステムを有している

第 10 章　危機における経営財務の分析手法　217

図表 10－2　Kanji-Chopra の CSR 循環的マトリックス

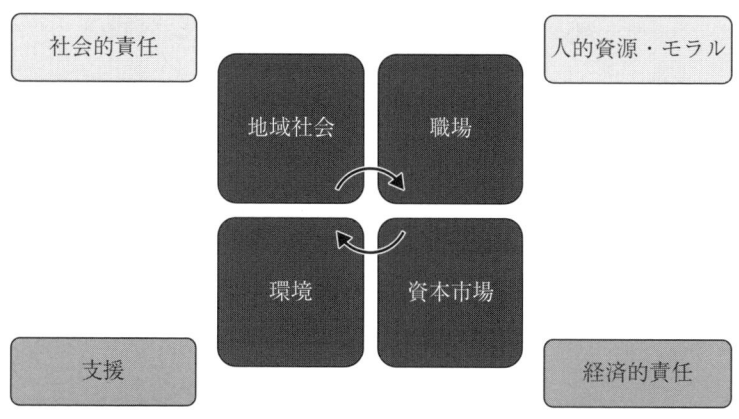

社会的責任　　　　　　　　　　　　　　　人的資源・モラル

地域社会　　職場

環境　　資本市場

支援　　　　　　　　　　　　　　　　　　経済的責任

出所）Kanji and Chopra（2010: 121）

図表 10－3　Kanji-Chopra CSR model（2010）

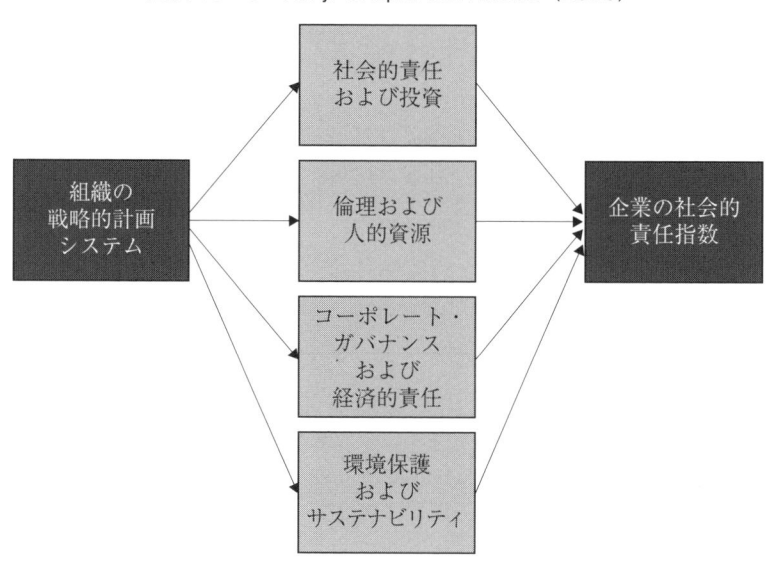

組織の戦略的計画システム → 社会的責任および投資
　　　　　　　　　　　　→ 倫理および人的資源
　　　　　　　　　　　　→ コーポレート・ガバナンスおよび経済的責任
　　　　　　　　　　　　→ 環境保護およびサステナビリティ
　　　　　　　　　　　　→ 企業の社会的責任指数

出所）Kanji and Chopra（2010: 123, figure 2）

かどうか，地域社会の改善に前向きな影響を及ぼしているかどうか，地域社会に貢献する教育・健康増進のための資源（施設）を提供しているかどうか，地域社会が企業の事業に期待し，その地域社会の期待に応える社会的責任を果たしているかどうか，企業の行動や製品に対する責任を維持する教育を施しているかどうか（Kanji and Chopra 2010：124）。

　従業員のモラル：企業倫理とは，事業を倫理的に構築することであるという。過去30年間にわたって企業倫理に対する関心が高まり，企業倫理への関心は，CSRの高まりと関連している。消費者は，財やサービスの購入において企業が環境上，倫理上意識して取り組んでいるかを認識したうえで決定するようになってきている。したがって，必然的に企業はCSR問題を事業戦略に組み入れなければならなくなったのである。すなわち，企業は，従業員が消費者の環境的倫理的懸念を払拭するような適切な意思決定を行えるような倫理的な訓練が企業内で行われているかどうか，企業自体，サプライチェーン全体を通して労働や環境問題が発生したときに対処する消費者保護などの倫理的に高い組織風土が社内にあるかを検証する透明なシステムがあるかどうか，安全な労働環境を提供し，年齢，性別，国籍などについて平等にしているかどうか，地域社会に貢献する活動について従業員に理解させ関与させているかどうか，労働環境，労働慣行を査定する透明性の高いシステムがあるかどうか，を検討しなければならない（Kanji and Chopra 2010：124）。

　経済的責任：ガバナンスとは，株主，経営者，取締役会が①自分たちを規律し，②投資者やその他の利害関係者に対する責任を満たすために用いる広範囲な方針や慣行のことである。企業は，直接的な利害関係者である投資者，従業員，得意先に対する経済的責任を有しなければならない。Kanji and Chopra（2010：125）は，直接的な利害関係者に対して企業が果たす経済的責任として具体的に以下の4つを示している。

　収益性：企業は，利益を生み出すためには使った原材料や労働力よりも価値がある製品・サービスを販売しなければならない。すなわち，価値を付加することによって利益を生み出すことが第1の経済的責任である。

透明性：企業が透明性をもって活動する場合に，その営業活動に関して可能な限り多くの情報を提供することになる。企業は，ステークホルダーが直接その方針，戦略，財政状態を明瞭に確認できるようにしなければならない。

非差別：経済的な意味での非差別とは，性，民族に対する偏向の欠如を意味する。すなわち，企業が得意先，仕入先，従業員すべてに同一の財務的基準を適用することを意味するという。

事業継続性：企業は，事業過程を改善したり仕入先および得意先と安全かつ長期的な関係を展開したりすることによって営業活動の継続性を確保しなければならない（Kanji and Chopra 2010：125）。

環境保護とサステナビリティ：伝統的な法的責任や過失は，容易に環境に被害をもたらす事業活動となりうるので，大気汚染や海洋汚染のような一般的な環境問題は，事業活動の環境上の対応となる。企業活動は，人類に対する直接的責任があるが，この人類に対する責任に自然環境に関する行動を含めることが必要となる。すなわち，自然界全体に対して倫理的責任を有しなければならないということである（Kanji and Chopra 2010：124-125）。

CSR は，以上の社会的責任，倫理よび人的資源ガバナンスおよび経済的責任，環境保護とサステナビリティ，によって社会に対して全体的で前向きな効果を作り出し，事業過程における継続的な経営管理の指数として反映されてくる。すなわち，CSR は，国際的環境を保護，維持するのと同様に，職場，家族，地域社会および社会にたいする事業上の正当な取引でもあり，還元ともいえる（Kanji and Chopra 2010：125）。

こうして，Kanji-Chopra CSR model（2010）において，組織の戦略的計画システムが，社会的責任指数，環境保護およびサステナビリティ指数，ガバナンスおよび経済的責任指数，倫理および人的資源指数に対する基礎となり，これらの指数が相互に作用して社会的責任指数が算定されることになる。

5. 太田再生条件モデル (2013)

　太田 (2013) は，東日本大震災による倒産の危機から復興した企業の事例分析を行った。図表10-4は，健全な企業が不健全な企業へとすすむプロセスおよび倒産危機から再生までのプロセスを示している。X軸は企業価値，Y軸は健全性の程度を表す。健全な企業は，CゾーンからDゾーンへ移行する。東北3県の企業は，東日本大震災によって一気にCゾーンからAゾーンへ移行する，危機に直面したのである (太田 2013)。

　太田 (2009) は，機能的視点からみた場合，組織，生産・流通，金融という3つの機能が不均衡となり，そして組織的な機能が不健全となることを示した。被災によりAゾーンにいる企業は，組織，生産・流通機能を回復することが先決となるが，金融機能も同時進行で円滑にすすめることが不可欠である (太田 2013：110)。企業は，倒産局面 (Aゾーン) を脱却するためには，財務健全性 (縦軸) をマイナスからプラスに移行させるためのリスク対応を行わなければならない。このリスク対応が成功した場合に，「応急再生」(Bゾーン) に行くことが可能となる。この応急再生ができれば，つぎに，企業価値 (横軸) を倒産前の状態に戻すためのリスク対応を行う。こうして，企業価値を倒産前の状態に戻すことがきた状態が「本格再生」(Cゾーン) とよばれるものとなるのである (太田 2009：10-11)。すなわち，倒産の危機という不健全な状態から脱却して健全性を高めた状態である「応急再生」を一定期間にわたり継続し，健全性を維持し，企業価値を高めることができるのであれば，企業は「本格再生」へと移行するのである (太田 2013：110-111)。

大災害時による再生に必要な条件

　太田 (2013) は，倒産リスクから再生を目指すためには，初期段階で応急復興に必要な条件をもつことが必要となると示している。ここで，太田 (2013)

図表10-4　倒産・再生のリスク・マネジメント

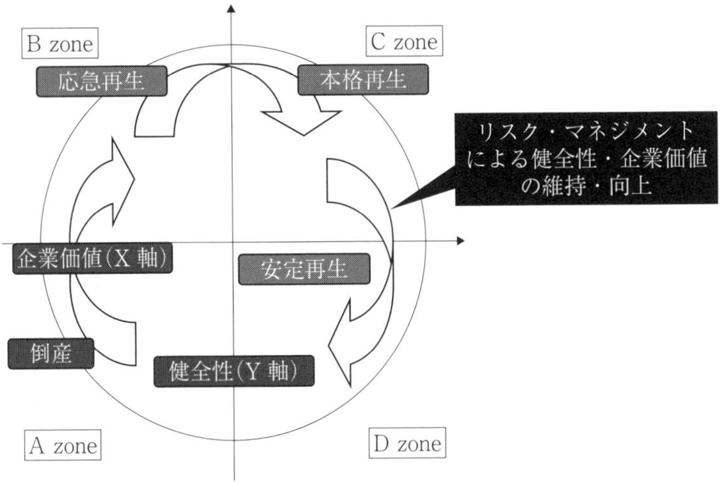

```
          B zone              C zone
          応急再生              本格再生
                                        リスク・マネジメント
                                        による健全性・企業価値
                                        の維持・向上
    企業価値(X軸)      安定再生

          倒産        健全性(Y軸)

          A zone              D zone
```

出所）太田（2009: 11, 図表1-10）および太田（213：111, 図表7-3）

に依拠して，再生に不可欠な復興支援環境の条件を示すことにする。

(1)　地域企業として強い自覚と使命感

　　再生を目指す企業は，地域企業としての強い自覚と使命感を有している。たとえば，A社は，地域のライフラインを守り，地域住民の食生活を維持し，地域住民の生命を守るという強い信念を有していた。

(2)　従業員のモラルの高さ

　　復興に必要な支援環境が整備されていることも大きな条件でる。緊急時における従業員のモラルの高さの必要性は，経営困難から再生を目指す企業の多くが経験している。F社は，従業員が一丸となった復旧活動で事業の再開を迅速に果たすことができた。さらに，東北の企業同士が一致団結し，東北の底力を発揮することで震災を乗り越えた。

(3) 地域を支える強いリーダーシップ

　被災から再生を目指す企業は，強いリーダーシップを有している。たとえばA社は，被災地に出張店舗を設け，風評被害をうける農水産物を中心に地元の中小企業から積極的に仕入れ，販売を継続するという経営行動をとった。地域を守り先導するという強いリーダーシップが再生には必要である。

(4) その他の復興支援環境要因の整備

　取引先，金融機関，同業者，政府の支援なども支援条件となった。J社は，取引先や同業者の協力に支えられて早期再生が可能となった。O社も，従業員の他に取引先や同業者の支援があって早期再生が可能となった。そして，政府による復興支援施策も，震災以降継続的に行われている。

　こうして，太田（2013）は，再生を目指す企業の復興支援環境条件として，地域企業としての強い自覚と使命感，地域を支える強いリーダーシップ，従業員のモラルの高さ，取引先，金融機関，同業者，政府をはじめとする利害関係者の支援を示したのである。Kanji and Chopra（2010）のCSR循環的マトリックスに依拠して，太田再生条件モデル（2013）を示したものが図表10-5である。

6．Ota-Nakashima CSR モデル

　本章は，太田再生条件モデル（2013）に依拠して，震災という危機における社会的責任を測定するモデルとしてOta-Nakashima CSR modelを構築する。Kanji-Chopra CSR model（2010）は，国際的なレベルにおける上場企業の通常期におけるCSRを測定するモデルであるが，Ota-Nakashima CSR modelは，中小企業の危機におけるCSRの測定モデルである。再生企業の経営者に以下のCSR項目ごとにそれぞれの質問を行い，潜在変数を算出する。

図表 10-5 太田再生条件モデル (2013)

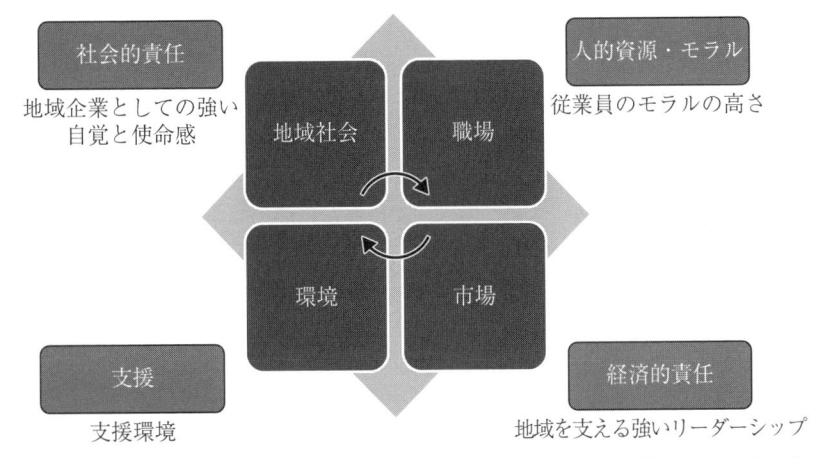

```
          社会的責任                              人的資源・モラル
    地域企業としての強い    地域社会  │  職場    従業員のモラルの高さ
      自覚と使命感      ─────┼─────
                        環境   │  市場
          支援                                  経済的責任
          支援環境                        地域を支える強いリーダーシップ
```

出所) Kanji and Chopra (2010) の CSR 循環的マトリックスに依拠して，著者が太田再生条件 (2013) モデルを作成した。

企業の戦略計画（Organizational Strategic Planning Systems: OSPS）

企業が社会的責任に関する戦略を認識，測定，監督および管理をしているかを問う。すなわち，必要な財務業績やガバナンスを開示しているかどうか，再生に向けて社会的責任を監督および管理する適切な内部報告システムを実施しているかどうか，地域社会の安全や発展に対して貢献しているかどうか，従業員の人権に敬意を払っているかどうかをたずねる。

社会的使命（Social Accountability: SA）

企業が地域社会の一員として強い使命感を有しているかを問う。すなわち，事業活動の透明性および公開性を意識しているかどうか，不正や財務上の責任放棄を防止するシステムを有しているかどうか，地域社会の改善に前向きな影響を及ぼしているかどうか，地域社会に貢献する教育・健康増進のための資源（施設）を提供しているかどうか，地域社会が企業の事業に期待し，具体的にその期待に応える社会的責任を実施しているかどうか，企業の行動や製品にたいする企業責任を維持する教育をしているかどうかをたずねる。

従業員のモラル（Ethics and Human Resources: EHR）

　従業員が復興再生のために前向きに働くことに役立つ教育を企業内で実施しているかどうかを問う。すなわち，労働や環境問題が発生したときに対処する消費者保護などの倫理的に高い組織風土が社内にあるかどうか，労働環境，労働慣行をチェックする透明性の高いシステムがあるかどうか，安全な労働環境を提供しているかどうか，年齢，性別，国籍などについて平等であるかどうか，地域社会に貢献する活動について従業員が理解したり関与したりしているかどうかをたずねる。

経済的責任（Economic Responsibility: ER）

　企業が経済的な責任を果たしているかどうかを問う。すなわち，銀行などの利害関係者からのプレッシャーによって責任ある行動を行う方針を変更するかどうか，社会的に責任のある行動を行うために，自発的に利害関係者と相互関係を構築しているかどうか，より多くの忠誠心や高い生産性，従業員就業維持率など，従業員にとって重要である要因を利害関係者は理解しているかどうか，地域社会の住民の生活の質と同様に従業員およびその家族の生活の質に敬意を払ってきたかどうか，地域社会の経済発展に寄与してきたかどうか，地域社会への雇用機会を創設してきたかどうかをたずねる。

復興に必要な支援環境の整備（Environment: ENV）

　この項目は，Ota-Nakashima CSR model の特徴ともいえる点である。通常は，企業が環境保護やサステナビリティに関心をもち関与しているかどうかをたずねる項目であるが，Ota-Nakashima CSR model では，企業の環境への取り組みではなく，企業を取り巻く環境が企業を支援する体制となっているかを問う。なぜなら，企業の再生には，自らの CSR への取り組みだけではなく，CSR 活動を実施する企業を取り巻くステークホルダーが企業を支援していくという，環境が不可欠であるからである。したがって，この項目が，地域社会における再生を目指すための CSR モデルである，Ota-Nakashima CSR model

が，国際社会レベルでの通常活動における CSR モデルである Kanji-Chopra CSR model（2010）と異なる点となる。

　自然災害などの事象を管理するためのリスク管理を利害関係者と共有しているかどうか，復興再生に関する取り組みを WEB サイトや機関紙などで公表しているかどうか，仕入先・得意先は復興再生を支援しているかどうか，銀行は復興再生を支援しているかどうか，厳しい財務環境を管理する自己規制システムがあるかどうか，利害関係者に復興再生後の取り組みを伝達しているかどうかを問う。

CSR 指数（Corporate Social Responsibility Index: CSRI）

　以上の4つの社会的責任項目において質問したあと，最後に，直接的な CSR 指数を測定するため質問を行う。すなわち，社会的に責任のある行動のために地域社会に対応しているかどうか，企業行動をチェックする自主規制システムがあるかどうか，製品などの社会的環境的影響に対する一般大衆への対応を実施しているかどうか，広範囲な社会的責任の目標を達成するために必要な手段を従業員へ提供しているかどうか，社会的責任問題に関する報告書を開示しているかどうか，子どもの教育，社会人のためのスキルなど地域社会に向けてのプロジェクトを実施しているかどうか，人や環境にやさしい事業の実施を妨げることを防止する法規制に遵守しているかどうか，社会的責任に関する方針について，どのような方針が実施され，どのような結果が得られてきたかなどの情報を提供する体制があるかどうかをたずねる。

CSR 指数の算出方法

　Kanji and Chopra CSR model（2010）に依拠して，以上の質問に関する回答から内部係数（inner coefficients）（図表10-6Ⓐで示した4つの矢印）を算出する。この内部係数は，4つの独立した潜在変数間の関係を示すものである。外部係数（outer coefficients）（図表10-6Ⓑで示した4つの矢印）は，各質問結果が企業の社会的責任指数に対してどれだけ関係性が深いかを示すものであ

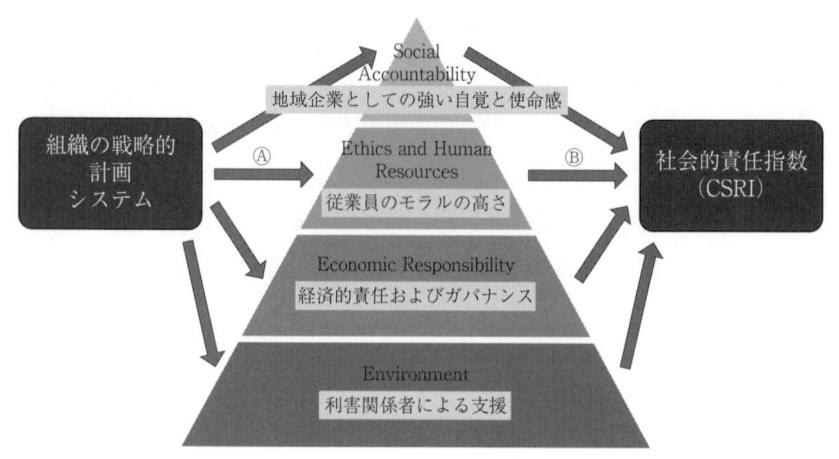

図表 10-6　Ota-Nakashima CSR model

（ピラミッド図）
- Social Accountability：地域企業としての強い自覚と使命感
- Ethics and Human Resources：従業員のモラルの高さ
- Economic Responsibility：経済的責任およびガバナンス
- Environment：利害関係者による支援

左：組織の戦略的計画システム　→Ⓐ　→Ⓑ→　右：社会的責任指数（CSRI）

出所）Kanji-Chopra CSR model (2010) に太田再生条件モデル (2013) を適用して筆者が Ota-Nakashima CSR model を考案した。

る。ある質問の外部係数が低い場合は，CSR 指数に対する貢献があまりなされていないことを意味する。CSR 指数を算出するための式は，次のとおりである。

$$\text{CSRI} = \frac{\Sigma w_i x_i - \Sigma w_i}{(N-1)\Sigma w_i} \times 100$$

　　CSRI　＝企業の社会的責任指数
　　N　　＝リカート・スケール上の点数
　　x_i　　＝企業の戦略計画の変数
　　w_i　　＝外部係数

7．総括と展望

　本章では，危機における経営財務の分析手法として CSR 情報のモデル分析を提示した。すなわち，CSR 情報に基づいて危機において中小企業が再生可能かどうかを判断するモデルを示したのである。

　今後，われわれは，再生企業にサーベイ調査を実施して，回答結果から

Ota-Nakashima CSR model における外部係数を算出し，各企業の CSR 指数を測定する。そして，再生企業の全 CSR 指数から，再生可能な CSR 指数を明らかにする。したがって，危機にある企業が再生可能かどうかは，その企業の CSR 指数と，再生可能 CSR 指数との距離から判断できるようになる。

《注》

＊本章は，The 10th Asia-Pacific Management Accounting Association (APMAA) in Thailand で報告した論文を加筆訂正したものである。東京商工リサーチ取締役友田信男氏の特別なご協力を，モデルについては千葉商科大学水野伸宏先生に貴重な示唆を賜り感謝申し上げる。本研究は，日本ディスクロージャー研究学会特別プロジェクトの支援を受けており，謝意を表したい。

(1) 本章では，太田（2013）に依拠して，「復興」と「再生」は同義語として用いている。なお，「復興・再生」とは，実質的倒産の危機から脱却した状態と定義する。
(2) 国際的にも日本においても社会的責任について CSR 報告書を作成し開示する上場企業は増加している。一方，中小企業にたいしては CSR 報告書の作成，開示についての規定がないため，CSR の現状自体だけではなく，その内容についても実際のところ明らかではない。
(3) 中島（2013）では，安全文化の理論的考察を行った。安全文化を，社会的責任のひとつのファクターとしてとらえてみると，安全文化が組織文化のなかで希薄であることは，結果的には企業業績に間接的かつ直接的に影響を及ぼすとともに市場に対する影響も計り知れない。
(4) 国際連合が 2000 年に策定した企業の社会的責任にたいするフレームワークのことである。http://www.unglobalcompact.org/
　以下は，国連グローバルコンパクトからの引用である。当該 Website のトップページにおいて，UN Secretary-General Ban Ki-moon 氏が以下のように示している。「国連グローバルコンパクト（The Global Compact）は，企業に普遍的な基準を具現化し，国連のパートナーになることを求めている。国連にたいして重要なプラットフォームになり啓発した国際的なビジネスを効率的に従事できるよう成長することを要請する。国連グローバルコンパクトは，企業に人権，労働基準，環境，反腐敗の領域において影響力およびコアとなる価値観のなかで具現化，支援，施行するよう要請する。基準1：企業は国際的な人権保護を支援，敬意を払う。基準2：人権侵害の共犯とならないようにする。基準3：ビジネスは関連性の自由を保持し，集団的に交渉する効果的な権利を保持すべきで

ある。基準4:すべての武力および強制労働を廃除する。基準5:児童労働を撤廃する。基準6:雇用や職業に関して差別を撤廃する。基準7:ビジネスは,環境上の挑戦に対する事前的アプローチの支援を行う。基準8:環境の責任を促進するようイニシアティブをとる。基準9:環境にやさしい技術の開発および普及を奨励すること。基準10:ビジネスは,強奪および収賄を含むすべての腐敗に対抗する」。

参考文献

Arevalo, J. A. and D. Aravind (2010) The impact at crisis on corporate responsiblity: the case of UN global compact participants in the USA, *Corporate Governance*, 10(4): 406-420.

Barnea, A. and A. Rubin, (2010) Corporate Social Responsibility as a Conflict between Shareholders, *Journal of Business Ethics*, 97: 71-86.

Carroll, A.B. (1991) The Pyramid of Corporate Social Responsibility, *Business Horizons*, July-August.

Giannarakis G. and I. Theotokas (2011) The effect of financial crisis in corporate social responsibly performance, *International Journal of Marketing Studies*, 3 (1): 2-10.

Gitman, L. J. and C. J. Zutter (2014) *Principles of Managerial Finance* 14edition, Pearson.

Hsu, Y. S. (2006) *Corporete Social Responsibility and Crisis Communication: Nike Taiwan Jordan Crisis vs. Paolyta Bull crisis*, A Thesis presented to the Graduate School of University of Florida.

Jacob. C. K. (2012) The impact of financial crisis on corporate social responsibility and its implications for reputation risk management, *Journal of Management and Sustainability*, 2(2): 259-275.

Kanji.G.K. and P.K. Chopra (2010) Corporate social responsibility in a global economy, *Total Quality Management*, 21(2): 119-143.

Karaibrahimoglu, Y.Z. (2010) Corporate social responsibility in times of financial crisis, *African Journal of Business Management*, 4(4): 382-389, April.

Klára, P. (2011) The impact of recession on the implementation of corporate social responsibility in Companies, *Journal of Competitiveness*, 2: 83-97.

Lantos, G.P. (2001) The boundaries of strategic corporate social responsibility, *Journal of Consumer Marketing*, 18(2): 595-630.

McWilliams, A. and D. S. Siegel. (2001) Corporate social responsibility: A theory of the firm perspective". *Academy of Management Review*, 26: pp.117-127.

Mishra, S. and D. Suar, (2010) Does corporate social responsibility influence firms performance of Indian companies? *Journal of Business Ethics*, 95: 571-609.

Mittal, R.K, N. Sinha, and A. Singh. (2008) An analysis of linkage between economic value added and corporate social responsibility. *Management Decision*, 46(9):1437-1443.

Morsinga, M., M. Schultza, and K. Nielsenb. (2008) The 'Catch 22' of communicating CSR: Findings from a Danish study. *Journal of Marketing Communications*, 14(2): 97-111.

中島真澄 (2013)「安全文化強化のための評価システム」柴健次・太田三郎・本間基照編著『大震災後に考えるリスク管理とディスクロージャー』同文舘。

太田三郎 (2009)『倒産・再生のリスクマネジメント―企業の持続型再生条件を探る―』同文舘。

太田三郎 (2013)「被災中小企業の対応と復興および支援の実態分析とその必要性」柴健次・太田三郎・本間基照編著『大震災後に考えるリスク管理とディスクロージャー』同文舘。

Orlitzky, M., F.L. Schmidt, and S.L. Rynes (2003) Corporate social and financial performance: A Meta-analysis. *Organization Studies*, 24(3): 403-441.

Souto, D. B. F. (2009) Crisis and corporate social responsibility: threat or opportunity? *International Journal of Economic Sciences and Applied Research*, 2(1): 36-50.

Stoian, C. D. (2013) How to deal with corporate social responsibility in financial crisis. *Annales Universitatis Apulensis Series Oeconomica*, 15(1): 333-338.

田中ияs純 (2009)「企業の社会的責任 (CSR) とコーポレート・ガバナンス」72-85頁, 海道ノブチカ・風間信隆編著『コーポレート・ガバナンスと経営学』。

東京商工リサーチ (2014)「東日本大震災」関連倒産 (2014年6月6日現在)。

Tokyo Shoko Research. (2014) Data of number of the firms following the Corporate Rehabilitation Law and the firms following civil rehabilitation proceedings in the post of The March 11 Disaster, Tokyo Shoko Research.

Yelkikalan, N. and C. Kose (2012) The effects of the financial crisis on corporate social responsibility. *International Journal of Business and Social Science*, 3(3): 292-300.

United Nations, http://www.unglobalcompact.org/

補遺　経営財務情報分析対象の企業環境[1]

　経営財務情報を分析する際には，分析対象企業の経営財務状況はもちろんであるが，対象企業が置かれている経済状況をふまえたうえで分析することが必要不可欠である。したがって，本補遺では，国内外における経済的特性と同時期の企業倒産動向および特徴をふまえて，企業が目指す方向性として，革新のための「創造的破壊」を提示する。すなわち，企業の経営財務においても，経済学者シュンペーター（Schumpeter, J.A.）が提唱した「創造的破壊（creative destruction）」に依拠して，自助努力・自力本願によって「稼ぐ力」があるかどうかを分析しなければならない。

(1) 日本経済の概要
　日本経済は，消費税率引き上げ（2014年4月）による駆け込み需要の反動で若干弱含みもみられるが，企業の収益が改善し，設備投資が増加している。また，雇用も改善されつつあり，賃金引上げの効果もあらわれはじめている。さらに，種々の経済政策の効果があらわれ，景気は緩やかな回復基調にある[2]。2014年7月時点における日本経済の特徴を要約すると，以下のとおりとなる[3]。
　1. 個人消費は一部を除きもち直しの動きがみられる。
　2. 企業収益は改善している。
　3. 雇用情勢は，着実に改善している。
　4. 消費者物価は，緩やかに上昇している。
　5. 輸出は横ばい傾向である。
　6. 生産は消費税率引上げに伴う駆け込み需要の反動の影響で弱含みである。
　7. 設備投資は増加傾向にある。
　8. 株価（日経平均株価）は，15,300円台まで上昇した。

(2) 世界経済の潮流[4]

　世界経済に目を転じると，中国や新興国の一部に弱さもみられるが，全体としては，アメリカや欧州連合（EU）のもち直しなどから緩やかな回復傾向にある。G20諸国合計の実質成長率は，2013年から2014年にかけて，徐々に回復し，各四半期前期比年率3％前後で推移している。景気回復のテンポは，中国やその他の新興国よりも先進国が速く，成長の軸足は，新興国から先進国に若干移動した格好となった。

　アメリカは，雇用・所得・消費の回復が継続し，欧州連合（EU）の景気回復は弱いが，2013年4月から6月期にプラスに転じ，次第に上向き傾向にある。新興国は2013年半ば以降，通貨下落などの影響で成長率の鈍化傾向がみられ，中国は2014年初期より成長率の低下が観察される。

(3) 企業倒産の動向と特徴

　2013年度の倒産件数は1万956件で，リーマン・ショックの2008年度における1万6,475件から2009年度には減少に転じて，5年連続で減少傾向が続いている。負債総額も5年連続で減少傾向にあり，2013年度は3兆円を割り込み，2兆7,772億円であった。ちなみに，リーマン・ショックが生じた2008年度の負債総額は14兆208億円で，2009年度の7兆1,400億円から2013年度までの5年間，減少し続けている。なお，上場企業の倒産件数は2件で，1992年度以降で最少であった[5]。

　業種別（大分類）で企業倒産件数をみると，飲食業を除いてすべて減少した。建設業では2,350件，製造業では1,676件，卸売業では1,569件，小売業では1,441件，飲食業は803件，サービス業では2,172件，その他の業種では945件であった。なお，減少への寄与度でみると2年連続で建設業がもっとも大きかった。原因別倒産件数では売掛金など回収難以外は，すべて対前年度比で減少した。特筆すべきことは，不況型倒産（販売不振・既往のシワ寄せ・売掛金など回収難）の割合が5年連続で80％を上回ったことである。なお，減少への寄与度は，4年連続で販売不振の寄与がもっとも大きい[6]。

地域別企業倒産件数では,「東北」以外の地域以外では,すべて対前年度比で減少となった。特に,「四国」,「北海道」,「近畿」地区は二桁の減少率となった。5年連続で減少した地区は「関東」と「四国」であった。減少への寄与度でみると「関東」と「近畿」地区が大きい。営業年数別倒産件数では,「2年未満」以外はすべて対前年度比で減少した。特に,「30年未満」,「30年以上」,「不明」は前年度比で二桁の減少率となった。なお,減少への寄与度は,「30年未満」,「30年以上」,「不明」の順で大きい[7]。

　資本金規模別倒産件数でみると,「10億円未満」以外の層はすべて減少となった。とりわけ,「10億円以上」,「5億円未満」,「5千万円未満」,「個人」,「1億円未満」は,前年度比二桁の減少率であった。なお,減少への寄与度では,「5千万円未満」,「個人」「1千万円未満」という小規模層が大きかった。従業員規模別倒産件数では「300人以上」,「4人以下」は前年度比二桁の増加率となり,その他は減少した。また,形態別倒産件数では「特別精算」以外の形態はすべて減少を示した。「会社更生法」,「銀行取引停止」,「民事再生法」,「その他」は前年度比で二桁の減少率であった[8]。

(4) 創造的破壊への挑戦

　シュンペーターは,企業が持続的成長を遂げるためには,将来の経済環境の変化を睨んで,経営学的視点でいえば組織,生産・流通,金融という経営機能のあり方を常に組み替え,活力ある状態に保つことが必要であると唱えた。シュンペーターは,こうした革新のためのスクラップ・アンド・ビルドの考え方を「創造的破壊」と表現した[9]。経済のグローバル化が進む中で,この考え方は,わが国の大企業,中小企業に関わらず,日本経済を構成する企業に求められている行動指針といえる。こんにち,わが国政府が推し進める政策の多くは,この「創造的破壊」を促進するための施策であり,日本経済がデフレ状態を脱却し,企業が自ら活力を生むための政策といえる。いわば,日本企業の持続的成長を取り戻す力を強靭化するものである。

　「日本再興戦略」のなかの「アベノミクス第3の矢」[10]という成長戦略の中

で示される中小企業に対するさまざまな支援策は,「自助努力を前提にした成長戦略」が背景にある。収益力の向上と高付加価値の獲得は,これまでのような政府による施策に依存したものではなく,独自の商品開発や人材育成が求められる。成長戦略の中に,中小企業の育成があるが,かつてのように,すべての中小企業を救済するのではなく,事業再生できる企業と,廃業・倒産を選択せざるを得ない企業を仕分けすることが前提条件となる。それは,規制緩和などによって民間企業や個人が実力を発揮できる社会を促進し,女性・若者・高齢者など,それぞれの人材が活躍できる環境を整備する政策でもある。少子高齢化などの世界共通の課題にいち早く取り組み,新たな市場を創出し,課題解決型先進国を目指すとともに,日本企業の世界進出,日本への直接投資を拡大させる政策もその中に含まれている。

　関連法の整備が,「日本再興戦略」を実現させるために進められた。産業競争力強化法[11]は2014年1月に施行された。その目的は,日本再興戦略の実行を図るために「集中実施期間」(5年間) を定めて,政府全体で計画的取り組みを進めることにある。それは事業の発展段階に合わせた支援策によって産業競争力の強化を促進する法律で,事業の新陳代謝を促し,事業経営の成長に大きく寄与することを目指している。これらは,まさに創造的破壊への挑戦的試みといえる。

　2013年12月に成立した「国家戦略特別区域法」[12]は,わが国が世界でビジネスがしやすい環境を整えることを目的とする法制度である。この法制度は,日本経済の環境を大胆に変化させる規制・制度改革を実行するためのトリガーとして整備され,世界と戦える国際都市の形成,医療などの国際的イノベーション拠点の整備を通じて,世界で通用するビジネス環境を創出することを目指している。日本国内で6つの拠点地域が選ばれている。

　中小企業対策においても抜本的な改革が行われた。中小企業の約9割を占める小規模企業に焦点をあてた「小規模企業振興基本法」(小規模基本法) および「商工会及び商工会議所による小規模事業者の支援に関する法律の一部を改正する法律」(小規模支援法) が2014年6月20日第186回通常国会で成立し,

2014年6月27日に公布された。小規模基本法は小規模企業を地域活性化の重要な担い手として位置付け，ビジネスモデルの再構築を通じて事業の持続的成長を図ることを目的とした施策の基本体系である。また，小規模支援法は，各地の商工会・商工会議所が中核となって自治体や金融機関，他の公的機関などと連携しながら小規模企業の新たな需要開拓や事業承継などの意欲ある取り組みを強力に支援する体制を整備する法律である。今後，政府はこれらの法律に沿って個別の施策や補助金交付を行うのであり，小規模企業は絶えず変革を続けながら人口減少，高齢化，海外との競争の激化，地域経済の低迷といった構造変化に適応する力を，例外なく求められることになるのである。

　こうして関連法が整備されるなか，政府と民間が連携して成長分野への投資を推進する「官民ファンド」が次つぎに組成され，中小企業に対するサポートも強化されてきている。たとえば，㈱産業革新機構は，ベンチャー投資を担う専門部署として「戦略投資グループ」を創設し，中小・中堅企業に対するリスクマネーの供給に力を入れている[13]。また，㈱地域経済活性化支援機構は，不良債権に限って支援していた方針を転換し，地域の核となる企業の早期改善支援などを支援するファンドの設立・資金供給を図ることとなった[14]。これらの中小企業支援策は創造的破壊を促進し，中小企業の持続的成長を促す試みといえる。

　わが国の中小企業が高い収益構造を確立し，持続的な発展を遂げるためには，既存市場の深掘や再開発も含めた新たな市場開拓の試みが欠かせない。2020年の東京オリンピック開催に向けたさまざまな動きを始めとして，IR＝Integrated Resort（カジノを含む統合型リゾート形態）の開発，超電導リニアモーターカーの商業運行といった大規模なインフラ整備の計画が進行しており，その見通しはけっして暗いものではないと考える。ほかにも，観光立国日本としての「和食の無形文化遺産登録」・「富士山の世界文化遺産登録」のような旧来から存在する観光資源価値の底上げによってさらなる訪日客の増加が見込まれている。

　中小企業の事業は，今後「6次産業化の進展」，「農業の工業化」などの新た

な産業を創出していくことによって，かつてないほどに多様な拡がりをみせていくことが予想できる。中小企業は，時代の変化に合わせて経営機能を再構築するために，こうした「創造的破壊」への挑戦しつづけることが不可欠となるであろう。

《注》

(1) 本補遺は，(一財)企業共済協会（2014）『企業倒産調査年報』序章「革新のための創造的破壊への挑戦」（8月）に加筆・修正を施したものである。
(2) 内閣府（2014）『年次経済財政報告』7月。
(3) 内閣府（2014）『月例経済報告』7月。
(4) 内閣府（2014）『世界経済の潮流』6月。
(5) ㈶企業共済協会（2014）『企業倒産調査年報』第2章「2013年度の企業倒産動向」第2章13頁。
(6) 同書，15-16頁。
(7) 同書，17-18頁。
(8) 同書，19-21頁。
(9) Schumpeter. J.A. (1912) *Theorie der wirtschaftlichen Entwicklung.*（中山伊知郎・東畑精一訳，1937『シュムペーター経済発展の理論』岩波書店）。
(10) 内閣官房内閣広報室『アベノミクス3本の矢』(http://www.kantei.go.jp/jp/headline/seichosenryaku/sanbonnoya.html)
(11) 経済産業省（2014）『産業競争力強化法』1月。
(12) 内閣官房内閣広報室（2014）『国家戦略特区特集：国家戦略特別区域法』8月18日。(http://www.kantei.go.jp/jp/headline/kokkasenryaku_tokku2013.html)
(13) 2013年度からは直接投資によるハンズオン投資に加えて，新たに機構と投資哲学を共有する民間のベンチャーキャピタルファンドへの戦略的投資を実施した。
(14) 「日本再興戦略」改定2014，2014年6月24日。http://www.kantei.go.jp/jp/singi/keizaisaisei/

参考文献

内閣官房内閣広報室『アベノミクス3本の矢』。
http://www.kantei.go.jp/jp/headline/seichosenryaku/sanbonnoya.html
内閣官房内閣広報室（2014）『国家戦略特区特集：国家戦略特別区域法』8月18日更新記事。

http://www.kantei.go.jp/jp/headline/kokkasenryaku_tokku2013.html
企業共済協会（2014）『企業倒産調査年報』8月。
経済産業省（2014）『産業競争力強化法』1月20日。
Schumpeter, J.A., (1912), *Theorie der wirtschaftlichen Entwicklung*, Leipzing, Duncker & Humblot. (中山伊知郎，東畑精一共訳，1937『シュムペーター経済発展の理論』岩波書店)。

第 11 章　純粋持株会社の経営分析

1．持株会社の規制と意義

　わが国では，1947（昭和22）年に制定されて以来，「独占禁止法（私的独占の禁止及び公正取引の確保に関する法律）」（以下では独禁法と略す）第9条において，半世紀間にわたって"持株会社"をつくることは禁止されてきた。しかし，会社の成長・多角化がすすみ，他社の株式を保有することは，1953（昭和28）年までの一連の独禁法改正により，一般事業会社にとって原則的に自由（金融機関にも制限緩和）となった。すなわち，株式所有により，国内会社の事業活動を支配することを"主たる事業"としない限り，他社の株式を保有することは自由になってきたのである。第二次世界大戦前に日本経済に大きく影響していた"財閥（コンツェルン）"は，連合国総司令部（ゼネラル・ヘッド・クォーター：GHQ）によって解体されたが，戦後経済復興の過程で，（三菱・三井・住友・三和・富士・第一勧銀といった）金融機関を中心として企業集団がさらに形成されていった。他方，旧財閥系会社以外にも松下・ソニー・東芝・トヨタなどといった新興企業集団が生まれた。それぞれ親会社は，自社の事業活動を独自に営みつつ，子会社・関係会社・関連会社・下請け会社が周辺関連事業・新規事業などに従事するという形態で，相互の株式を持ち合いながら，企業集団が形成されてきたのである。そうした形で，他社の株式を保有する親会社は「事業持株会社」とよばれる。それに対し，他社の株式を保有することによって，経営の支配を"主たる事業"とする会社は「純粋持株会社」とよばれる。

　ただし，前者すなわち事業持株会社は禁止されていなかったし，ほとんどの大企業（特に上場企業）はこれまでにも各企業グループのなかで，むしろ多く

の（連結範囲・非連結範囲ともに）他社株式の保有を行ってきた。その後，企業活動の国際化・情報化も進み，まず1997（平成9）年に純粋持株会社も解禁となった。2002（平成14）年には，「他の国内の会社の株式を所有することによって事業支配力が過度に集中することとなる会社」（傍点は筆者が加えた）は設立できないというように法改正がなされた。それによって，持株会社という字句は，独禁法上にはなくなったのである。公正取引委員会によって，"事業支配力が過度に集中することになる会社"として（具体的にはたとえば）① （金融会社を除く）グループ総資産15兆円超で，5つ以上の事業分野で単体総資産が3000億円を超えている場合，② 総資産15兆円以上の銀行と，3000億円以上の事業会社との統合の場合，③ 相互に関連する5つ以上の事業分野の（国内市場占有率10％以上の）上位企業同士の結合が禁止されるようになった（「事業支配力が過度に集中することとなる会社の考え方」平成14年11月12日公正取引委員会（平成22年1月1日改定）……以下のURLを参照のこと；http://www.jftc.go.jp/dk/guideline/unyoukijun/gl_jigyoushihairyoku.files/9guideline.pdf）。① は上述の企業集団などの水平系列グループによる持株会社方式の統合，② は（都市銀行・大手信託銀行など）銀行による事業会社の統合，③ は垂直系列グループによる持株会社方式の統合を禁止するものである。

2．持株会社の設立；その背景・状況

　会社が，他社の株式をもつ（保有する）ということの意義は，何だったろうか？そもそも，株式をもつことの意義自体から，まず考えてみよう。会社（とくに法人組織）以外にも，個人・会社以外の（たとえば国家・地方公共団体・学校・宗教団体など）組織・投資ファンド（投資信託）機関・外国人投資家などさまざまなタイプの株式保有主体が存在している。おのおのの株主は，程度の違いはあれ，いずれも，株式保有によって得られる ① 資産保有（キャピタル・ゲイン（値上がり益ともいわれる））動機，②（配当など）収入利得（インカム・ゲイン）動機を有している。さらに ③ それぞれが有する株式持分割

合に応じた（議決権の行使により）会社に影響力ないし支配力を及ぼす。そこで，会社への出資が多額になり，出資者が不特定・多数に上ってくると，持分に応じた株式の所有者（株主）と，彼らが出資する会社の運営を託されたもの（経営者）との間に，プリンシパル・エージェント関係が生じることは，周知のとおりである。ちなみに，太平洋戦争後のわが国証券市場（ここでは東京証券取引所に限っているが）上場企業について，その投資主体別保有状況の推移を，長期間にわたって調べてみたのが図表 11－1 である。その図から，敗戦後の財閥解体後に経済復興の過程で上場企業に出資をした，最たる投資主体は，"高度成長"に向かっていく 1970 年代前までは"個人・その他（●でマークされた）"投資家であり，決して，他社の株式を保有する"(×でマークされた）事業会社"でも，"(■でマークされた) 金融機関"でも"(◆でマークされた) 政府・地方公共団体"でもなかったのである。時代の経過に伴い，個人投資家の所有持株は，バブル経済崩壊に至るまで，金融機関・事業会社間での"株式持合い"現象は続いた。

その後，リーマン・ショックなどの長期的不況を経て，これまで，事業会社・金融機関による株式保有すなわち"株式持合い"の解消といった兆候が随

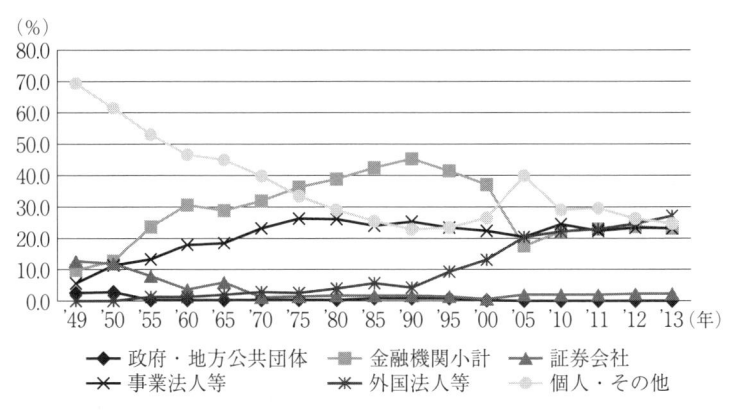

図表 11－1　東証上場企業の投資部門別株式保有状況の推移

出所) 東京証券取引「(長期) 株式保有状況調査」より作成。
http://www.tse.or.jp/market/data/examinationtion/distribute/index.html

所で見受けられ，（＊でマークされた）外国法人などへと所有主の比重は移り変わっていった。そうした変化が見出され始めた頃，さまざまな規制緩和の一環からも，上述のように"(純粋)持株会社解禁"が，1997年に制度的に認められるようになったのである。(商法・会社法・独占禁止法・会計諸法規・金融商品取引法・税法など）関連諸制度の改編も伴い，純粋持株会社はその数を増してきたと考えられる。その数・実態・内容について，これまでにもいくつか調査も行われてきている。ただ，公的な立場からの調査となると数は少なく，漸く，日本標準産業分類（平成19年11月改定）一般原則において「…経営権を取得した会社に対する管理機能（経営戦略の立案・推進，経営の管理・指導，経営資源の最適配分など）が中心の事業を行う，いわゆる純粋持株会社である事業所は，大分類「L－学術研究，専門・技術サービス業」の「純粋持株会社(7282)」に分類する」こととなった（政策統括官（統計基準担当）ホームページ参照）。その分類に従って，財務省『法人企業統計調査』の際にも，（金融業・保険業が平成20年度から調査対象に加わったことに伴い）平成23年度から「(旧)その他のサービス業」に「学術研究，専門・技術サービス業」の小分類「(金融機関を子会社とする（傍点は筆者)）純粋持株会社」が新たに調査対象として加えられるようになった（https://www.mof.go.jp/pri/reference/ssc/summary/hyohon/b05b.pdf参照)。『法人企業統計調査』上のこの"純粋持株会社"は，狭義の純粋持株会社と考えるべきだろう。個票は公表されないこともあり，各年度に集計された標本平均値を通してしか，その実態は十分には把握できない。純粋持株会社の財務状態・経営成績を分析し，企業評価するにあたって，他の業種・業態の企業とは違った特性があることにも留意する必要がある。ちなみに，『法人企業統計調査』に"純粋持株会社"がひとつの"業種"として，調査対象に加えられるようになってからの4年間のデータを用いて，他業種企業グループ（建設業・製造業・情報通信業・卸売業・小売業・不動産業・サービス業）の財務諸比率分布と"純粋持株会社"という業種グループのそれらとの間に相違が有り・無しについて検定を行ってみた。その結果は，図表11－2[1]に掲げたとおりである。

図表11－2　（純粋持株会社含む）8業種グループ財務諸比率分布の等分散性の検定
（『法人企業統計調査』平成21～24年度からデータ採取）

	Levene 統計量	グループ間自由度	グループ内自由度	有意確率
当座比率	5.345	7	24	.001
流動比率	4.136	7	24	.004
固定比率	7.472	7	24	8.3824E-05
自己資本比率	4.085	7	24	.004
総資本営業利益率	2.819	7	24	.027
総資本経常利益率	1.587	7	24	.187
自己資本経常利益率	1.805	7	24	.133
売上高営業利益率	3.490	7	24	.010
売上高経常利益率	3.701	7	24	.007
総資本回転率	2.500	7	24	.044
有形固定資産回転率	2.828	7	24	.027
棚卸資産回転期間	7.543	7	24	7.808226E-05
売掛金回転期間	4.246	7	24	.004
買掛金回転期間	4.980	7	24	.001
信用供与率	3.058	7	24	.019
手元流動性	6.643	7	24	.00020
減価償却率	2.366	7	24	.055
配当性向	6.679	7	24	.0002
内部留保率	6.946	7	24	.0001440
付加価値率	5.633	7	24	.001
労働装備率	3.906	7	24	.006
設備投資効率	1.202	7	24	.339

　その検定結果から，"純粋持株会社"群と他の7業種企業群との間で，分布が統計的に（5％水準で）有意に異なることが判明した比率は，①当座比率，②自己資本比率，③売上高経常利益率，④売上高営業利益率，⑤総資本回転率，⑥手元流動性，⑦付加価値率であった。それらの内でも，殊に③・④・⑤・⑥が，他業種群とは桁違いに異なっていた。

　また，経済産業省（以下では経産省と略す）によって「純粋持株会社実態調査」が2013（平成25）年に実施され，その結果が翌2014（平成26）年に発表された（調査対象となったのは，前述の（「日本標準産業分類」細分類7282-純粋持株会社473社で，回答は338社，回収率は71.5％であった）。図表11－3は，その（平成24年度実績）調査結果の概要から，年別に，新たに（筆者加点）持株会社と

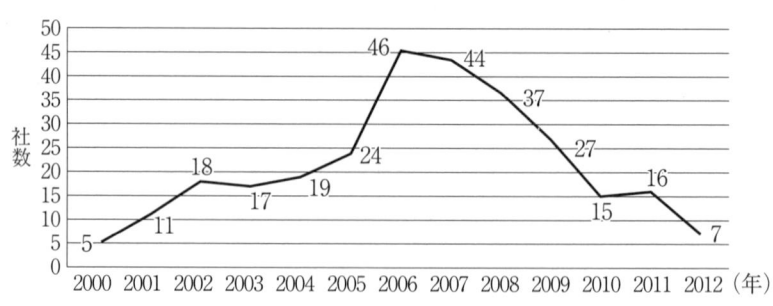

図表11−3　純粋持株会社となった年別会社数の推移

社数：2000年 5、2001年 11、2002年 18、2003年 17、2004年 19、2005年 24、2006年 46、2007年 44、2008年 37、2009年 27、2010年 15、2011年 16、2012年 7

出所）経済産業省（2014）『純粋持株会社実態調査』結果の概要より作成

なった会社数の推移を示したものである。2006年に46社とピークに達した後，その数は減少してきているようにみえるが，同調査では，2012年末で（累計してみると）291社に上るとされている。非上場会社をも含めた『法人企業統計調査』対象となった（悉皆調査ではないが）標本数でみても，4年間で781〜1,133社（中小会社〈資本金1億円未満〉でみても，515〜790社，〈"みなし"を含む〉大会社〈資本金1億円以上〉でみても，266〜343社）へと増加している。上掲の「純粋持株会社実態調査」結果の概要によって（2012年末における）資本金規模別割合をみると，（"みなし"を含む）大会社が77％と多かったが，中小会社も23％（67社）あった。

"純粋持株会社"の設立状況を，その他の調査によると（一方で設立，他方で解消されるところがあるものの）上場会社のみに限ってみても387社（2013年8月現在；河野（2013））にも及ぶといわれている[2]。筆者が"ホールディングスやグループ本社"というキーワードで検索してみた"純粋持株会社"の概算数値は368社で，その内訳は図表11−4のようであった[3]。東証一・二部で70％超を占めていたが，東証マザーズほか新興市場上場会社の割合も7％に上っていた。

先に取り上げた『法人企業統計調査』においてとは違って，金融庁（EDINET (Electronic Disclosure for Investors' Network)，「金融商品取引法に基づく有価証券報告書等の開示書類に関する電子開示システム」）や（東証など）証券取引

図表11-4　上場取引所別純粋持株会社数の割合

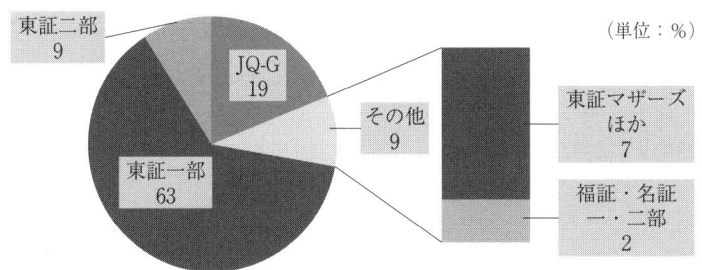

(単位：%)

- 東証二部 9
- JQ-G 19
- 東証一部 63
- その他 9
  - 東証マザーズほか 7
  - 福証・名証一・二部 2

出所）Eol 総合企業情報 DB より "HD" "グループ本社" で検索した結果より作成

図表11-5　純粋持株会社となった年代別・業種別会社割合の推移

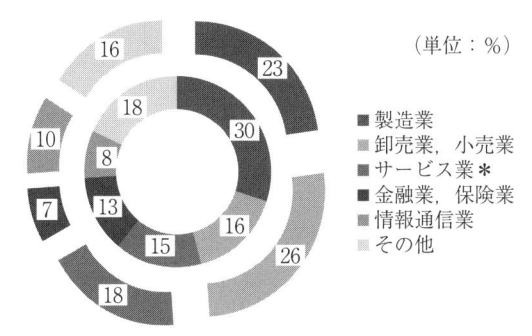

(単位：%)

内側：16, 18, 8, 13, 15, 製造業
外側：23, 30, 16, 26, 18, 10, 7

■ 製造業
■ 卸売業，小売業
■ サービス業＊
■ 金融業，保険業
■ 情報通信業
■ その他

（注）内側は2000～2006年まで，外側は2007～2012年までの会社数累計割合を示す
出所）経済産業省（2014）『純粋持株会社実態調査』結果の概要より作成

所で行われている産業分類では，"純粋持株会社"という分野は見当たらない。他方，「純粋持株会社実態調査」結果の概要で示された，純粋持株会社への移行時における業種別会社割合の年代的な推移をみたのが，図表11-5である2000～2006年までの割合と2007～2012年までの割合を比較してみると，純粋持株会社への移行割合は，製造業（全体の30～23%へ）・金融・保険業（以下同じく13～7%へ）では低下したのに対し，卸・小売業（16～26%へ）・サービス業（15～18%へ）・情報通信業（8～10%へ）では上昇している。

さまざまな法規則の改正に伴い，純粋持株会社へ移行する際に必要な**株式移転・株式交換・会社分割**といった手続きがより容易になったこと，税制面でも

連結納税制の導入からさらにグループ法人納税制へと，制度的環境の変化はいちじるしい。いずれにせよ（後でみる）持株会社移行からメリット・デメリットが生じ得るか否かはともかく，その数は，業界を問わず多方面において，さらに増加してきているのが現状と考えられる。図表11-6において，わが国においてしばしばよくみられる2形態のみを掲示しておく[4]。最近に発表された幾つかの事例によっても「グループ最適経営と事業運営の自立性向上が期待でき…成長施策として有力な選択肢であるM＆Aを円滑に実施する…」（日本ペイント㈱平成26年5月）とか，「当社グループの持分体制への移行は，当社グループのグローバル経営機能の強化，事業競争力の強化，新商品開発能力の強化及びグループ経営効率の追求を目的として…」（サンデン㈱；平成26年5月）とか，「…"グループ経営機能の強化"と"各事業会社の自立的経営"により

図表11-6 純粋持株会社の形態

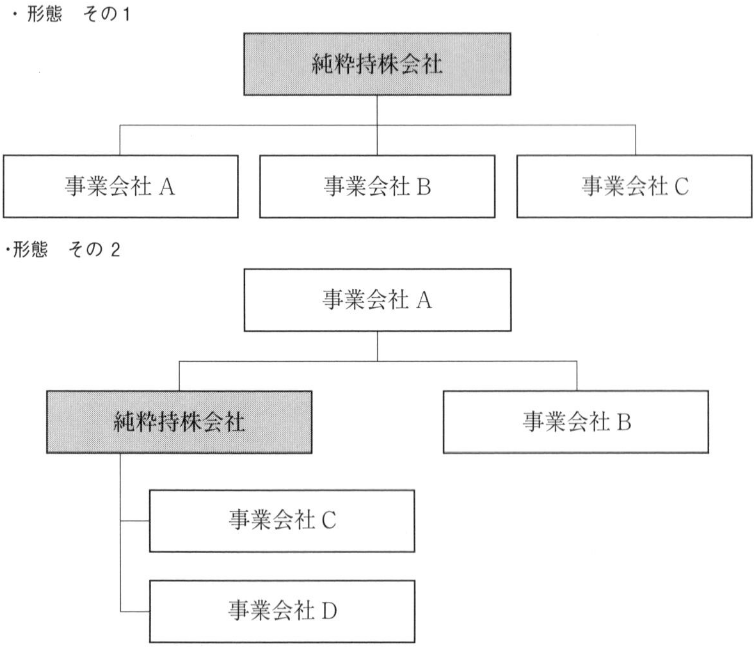

・形態 その1

```
            純粋持株会社
         ┌──────┼──────┐
      事業会社A    事業会社B    事業会社C
```

・形態 その2

```
            事業会社A
         ┌──────┴──────┐
      純粋持株会社         事業会社B
         ├── 事業会社C
         └── 事業会社D
```

（注）上記の他にも形態は各企業グループにおいてあり得るが，わが国で多くみられるタイプに限って掲示した；他形態についてくわしくは，武藤（2007：56-61）参照

企業価値の増大を図って…」(近畿日本鉄道㈱：平成26年12月) といった"(各社) 株主へのお知らせ"で，純粋持株会社への移行の発表が目白押しなのである。

3. 純粋持株会社の特性―そのメリット・デメリット

　純粋持株会社は，企業組織を再編成 (リストラクチャリング) するためのひとつの手段であるといわれる。ただ，手段であるという特性から，一方で上手く用いるとよい効果 (メリット) が期待されるが，他方で下手をすると悪い効果 (デメリット) が生じることもあり得る。企業再編成のための手段としての持株会社のメリット・デメリットを整理すると，図表11-7のようなことが考えられる。

　もとより，個別企業ないし企業グループ全体の経営合理化・効率化のためには①事業部制，②社内カンパニー制といった他の組織化方針もあり，わが国でも，それぞれの体制が，すでにこれまでにも多く採用されてきたことは周知のとおりである。それら①②の方法と③純粋持株会社方式との違い・特徴

図表11-7　純粋持株会社のメリット・デメリット

純粋持株会社がもたらし得るメリット	純粋持株会社がもたらし得るデメリット
企業グループ全体の戦略最適化	(分社化に伴う) 企業グループとしての一体感の希薄化
個別企業での意思決定の迅速化	情報・ノウハウ共有の不足
(人的・物的・金銭的) 資源管理の効率化	(グループ内) 業務の不効率化ないし間接部門費の重複発生化
権限・責任ならびに業績評価基準の明確化	(連結納税なしの場合) 法人税等の納税負担増加
企業グループ内文化・組織風土統一	(グループ内) 企業相互のシナジー効果希薄化；多角化 (diversification) ディスカウント (DD)

出所) 武藤 (2007：35-54)，川村 (2007：11-13)，新見 (2008：108-110)，下谷 (2009) 第5章，㈱日本総研 (2010) 第3章，河野 (2013：20-25ほか参照)

につき，特に経営財務的観点から，もう少し要約して整理してみよう。まず，組織形態からみると，①②は同一企業内部の組織単位であるのに対し，③は独立の一会社である。会計計算・報告単位からみると，①は事業部としての損益計算書（P/L）のレベルすなわちプロフィット・センター・レベルまでの，②は，各社内カンパニー（に対して仮想資金を配賦のうえで）の損益計算書ならびに貸借対照表（B/S）のレベルすなわちインベストメント・センター・レベルまでの管理・報告を行い，③は純粋持株会社が支配下に置く事業子会社の株主として，会計報告・配当をうける。したがって，経営・管理の目標指標となるのは，①では経常利益段階までの損益関連数値，②では（仮想）純利益・（仮想）配当，③では（所有主としての純粋持株会社に支払われる原資となる）純利益・配当となる（武藤（2007），大坪（2005），松尾・水野・笹倉編著（2002）参照）。以上より要するに，①事業部に対してでも，②社内カンパニー制に対してでもなく，③純粋持株会社に対してもっとも期待される役割は，経営と事業を分離し，「事業子会社の収益性・成長性を比較・評価したうえで，企業グループ全体としての持続性・安定性を図ること」といえよう[5]。

4．純粋持株会社の経営分析―収益性管理を主として―

　純粋持株会社は，他社の株式を保有することによって，経営の支配を"主たる事業"とする会社である。ということであれば，単体としての純粋持株会社の経営活動・財務状態の分析は，事業持株会社の場合と違ってくる。したがって，「そもそも事業活動をしていない純粋持ち株会社の個別財務諸表は経営分析の視点では情報価値がない」（青木茂男（2012：400），原文のまま）といった見解がこれまでにはみられた。しかし，前節までにもみてきたように，わが国では純粋持株会社への移行は最近にまで及び，引き続き多く生じているのが現況なのである。グループ全体としての企業評価をうけるうえで，親会社たる純粋持株会社としては株主・金融機関・社会といった資本市場・社会一般に対しての企業価値を，おのおのの事業子会社としては顧客・物流（調達・販売）市

場に対しての企業価値を，それぞれに高めるためのマネジメントが求められている（川村（2007：117），園田（2008），㈱日本総合研究所戦略グループ（2013））。

管理会計的観点から，純粋持株会社自体におけるマネジメントの対象は，(イ)収益管理面と(ロ)業績管理面とに大きく分けられている。まず，純粋持株会社の経営を分析する視点として，(イ)をさらに（園田（2008），新見（2008）に従って）収益源泉別にみてみよう。経産省の平成25年度調査の結果概要に基づいて，わが国における純粋持株会社の関係会社との間で発生した収益[6]（売上高または営業収益）源泉を（関係会社を含めたグループ全体としてみた場合の）業種別にみたものが図表11－8である。それによると，調査サンプル全体では，関係会社との間で発生した売上高または営業収益（つまり純粋持株会社としての本業からの収益にあたる）は合計で93.8％，その内訳をみると，受取配当金がトップで34.58％，グループ運営収入及び類するもの（"経営指導（管理）料"・"ロイヤリティ・ブランド（特許）使用料"・"業務受託（代行手数）料"などの名称で計上される（新見（2008），園田（2008），関・菅野（2010）など参照））は16.1％であった。収益源泉を（グループ全体でみた場合の）業種別にみると，製造業で受取配当金が49.3％，グループ運営収入及び類するものが20.0％，さらに関係会社以外との間で発生した収益（純粋持株会社としての「営業外収益」

図表11－8　純粋持株会社の関係会社間で発生した収益源泉

■ 受取配当金　　　　　　　　　　　　　■ 受取利息
■ グループ運営収入及び類するもの　　　　資産の賃貸料・使用料収入
■ 事業活動を通じて得られる収入　　　　　（関係会社間で発生した）その他
■ 関係会社以外との間で発生した収入

（単位：％）

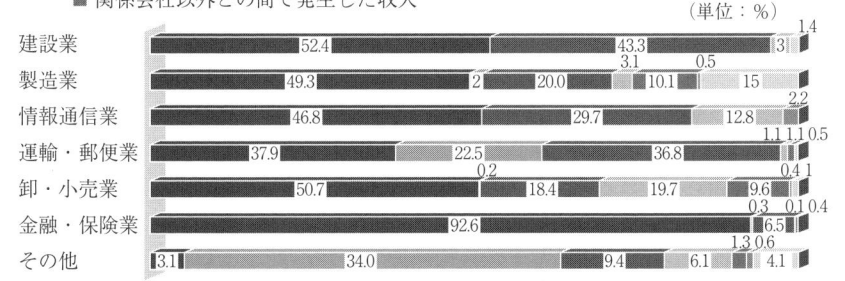

業種	受取配当金	グループ運営収入	事業活動	受取利息	賃貸料	その他	関係会社以外
建設業	52.4			43.3	3.1	0.5	3	1.4
製造業	49.3	2	20.0	10.1	15		2.2
情報通信業	46.8		29.7	12.8		1.1 1.1 0.5
運輸・郵便業	37.9	22.5		36.8	0.2	0.4 1
卸・小売業	50.7		18.4	19.7	9.6	0.3 0.1 0.4
金融・保険業			92.6		6.5	1.3 0.6
その他	3.1	34.0		9.4	6.1	4.1

出所）「純粋持株会社実態調査」（平成25年度）結果の概要より作成

つまり副業からの収益にあたる）が15.0％と他業種に比べて比較的多かった。金融・保険業においては受取配当金が92.6％と際立っている。

　純粋持株会社が，"他社株式所有を通じての支配"という一種のサービス事業から得る，これら収益レベルの多寡・増減ないし"収益性"の高低・騰落に関しては，一般事業会社とは異なり，業績評価の方法・考え方は分かれよう。企業グループ全体として「連結納税」が可能となるというメリットは，（特に外部者からは）計り知れないといってよいだろうし，純粋持株会社の収益管理はグループの帥としての経営者の裁量に委ねられており，他面では社外取締役・各委員会制度導入など会計・業務監査に，期待が重く掛けられているのである。証券取引所で上場されている純粋持株会社の場合，会計的ディスクロージャー数値に基づく業績評価のみならず，資本市場における（特に株価はじめ金融商品関連）指標[7]やさらに非財務（会計）データに基づく企業評価に有用な情報源は，ますます多様化していくだろう[8]。

　また，純粋持株会社への移行の件数がさらに増えていけば，その戦略的手段・方策を選択決定したことの成否について，自社（経営者）の立場から，企業グループ内部の資本市場での投融資家の立場から，純粋持株会社自体の株主・債権者の立場から，それぞれ実務的経験・実証的研究も豊富になってこよう。

5．若干のケース・スタディ
―飲料製造業界における純粋持株会社の経営比較の試み―

　純粋持株会社を分析する時，その経営指標の分布特性をみると（2で素描したように）確かに他"業界"とは異なっており，殊更な注意が必要なのかもしれない。わが国ですでに多く現存している若干の事例を参照しつつ，以下で，その例証を試みてみる。

　まず，純粋持株会社単体（個別決算数値ベース）でみてみよう。ここでは，同業界内でほとんど各社がともに，純粋持株会社に移行している典型的な例[9]として，（金融庁EDINETの産業分類による）飲料製造業界から[10]（すなわちキ

第11章 純粋持株会社の経営分析

リンホールディングス（HD）・アサヒグループホールディングス（HD）・サントリーホールディングス（HD））3社のサンプルを採ってみた：総資本経常利益率（ROA）・総資本回転率・自己資本比率・自己資本利益率（ROE）・従業員1人当たり収益の五指標（平成25年12月末提出の有価証券報告書記載の数値から算出したもの）を，図表11-9でレーダー・チャートによって比較してみた。同業界内の，いずれも純粋持株会社として（単体）経営比較すると，（■でマークした）アサヒグループHDが，ROA（4.80%）でみた資本収益性，自己資本比率（57.4%）でみた財務安定性の2点から3社の内でもっとも優れている。（▲でマークした）サントリーHDは，総資本回転率（年0.062回），ROE（16.5%）でそれぞれ3社の内でもっとも高い。（◆でマークした）キリンHDは，（平成25年における人員削減が奏功し）従業員1人当たり収益（対数変換値）でみた生産性において，3社の内でもっとも高いのがわかる。しかし，移行前の事業（持株）会社の時代から，分社化・統合化が盛んに行われてさまざまに事業"多角化"が進み，そのグループ全体の戦略策定・統括機能を担ったのが，純粋持株会社であったはずである。

ところで，ここで取り上げた飲料製造業界の，純粋持株会社の事業構成をみ

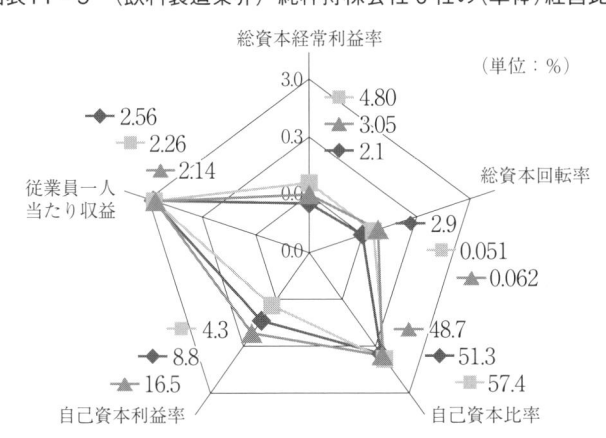

図表11-9 （飲料製造業界）純粋持株会社3社の(単体)経営比較

（単位：%）

◆ キリンHD　■ アサヒグループHD　▲ サントリーHD

出所）平成25年12月末に各HD3社提出の有価証券報告書から算出して作成

てみると，主たる事業セグメントは，たとえば，キリンHDの場合，①日本総合飲料（52%）・②海外総合飲料（30%），アサヒグループHDの場合，①酒類（54%）・②飲料（27%）と，確かに"飲料製造業"と分類されて然るべき報告をしている。ただし，前者においては医薬・バイオケミカルその他で18%，後者においては食品その他で8%のセグメントを占めるようになって来ている。すなわち，純粋持株会社解禁によって生み出されたのは，所詮，「既存事業会社が事業部門を子会社としてスピン・オフ」するか「事実上の合併によって親会社を新たに設立し，それぞれが子会社として残存する」ケース（図表11-7で掲げた形態その1またはその2）がおおむね多いと考えられる（青木（2008：263）参照）。なお，サントリーHDの場合は，株式譲渡制限付きすなわち非公開会社であるため，株式所有構成が他の2社とは異なっている。同社の親会社は，大阪市北区に所在の㈱寿不動産で，その資本金がわずか122（百万）円と，当サントリーHDの資本金70,000（百万）円の600分の1弱，その子会社（2013年7月に東証一部上場した）サントリー食品インターナショナル㈱の資本金168,384（百万）円の1,000分の1にも満たないほどの規模である。しかし，サントリーHDの議決権の89.32%を（いずれの数値も有価証券報告書から；2013年12月末現在）所有している。その他に，サントリー持株会（同社従業員持株会；いわゆるESOP；Employee Stock Ownership Plan）による所有割合が4.59%と第2位の大株主，その他金融機関・保険業社4社が各1%と次いでいる。したがって，このように相互に同業他社の間とはいえ，ただ財務（会計）数値データのみで，（単体としての）純粋持株会社の経営比較をすることには，自ずと限界があるだろう。けれども，当該（潜在的も含め）ステークホルダーにとっては，それぞれの立場から得られる貴重な情報源ということになろう。

　さらに，純粋持株会社へ移行する際に，ほとんどの経営者が掲げる目的・動機として挙げられる"企業グループ全体としての"戦略策定・資源効率化といったパフォーマンスが果たして実現・達成されているだろうか？同業界の他の純粋持株会社との間での比較，ならびに，純粋持株会社への移行の前後にお

図表11−10　キリンHD（連結ベース）の財務レバレッジ効果

■ 有利子負債依存度(キリンHD)　■ 自己資本利益率(キリンHD)

(単位：％)

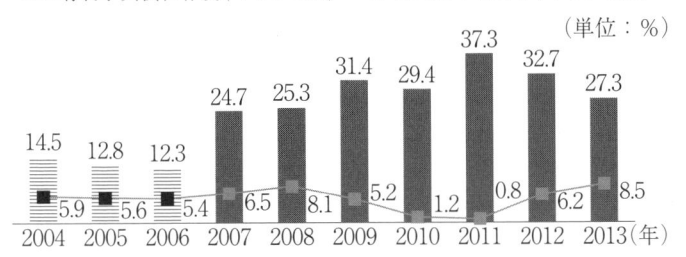

年	2004	2005	2006	2007	2008	2009	2010	2011	2012	2013
有利子負債依存度	14.5	12.8	12.3	24.7	25.3	31.4	29.4	37.3	32.7	27.3
自己資本利益率	5.9	5.6	5.4	6.5	8.1	5.2	1.2	0.8	6.2	8.5

図表11−11　アサヒグループHD（連結ベース）の財務レバレッジ効果

■ 有利子負債依存度(アサヒグループHD)　◆ 自己資本利益率(アサヒグループHD)

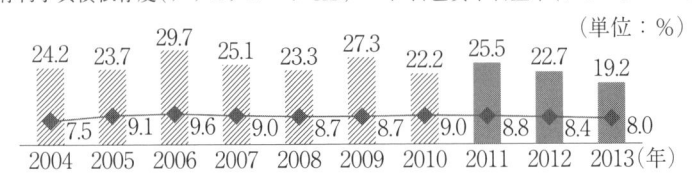

(単位：％)

年	2004	2005	2006	2007	2008	2009	2010	2011	2012	2013
有利子負債依存度	24.2	23.7	29.7	25.1	23.3	27.3	22.2	25.5	22.7	19.2
自己資本利益率	7.5	9.1	9.6	9.0	8.7	8.7	9.0	8.8	8.4	8.0

ける各社の財政状態・経営成績などの時系列比較の一端を，以下に例示しておこう。

　企業グループ全体としての会計情報は，連結決算書から得られる。単体としての純粋持株会社の経営比較でみたのと同様に，飲料製造業内で双璧的なライバル関係にある2社，キリンHDとアサヒグループHDの連結決算ベースの会計数値データを，純粋持株会社移行前後の業績比較のために用いる。

　図表11−10にキリンHDの，図表11−11にアサヒグループHDのそれぞれ2004（平成16）年から2013（平成25）年までの（連結決算数値ベース）財務レバレッジ効果[11]を示している。キリンHDは2007（平成19）年7月に，アサヒグループHDは2011（平成23）年7月に，それぞれ純粋持株会社に移行した。図表11−10で左から3つの棒線および折れ線，図表11−11で左から7つの棒線および折れ線は，おのおの純粋持株会社への移行前の有利子負債依存度と自己資本利益率（ROE：Return on Equity）を，おのおのの右側の棒線・折れ線は純粋持株会社への移行後の変化を示している。この2つの図をみると純粋

持株会社への移行前に，ROE は両社共に徐々に悪化あるいは横ばいの状態であった。一方の，キリン HD の場合，移行後にレバレッジが高まり，ROE も 1〜2 年後に 6.5〜8.1％へと上昇しており，財務レバレッジ効果が一時期生じていたように窺える。しかし他方，アサヒグループ HD の場合，移行の直前にレバレッジは下がっていたが ROE は 8.7〜9.0％へと上昇していたのに対し，移行後はレバレッジを高めても，逆に ROE は 8.8〜8.0％へと低下しており，財務レバレッジ効果は生じていないようにみえる。あくまで，ここでは限られた（期間の）時系列・（業界）横断面のごく少数のデータを用いた分析をしたに過ぎず，もっと多くのケース・サンプルをもとに分析を行う必要があることはいうまでもない。

　純粋持株会社への移行は，組織，特に企業グループ再編のためのひとつの戦略であり手段であるにすぎない。あるいは"両刃の剣"として，メリットはあまり生じなくて，逆のデメリットが生じる恐れもある。最近に至るまで，純粋持株会社は増えてきているが，その成否については，さまざまな角度・視点から分析される必要がある（浅田（2007：5）参照）。そのうえで，企業再編ひいては日本経済システムの進化への適切な方向性が見出されることが望まれる。

《注》

(1) ここで用いた Levene（ルビーン）統計量は，（仮説 H_0）"各業種グループの偏差の絶対値の平均は互いに等しいか否か"を検定（すなわち「等分散性の検定」）するためのものである。母集団の正規性をあまり必要としないといわれている。石村・アレン（1997）参照。
(2) "経営統合"・"分社化"といった企業グループ内での初期の組織再編目標が達成された後に，純粋持株会社を解消したといった事例などについては下谷（2009），"さらなる統合効果を目指す"や"当初想定の効果が出なかった"事例の列挙については河野（2013）参照。
(3) "ホールディングス（HD）やグループ本社"といった社名を冠しない純粋持株会社（例：NTT や旭化成，イオン，ソフトバンク）もいくつかある。ここでは，他者の例（下谷（2009），新見（2008））を参照して，この便法に依った。
(4) 図表 11-6 に掲げた"形態その 2"のように，親会社でなくても（たとえば海外で）事業統括を行う必要な時などに設けられる場合の持株会社は"中間持株

会社"とよばれる。武藤（2007）は，上掲の2形態のほかに，持株会社が企業グループ内に2社以上あるような2ケースも挙げている（武藤2007：56-61 参照）。

(5) 純粋持株会社解禁の前夜，（当時）通産省の「独占禁止法改正研究会」のメンバーであった青木昌彦は，(1)戦略的思考の柔軟化・パースペクティヴの広がり，(2)固定化した人事管理体制を制度化した事業部門の内部化，と並んで(3)財務のコントロールを通じて事業子会社経営者に対するモニタリングを行えることから，純粋持株会社の必要性について述べている。ちなみに，もうひとつ，(4)ベンチャー金融機能も，最後に付け加えている。（青木 2008：254-265 参照）。

(6) この"関係会社"の定義づけ（範囲）次第によって，収益（同様に費用）レベルも変わって来るだろう。かつての"連結外し"といった所作が生じても不思議はないのである。日本経営分析学会編（井端和男稿）（2005：108），松尾・水野・笹倉（2002）第7章参照。

(7) 大坪（2005），分社化・カンパニー制と比較しつつ，日本企業がリストラクチャリングに如何に取り組んできたか，会計数値・株価関連指標を用いた市場での反応調査や，純粋持株会社移行前後の時系列比較分析がすでに実証的に行われている。サンプル数が少数であったためか，統計的に十分有意な結果が得られなかった部分もあるが，この種の関連調査研究の発表に，今後ますます期待が寄せられる。特に第8章，202〜212頁参照。また，純粋持株会社への移行動機に関する実証分析の実施例として，小本（2005）も参照のこと。

(8) 日本経営分析学会編（山田文道担当）（2005：163-174），（宮本順二朗担当）（2005：229-237）など参照。

(9) その他に，同一業界内でほとんどが純粋持株会社に移行しているのは放送業界・金融業界が代表的で，それぞれ"放送持株会社（2007年の放送法改正によりに設立解禁）"・"金融持株会社（1998年の独占禁止法改正により設立解禁）"と呼ばれている。

(10) 松崎（2013）も，"ビール業界"（サッポロHDをも含めた）大手4社の経営比較を行っている。（松崎2013：242-250）参照。"飲料製造業界"とよぶにせよ，"ビール業界"とよぶにせよ，いずれにしろ，もはやどんな"業界"においても，純粋持株会社各社の事業構成をみると，まさに"多角化（diversification）"がますます盛んなことは，周知のとおりである（渡辺・針原（2012：108-111，120-121 参照）。

(11) "財務レバレッジ効果"とは，資金の梃（テコ）入れすなわちレバレッジによって，収益価値が向上するという効果をいう。借入金・社債などの"他人資本"に対する借入利息が"損金"として控除されるという節税効果が働くので，"自己資本（純資産）"に対する（税引き後）利益の比率すなわち"自己資本利益率（ROE）"は高くなると期待される。ここでは，資金のテコ入れを表す代理変数として「有利子負債依存度」を用いた。

参考文献

青木茂男（2012）『要説 経営分析（四訂版）』森山書店。
青木昌彦（2008）『比較制度分析序説―経済システムの進化と多元性―』（講談社学術文庫 1930）講談社。
石村貞夫＋デズモンド・アレン（1997）『すぐわかる統計用語』東京図書。
大坪稔（2005）『日本企業のリストラクチャリング―純粋持株会社・分社化・カンパニー制と多角化―』中央経済社。
下谷政弘（2009）『持株会社と日本経済』岩波書店。
日本経営分析学会 編（2005）『経営分析事典 経営分析―その伝統と革新』ならびに同改訂版（2015 刊行予定）税務経理協会。
日本総合研究所戦略グループ編著（2013）『グループ経営力を高める 本社マネジメント』中央経済社。
發知敏雄・箱田順哉・大谷隼夫（2012）『持株会社の実務（第 6 版）』東洋経済出版社。
松尾聿正・水野一郎・笹倉淳史編著（2002）『持株会社と企業集団会計』同文館。
松崎和久（2013）『グループ経営論』同文館。
武藤泰明（2007）『持株会社経営の実際（第 2 版）』日本経済新聞社。
渡辺和明・針原達夫（2012）『全図解 企業集団と企業結合』東洋経済新報社。
浅田孝幸（2007）「純粋持株会社の管理会計課題」『企業会計』Vol.59 No.8：4－13。
川村倫大（2007）「"日本的"持株会社経営の今」『季刊 政策・経営研究』Vol.3：109－120。
経済産業省（2014）「純粋持株会社実態調査（平成 25 年度）」結果の概要；http://www.meti.go.jp/statistics/tyo/mochikabu/result-2/h25kakuho/pdf/25kakugaiyo.pdf
河野俊明（2013）「純粋持株会社に問われるマネジメントの視点」『知的資産創造』2013 年 10 月号：18－29。
小本恵照（2005）「純粋持株会社への移行の動機」『年報 経営分析研究』第 21 号：47－55。
政策統括官（統計基準担当）ホームページ／日本標準産業分類（平成 19 年改定）；http://www.stat.go.jp/index/seido/sangyo/19index.htm 参照。
関浩一郎・菅野貴弘（2010）「持株会社の会計処理と税務の特徴」『税経通信』2010 年 5 月号：177－185。
園田智昭（2008）「純粋持株会社体制下の企業グループに関する管理会計上の諸問題―特に純粋持株会社自体の課題について―」『會計』Vol.50, No.3：16－30。
新見一正（2008）「純粋持株会社の経営分析―収益源と収益管理に関する実態の検討を中心に―」*Business & Economic Review*, 2008.12：98-135
財務省「法人企業統計調査（平成 23 年度）」まえがき；http://www.mof.go.jp/pri/publication/zaikin_geppo/hyou/g726/726_a.pdf

索　引

CAPM　7, 8
Carroll, A. B.（1991）　213
CSRI →CSR 指数
CSR →社会的責任
CSR 指数　225
DCF 法→割引キャッシュ・フロー
DF 法　162
EDINET　242
EBITDA　17
ESOP　250
EV/EBITA 倍率　123
EVA →経済付加価値
IRR 法→内部収益率法
IR　190
Kanji-Chopra CSR model（2010）　216

LBO　108
LP →線形計画法
MBO　109
MM（命題，理論）→モジリアーニ＝ミラー
MVA →市場付加価値
NI 法　20
NOI 法　20
NOPAT　17
NPV 法→正味現在価値法
Ota-Nakashima CSR モデル　222
PI →収益性指数
ROE →自己資本利益率
SAY ON PAY　162
SOX 法　161

あ　行

アクティビティー分析　186
アベノミクス第3の矢　232
アメリカ型　87
安全利子率　7, 65
アントレプレナー　183
一定成長モデル　12, 17, 19
インカム・ゲイン　66
インセンティブ・システム　159
インタレスト・カバレッジ・レシオ　136
インベスター・リレーションズ→IR
インベストメント・センター　246
売上債権回転期間　149
売上高営業利益率　146
売上高経常利益率　146
売上高原価率　147

売上高総利益率　145
売上高販売費管理費比率　147
運転資本の管理　183
営業活動キャッシュ・フロー→フリー・キャッシュ・フロー
営業フリー・キャッシュ・フロー　11
エクイティ・ファイナンス　32
エコノミック・プロフィット法　122
エージェンシー関係　25
エージェンシー・コスト　25, 26
エージェンシー問題　158
エージェント　159
エンジェル投資　43
エンタープライズ DCF 法　111
太田再生条件モデル　220
オプション　86
オプション料　87

か 行

買入債務回転期間　151
回収期間　53
回収期間法　53
確実性等価法　65
学習する社会　201
学習する組織＜企業＞　201
学習する地域　201
加重平均資本コスト（WACC）　14, 15
活動別（の）キャッシュ・フロー循環　189
カーブアウト　110
株式型報酬　166
株式取得　107
株式譲渡制限付き　250
株式持合い　239
株主総会における議決権　32
貨幣の時間的価値　50
環境会計　194
環境報告書　194
環境保護とサステナビリティ　216
間接金融　30
起業家→アントレプレナー
企業価値　1
　──の最大化　183
企業価値評価　15, 17
企業集団　237
危険→リスク
期待値　71
逆イールド　37
キャッシュ・フロー　3, 5
キャッシュ・フロー計算書　129, 187
キャピタル・ゲイン　66
吸収合併　107
業績連動型のインセンティブ報酬　159
共通善　195
共分散　73

金融商品取引法　242
金融庁　242
クローバック条項　161
経営資本　141
経営者報酬規制　160
経営者報酬報告規則　163
経営者報酬報告書　163
経営成果の分配性　155
経済産業省　241
経済的責任　216
経済付加価値　122
継続企業価値　1
決済日　99
現金及び現金同等物　188
現在価値（現価）　3, 51
　──割引係数　51
　──割引率　51
原資産　87
権利行使価格　87
権利行使期間　87
権利行使日　86
公開企業会計改革・投資者保護法　161
国際財務報告基準　190
国際連合グローバルコンパクト　213
国家戦略特別区域法　233
固定資産回転期間　150
固定長期適合率　133
固定比率　132
個別報酬開示　164
コーポレート・ガバナンス　156
コーポレート・ガバナンス原則　157
コマーシャル・ペーパー　38
コミットメントライン　38
コール（call）・オプション　87
コンバージェンス（共通化）　191

さ 行

裁定　90
最適資本構成　2
最適な経営者報酬体系　168
財閥（コンツェルン）　237
財務諸表　182
財務レバレッジ効果　251
サイレントパートナー（物言わぬ株主）　180
先物取引　99
差金決済　99
サステナビリティ　210
三角合併　108
時価ベース（市場価値ベース）　1
直物（spot）取引　99
事業譲渡　107
事業部制　245
事業持株会社　237
事業利益　140
自己資本コスト　5, 6, 8, 9, 12
自己資本の価値（株式価値）　2
自己資本比率　134
自己資本利益率　139, 251
市場付加価値　123
市場ポートフォリオ　7, 80
　　──のリスク・プレミアム　7
資本構成　2, 19
資本構成無関連命題　23
資本コスト　5
資本投資の決定　183
資本利益率　139
資本割り当て　61
社会的責任　209
社会的使命　216
社債　39
社内カンパニー制　245
収益性指数　62
終価係数　51
純粋持株会社　237
純粋持株会社実態調査　241
シュンペーター，J. A.　230
証拠金　99
情報の非対称性　25
正味キャッシュ・フロー現在価値　52
正味現在価値法　54
剰余金の配当を受ける権利　33
将来価値（終価）　51
新株予約権　40
新株予約権付与率　167
シンジケートローン　38
新設合併　107
ステークホルダー　155, 210
ストック・オプション　161
正規分布　78
生産性分析　155
節税効果　23
節税・倒産コスト・モデル　25
線形計画法　63
選択権→オプション
相関係数　75
相互排他的投資案　59
総資産利益率　140
総資本回転期間　148
総資本回転率　148
総資本コスト　5 - 19
相乗効果　105
創造的破壊　230
組織の戦略的計画システム　216
損益計算書　128

た 行

貸借対照表　126
タイム・ホライズン（計画限界点）　51
タックス・シールド→節税効果

棚卸資産回転期間　149
他人資本コスト　5, 13
他人資本の価値　2
短期プライムレート　36
知識創造経営モデル　196
知識創造性　199
知的資産　196
知的生産性　199
長期資本の調達　184
長期プライムレート　36
直接金融　30
定額配当モデル　11, 19
デット・エクイティ・レシオ　135
デット・ファイナンス　32
手元流動性比率　136
デュー・デリジェンス　110
伝統的資本構成理論　22
当座比率　131
倒産コスト　25
投資活動によるキャッシュ・フロー　189
投資家向け広報→IR
投資収益率　66, 69
投資主体別保有状況　239
投資ファンド　105
投資利回り　69

な 行

内部収益率法　56
日本再興戦略　232
日本標準産業分類　240
値洗い　99
年金現価係数　55

は 行

配当政策　155
配当無関連命題　23
配当割引モデル　6, 11
派生商品　86
ハードル・レート　6
パラダイム・シフト（これまでの常識を打ち破る価値観の劇的な変化）　193
バリュエーション　3
バリュー・ドライバー式　114
PEファンド　105
東日本大震災　210
非公開会社　250
標準偏差　71
付加価値分析　155
不確実性　64
複利計算　51
複利係数　51
普通株式　35
復興・再生　210
負債の価値→他人資本の価値
負債の資本コスト→他人資本コスト
プット・オプション　87
ブラック・ショールズ・モデル　95
フリー・キャッシュ・フロー　11, 17
プリンシパル　159
プリンシパル＝エージェント関係　25
プロフィット・センター　246
ベータ値　7, 9
ベンチャー企業の資金調達　42
報酬→リターン
法人企業統計調査　240
ポートフォリオ　72
（企業の）本源的価値　4, 200

ま 行

無形資産　196
無相関　75
無リスク資産の利子率→安全利子率
メザニン・ファイナンス　42

索 引　259

モジリアーニ＝ミラー　22
（純粋）持株会社解禁　242
モニタリング・システム　159
（従業員の）モラル　216

や 行

有形資産　196
有効フロンティア　79
優先株式　35
有利子負債依存度　251
ヨーロッパ型　87

ら 行

リアル・オプション　98
ライツ・オファリング　46
利益マルティプル法　123
リスク　66, 77, 221
リスク回避　78
リスク中立確率　93
リスク調整後割引率法　63

リスク・プレミアム　65
リスク・ヘッジ　86
リターン　6, 66
流動資産の管理　185
流動性　125
流動比率　130
劣後株式　35
劣後債　41
劣後ローン　42
レバレッジ（負債比率）　23, 142
レバレッジ効果　36, 142
レバレッジド・リキャピタリゼーション　26
連結納税制　244

わ 行

割引キャッシュ・フロー　3, 4, 17
割引計算　51
割引要素　51
割引率　3

＜編者紹介＞

宮本順二朗（みやもと　じゅんじろう）
現　　職　帝塚山大学経営学部教授
　　　　　1978年　早稲田大学大学院商学研究科博士課程単位取得退学
主　　著　『経営分析・企業評価』（中央経済社，2009年）
　　　　　『ビジネス・ファイナンス』（放送大学教育振興会，2008年）
　　　　　『企業ファイナンス入門』（放送大学教育振興会，2004年）
　　　　　『ビジネス・ファイナンス論』（学文社，2003年），いずれも共著。

太田三郎（おおた　さぶろう）
現　　職　千葉商科大学商経学部教授
　　　　　1976年　青山学院大学大学院経営学研究科博士後期課程単位取得
　　　　　2004年　博士（経営学）
主　　著　「被災中小企業の対応と復興および支援の実態分析とその必要性」
　　　　　柴健次・太田三郎・本間基照編著『大震災後に考えるリスク
　　　　　管理とディスクロージャー』（同文舘，2013年）
　　　　　『倒産・再生のリスクマネジメント』（同文舘，2009年）
　　　　　『企業の倒産と再生』（同文舘，2004年）（2005年日本経営分析学
　　　　　会賞受賞）など。

市村　誠（いちむら　まこと）
現　　職　中央大学商学部准教授
　　　　　1992年　九州大学大学院経済学研究科博士後期課程単位取得満期
　　　　　退学
主　　著　「企業価値と企業の資本構造再編戦略」中井透編『企業価値創造
　　　　　のマネジメント』第8章所収（文眞堂，2006年）
　　　　　「フリー・キャッシュフローと経済付加価値」柴川林也編『経営
　　　　　財務』第9章所収（八千代出版，2000年）
　　　　　「資本構成とレバレッジ」市村昭三編『財務管理論』第6章所収（創
　　　　　成社，1994年）

経営財務の情報分析

2015年4月30日　第一版第一刷発行

編著者　　FKK財務スタディ・グループ
　　　　　宮本順二朗
　　　　　太田　三郎
　　　　　市村　　誠

発行所　　株式会社　学文社
発行者　　田　中　千　津　子

〒153-0064　東京都目黒区下目黒3-6-1
電話(03)3715-1501(代表)　振替00130-9-98842
http://www.gakubunsha.com

＜検印省略＞

落丁，乱丁本は，本社にてお取り替え致します。　　印刷／倉敷印刷㈱
定価は，売上カード，カバーに表示してあります。　ISBN 978-4-7620-2544-0

© 2015 MIYAMOTO Junjiro, OTA Saburo and ICHIMURA Makoto　Printed in Japan